Medien – Kultur – Kommunikation

Herausgegeben von
A. Hepp, Bremen
F. Krotz, Bremen
W. Vogelgesang, Trier

Kulturen sind heute nicht mehr jenseits von Medien vorstellbar: Ob wir an unsere eigene Kultur oder ‚fremde' Kulturen denken, diese sind umfassend mit Prozessen der Medienkommunikation verschränkt. Doch welchem Wandel sind Kulturen damit ausgesetzt? In welcher Beziehung stehen verschiedene Medien wie Film, Fernsehen, das Internet oder die Mobilkommunikation zu unterschiedlichen kulturellen Formen? Wie verändert sich Alltag unter dem Einfluss einer zunehmend globalisierten Medienkommunikation? Welche Medienkompetenzen sind notwendig, um sich in Gesellschaften zurecht zu finden, die von Medien durchdrungen sind? Es sind solche auf medialen und kulturellen Wandel und damit verbundene Herausforderungen und Konflikte bezogene Fragen, mit denen sich die Bände der Reihe „Medien – Kultur – Kommunikation" auseinandersetzen. Dieses Themenfeld überschreitet dabei die Grenzen verschiedener sozial- und kulturwissenschaftlicher Disziplinen wie der Kommunikations- und Medienwissenschaft, der Soziologie, der Politikwissenschaft, der Anthropologie und der Sprach- und Literaturwissenschaften. Die verschiedenen Bände der Reihe zielen darauf, ausgehend von unterschiedlichen theoretischen und empirischen Zugängen, das komplexe Interdependenzverhältnis von Medien, Kultur und Kommunikation in einer breiten sozialwissenschaftlichen Perspektive zu fassen. Dabei soll die Reihe sowohl aktuelle Forschungen als auch Überblicksdarstellungen in diesem Bereich zugänglich machen.

Herausgegeben von
Prof. Dr. Andreas Hepp
Universität Bremen

Prof. Dr. Waldemar Vogelgesang
Universität Trier

Prof. Dr. Friedrich Krotz
Universität Bremen

Andreas Hepp · Michael Brüggemann
Katharina Kleinen-von Königslöw
Swantje Lingenberg · Johanna Möller

Politische Diskurskulturen in Europa

Die Mehrfachsegmentierung
europäischer Öffentlichkeit

Andreas Hepp,
Swantje Lingenberg,
Johanna Möller,
Universität Bremen,
Deutschland

Michael Brüggemann
Universität Zürich, Schweiz

Katharina Kleinen-von Königslöw
Universität Wien, Österreich

ISBN 978-3-531-17863-9 ISBN 978-3-531-94324-4 (eBook)
DOI 10.1007/978-3-531-94324-4

Die Deutsche Nationalbibliothek verzeichnet diese Publikation in der Deutschen Nationalbibliografie; detaillierte bibliografische Daten sind im Internet über http://dnb.d-nb.de abrufbar.

Springer VS
© VS Verlag für Sozialwissenschaften | Springer Fachmedien Wiesbaden 2012
Das Werk einschließlich aller seiner Teile ist urheberrechtlich geschützt. Jede Verwertung, die nicht ausdrücklich vom Urheberrechtsgesetz zugelassen ist, bedarf der vorherigen Zustimmung des Verlags. Das gilt insbesondere für Vervielfältigungen, Bearbeitungen, Übersetzungen, Mikroverfilmungen und die Einspeicherung und Verarbeitung in elektronischen Systemen.

Die Wiedergabe von Gebrauchsnamen, Handelsnamen, Warenbezeichnungen usw. in diesem Werk berechtigt auch ohne besondere Kennzeichnung nicht zu der Annahme, dass solche Namen im Sinne der Warenzeichen- und Markenschutz-Gesetzgebung als frei zu betrachten wären und daher von jedermann benutzt werden dürften.

Einbandentwurf: KünkelLopka GmbH, Heidelberg

Gedruckt auf säurefreiem und chlorfrei gebleichtem Papier

Springer VS ist eine Marke von Springer DE. Springer DE ist Teil der Fachverlagsgruppe Springer Science+Business Media.
www.springer-vs.de

Inhalt

Abbildungsverzeichnis 7
Tabellenverzeichnis 8

1 Einleitung 9
   1.1 Kommunikations- und medienwissenschaftliche
       Europaforschung 12
   1.2 Über dieses Buch 14

2 Ein Beschreibungs- und Erklärungsansatz: Transnationale
   Öffentlichkeit und politische Diskurskulturen in Europa 21
   2.1 Kulturelle Implikationen der Transnationalisierung von
       Öffentlichkeit 22
       2.1.1 Öffentlichkeit und deren Transnationalisierung 22
       2.1.2 Kulturelle Momente (trans-)nationaler Öffentlichkeiten 27
   2.2 Politische Diskurskulturen als Konzept 32
       2.2.1 Regulation 37
       2.2.2 Produktion 38
       2.2.3 Repräsentation 39
       2.2.4 Aneignung 40
       2.2.5 Identifikation 41
   2.3 Mehrfachsegmentierung erklären 42

3 Methodisches Vorgehen: Ein transkulturelles Mehrebenendesign 49
   3.1 Inhaltsanalysen 53
   3.2 Redaktionsstudien 56
   3.3 Trigger-Studien 59

4 Zeitungsinhalte: Die Mehrfachsegmentierung europäischer
   Öffentlichkeit von 1982 bis 2008 63
   4.1 Erste Dimension: Abflachende vertikale Europäisierung 64
   4.2 Zweite Dimension: Gleichbleibendes Interesse an den
       europäischen Nachbarn 70
   4.3 Dritte Dimension: Minimale Anzeichen einer europäischen
       Identifikation 74
   4.4 Die fragile Stabilität der Mehrfachsegmentierung 79

5 Doing Nation: Die journalistischen Praktiken der Nationalisierung
   Europas 85
   5.1 Nationale Rückbezüge 89
   5.2 Transnationale Kontextbezüge 98
   5.3 Hierarchisierung 105
   5.4 Nationale Veralltäglichung 112
   5.5 Horizonte der Informationssuche 118
       5.5.1 Rechercheblicke 118
       5.5.2 Recherchenetzwerke 124
   5.6 Das Doing Nation in der Praxis des Europajournalismus 138

6 Publikumsbilder: Transnationale Typen der Adressierung 145
   6.1 Der Analytiker 151
   6.2 Der Aufbereiter 156
   6.3 Der Bediener 163
   6.4 Der Berichterstatter 168
   6.5 Transnationale Adressierungstypen in der Praxis des
       Europajournalismus 172

7 Trigger-Konstellationen: Artikelbiografien im journalistischen
   Produktionsprozess 179
   7.1 Die Trigger-Konstellationen 182
   7.2 Typische Ausprägungen der Trigger-Konstellation 187
       7.2.1 Anlässe der Berichterstattung: Die Dominanz der
             institutionalisierten Politik 190
       7.2.2 Vermittlungswege: Medien als Informationsquelle 192
       7.2.3 Deutungsmuster: Journalistische Chiffren statt
             Nachrichtenwertlisten 195
       7.2.4 Redaktionskontexte: Publikationsplatz als entscheidende
             Ressource 198
   7.3 Transnationale Momente und nationale Spezifika von
       Trigger-Konstellationen 201

8 Europäische Öffentlichkeit und politische Diskurskulturen 205
   8.1 Die Stabilität nationaler politischer Diskurskulturen 207
   8.2 Die Dynamik transnationaler politischer Diskurskulturen 209
   8.3 Ansätze einer europäischen politischen Diskurskultur 211

Anmerkungen 215
Literatur 219
Index 237

Abbildungsverzeichnis

Abb. 1 Artikulationsebenen politischer Diskurskulturen 36
Abb. 2 Die Erklärung einer mehrfachsegmentierten europäischen Öffentlichkeit 45
Abb. 3 Anteil der Artikel mit Bezug auf unterschiedliche politische Institutionen 65
Abb. 4 Anteil der Artikel mit Bezug auf EU-Institutionen 66
Abb. 5 Anteil der Artikel mit einem bestimmten Politikbereich als Hauptthema 67
Abb. 6 Anteil der Artikel mit EU-Politik als Hauptthema 68
Abb. 7 Anteil der Artikel mit unterschiedlichem geografischen Fokus 70
Abb. 8 Anteil der Artikel zum (west-)europäischen Ausland 71
Abb. 9 Anteil der Sprecher unterschiedlicher Herkunft 72
Abb. 10 Anteil der (west-)europäischen Sprecher 73
Abb. 11 Anteil der Verweise auf verschiedene Kollektive 75
Abb. 12 Anteil des Kollektivs „Die Europäer" an allen Kollektiven 74
Abb. 13 Anteil der Wir-Bezüge unterschiedlicher Ausdehnung 76
Abb. 14 Anteil der europäischen Wir-Bezüge 78
Abb. 15 Niveau der vertikalen und horizontalen Europäisierung in Qualitäts- und Boulevardzeitungen 80
Abb. 16 Netzwerkkarte eines EU-Redakteurs der *Presse* (A) 128
Abb. 17 Netzwerkkarte eines Politikredakteurs der *Bild* (D) 130
Abb. 18 Netzwerkkarte einer Politikredakteurin des *Ekstra Bladet* (DK) 132
Abb. 19 Netzwerkkarte eines EU-Redakteurs der *Le Monde* (F) 134
Abb. 20 Netzwerkkarte eines Auslandsredakteurs der *Times* (GB) 135
Abb. 21 Netzwerkkarte eines EU-Redakteurs der *Gazeta Wyborcza* (PL) 137
Abb. 22 EU-Berichterstattung des *Ekstra Bladet* (DK) 183

Tabellenverzeichnis

Tab. 1	Zeitungssample Redaktionsstudien	57
Tab. 2	Das Sample: Untersuchungsländer, Zeitungen, Anzahl der Interviews	61
Tab. 3	Länderspezifika der Nationalisierungspraktiken	140
Tab. 4	Charakteristika der Adressierungstypen	173
Tab. 5	Tendenzzuordnung des Zeitungssamples zu Adressierungstypen	176
Tab. 6	Die Komponenten der Trigger-Konstellation	188
Tab. 7	Anlässe der Berichterstattung nach Ländern	190
Tab. 8	Anlässe der Berichterstattung nach Adressierungstypen	191
Tab. 9	Vermittlungswege nach Ländern	193
Tab. 10	Vermittlungswege nach Adressierungstypen	194
Tab. 11	Rangfolge der Deutungsmuster	196
Tab. 12	Deutungsmuster nach Ländern	197
Tab. 13	Deutungsmuster nach Adressierungstypen	198
Tab. 14	Redaktionskontexte nach Ländern	199
Tab. 15	Redaktionskontexte nach Adressierungstypen	200

Einleitung 1

Ist in der letzten Zeit in den Medien von Europa bzw. der EU die Rede, so fallen häufig Worte wie „Finanzkrise" oder „Schuldenkrise". Diskutiert wird die Frage, ob angesichts der finanziellen Situation in Staaten wie Griechenland, Portugal oder Spanien der Euro „gerettet" werden kann, welche „Zukunft" der Währung bevorsteht, vor allem aber, wie die verschiedenen nationalen Interessen der unterschiedlichen Länder der Eurozone hierbei zusammenkommen und was dies für die EU bedeutet. Ist die EU also nichts mehr als der Interessenverband verschiedener Nationalstaaten? Geht es selbst bei der Auseinandersetzung um den Euro, sobald sich die Entscheidungssituation zuspitzt, in den Medien nur noch um nationale Politik? Anders gesagt: Lässt sich überhaupt so etwas wie eine europäische Öffentlichkeit ausmachen? Und falls ja, wie ist diese im nationalen politischen Diskurs der einzelnen EU-Staaten verankert?

Wirft man solche Fragen auf, mag eine erste – wie wir sagen würden: vorschnelle – Antwort die der Re-Nationalisierung sein: Sowohl in der Politik Europas als auch in der Medienöffentlichkeit der verschiedenen europäischen Länder zeichnet sich in der aktuellen Situation ein (Wieder-)Erstarken des Nationalen ab. Falls es jemals so etwas wie einen gemeinsamen politischen europäischen Diskurs und eine gemeinsame politische Öffentlichkeit gegeben hat, sind diese auf dem Rückzug. Europa wird in den Medien vor allem als ein „nationales Problem" thematisiert.

Demgegenüber gibt es allerdings viele Argumente, dass man es sich mit einer solchen Gegenüberstellung von hier Europa und dort das Nationale zu leicht macht. So haben Ulrich Beck und Edgar Grande bereits vor einigen Jahren darauf hingewiesen, dass es „in einem national fixierten Blick [...] Europa gar nicht gibt, gar nicht geben kann" (Beck/Grande 2004: 23), da es etwas anderes ist als eine ‚große' Nation. Es greift demnach zu kurz, Europa in den Begrifflichkeiten des Nationalen zu beschreiben. Man ist mit einem Prozess der Europäisierung von Nationalstaaten in Europa konfrontiert, in dem sich diese selbst wandeln und eine europäische Integration als ergebnisoffener Prozess besteht. Aktueller Fluchtpunkt dieses Prozesses sei aber nicht das Entstehen der „Vereinigten Staaten von

Europa" (Beck 2011: 15) nach dem Modell der USA. Vielmehr entwickele sich etwas Neues, das Beck und Grande als „kosmopolitisches Europa" bezeichnet haben: Mit dem Ziel eines besseren gemeinsamen Zusammenlebens verschiedener Nationen werden in Europa Kompetenzen auf supranationale Ebenen verlagert und gemeinsame Handlungsräume und damit auch Kommunikationsräume geschaffen, deren institutioneller Bezugspunkt die EU ist.

Aus einem solchen Blickwinkel sind Nationen und Nationalstaaten handelnde Akteure in Europa und nicht dessen Getriebene. Europäisierung ist somit auch ein Akt der Selbsttransformation von Nationen und Nationalstaaten (Hurrelmann et al. 2008). In einem solchen „doing Europe" (Beck/Grande 2004: 209) ist paradoxerweise sogar Re-Nationalisierung Teil der Europäisierung: Heutige Tendenzen der Re-Nationalisierung ergeben sich weniger als Phänomen der Abgrenzung und Rivalität zwischen Nationalstaaten, sondern als Reaktion auf und Nebenwirkung von Europäisierungsprozessen. Entsprechend müssen auch „Re-Nationalisierungsstrategien […] im europäischen Kontext als Teil des europäischen Meta-Machtspiels gespielt und begriffen werden, sie sind eine Reaktion auf die bereits erfolgte und – im Sinne ‚revolutionärer Transformation' – erfolgreiche Europäisierung" (Beck/Grande 2004: 209).

Wir haben es folglich bei der Europäisierung mit einem Transformationsprozess zu tun, der Strukturähnlichkeiten mit dem von Saskia Sassen beschriebenen Transformationsmuster der Globalisierung hat. Sie spricht bezogen auf die Globalisierung von dem „Paradox des Nationalen" (Sassen 2008) und meint damit, dass die Globalisierung nicht einfach als Gegensatz oder Gegenteil von Nationalisierung begriffen werden kann: Globalisierung entstand insbesondere durch nationalstaatliche Politiken der sogenannten Deregulierung und damit einhergehend der zunehmenden Umgestaltung der „Exekutive[n] […] zur Privatmacht" (Sassen 2008: 312). Am Ende dieses Prozesses steht die Entnationalisierung staatlicher Agenden: Indem sich Staaten zunehmend nicht mehr als Garanten der nationalen Wohlfahrt verstehen, sondern als Instanzen der Sicherung eines globalisierten Wirtschaftens, nimmt auch die Identifikation der Bürgerinnen und Bürger mit diesem ab. Das Paradox des Nationalen ist also, dass sich Globalisierung in der (Selbst-)Transformation von Nationalstaaten konkretisiert.

Vor einem solchen Hintergrund ist auch die Transnationalisierung von Öffentlichkeit in Europa zu sehen. Leitend für unsere Forschung sind zwei Fragen: Wie genau konkretisiert sich das, was man als „europäische Öffentlichkeit" bezeichnen kann? Und wie ist deren Spezifik im Hinblick auf die verschiedenen politischen Diskurskulturen in Europa zu erklären?

Die empirische Untersuchung zielt zum einen auf die *Beschreibung europäischer Öffentlichkeit* mittels einer Inhaltsanalyse der Europaberichterstattung von

Qualitäts- und Boulevardzeitungen im Zeitraum von 1982 bis 2008 in den sechs europäischen Ländern Dänemark, Deutschland, Frankreich, Großbritannien, Österreich und Polen ab. Europäische Öffentlichkeit wird dabei als ein Prozess der Europäisierung nationaler Öffentlichkeiten greifbar – ein Prozess, so unsere Argumentation, in dem sich nationale Öffentlichkeiten selbst wandeln. Charakterisieren lässt sich die europäische Öffentlichkeit auf Basis unserer Analysen als eine *mehrfach segmentierte Öffentlichkeit*. Gemeint ist damit, dass sie nicht nur nach Nationen bzw. Nationalstaaten segmentiert ist. Das erscheint nicht weiter verwunderlich, wenn man davon ausgeht, dass sich die europäische Öffentlichkeit im Prozess einer Europäisierung nationaler Öffentlichkeiten artikuliert. Es lassen sich darüber hinaus Segmentierungen zeigen, die transnational bestehen und sich auf bestimmte Typen von Medien und die Art und Weise beziehen, wie sie ihre Publika adressieren. In der Folge hat die europäische Öffentlichkeit für verschiedene Publika unterschiedliche „Gesichter", je nachdem, welche Art von Medien sie nutzen.

Aus unserer Sicht erklärt sich diese mehrfach segmentierte europäische Öffentlichkeit über unterschiedliche *politische Diskurskulturen in Europa*. Indem demokratische Öffentlichkeiten historisch mit der Etablierung von Nationalstaaten im 19. und vor allem 20. Jahrhundert als nationale Öffentlichkeiten entstanden, sind die ihnen zugrunde liegenden politischen Diskurskulturen national geprägt – und dabei auch eng verbunden mit dem nationalen Mediensystem. Daneben sind wir aktuell mit dem Prozess der Etablierung von Momenten politischer Diskurskulturen konfrontiert, die von der Art des Medienorgans und seinem Publikumsbild abhängen – und dies länderübergreifend. Wir haben es in der Folge gegenwärtig mit vielschichtigen, sich überlagernden Momenten unterschiedlicher Verdichtungen von politischen Diskurskulturen in Europa zu tun. Diese erklären die *Mehrfach*segmentierung von europäischer Öffentlichkeit.

Dabei sind politische Diskurskulturen komplexe Phänomene, die sich auf sehr unterschiedlichen Ebenen konkretisieren: Neben den Medienprodukten und der Regulation des politischen Mediensystems werden politische Diskurskulturen in der Aneignung von Medienprodukten durch die Menschen ebenso greifbar wie in bestimmten Momenten ihrer politischen Identifikation. Schließlich manifestieren sich politische Diskurskulturen im Handeln der Medienschaffenden selbst; im Fall der europäischen Öffentlichkeit in der Praxis der Journalistinnen und Journalisten, die über Europa und die EU berichten. Das ist die Ebene, auf der wir politische Diskurskulturen empirisch untersucht haben. Dies geschah einerseits durch Redaktionsstudien, in denen wir europaweit mit den Journalistinnen und Journalisten über ihre Arbeit gesprochen und sie dabei beobachtet haben. Andererseits führten wir *Trigger-Studien* durch, bei denen wir die Biografien von Artikeln im journalistischen Arbeitsprozess verfolgt haben. Die Überlegung, die dahintersteht, ist, dass wir Momente des Wandels von politischer Diskurskultur zuerst einmal im Handeln der Journalistinnen und Journalisten ausmachen können, da sie es ja sind, die die Berichterstattung über Europa und die EU hervorbringen.

Mit einem solchen Fokus auf politische Diskurskulturen und die Mehrfachsegmentierung europäischer Öffentlichkeit verstehen wir das vorliegende Buch als einen Beitrag zu einer kommunikations- und medienwissenschaftlichen Europaforschung. Was wir damit meinen, wollen wir zunächst einmal erklären, bevor wir einen Überblick über unsere einzelnen Argumentationsschritte geben.

1.1 Kommunikations- und medienwissenschaftliche Europaforschung

Mit der sogenannten „Intensivierung der europäischen Integration" hat sich in den letzten drei Jahrzehnten im deutschsprachigen Raum – aber auch in Europa insgesamt – eine sozial- und kulturwissenschaftliche Europaforschung etabliert (siehe überblickend beispielsweise Eigmüller/Mau 2010; Haller 2009; Keutel 2011; Münch 2008; Schubert et al. 2009). Neben der Politikwissenschaft, die sich u. a. für den Wandel von politischen Institutionen und von Wohlfahrt im Prozess der Europäisierung interessiert, ist in diesem Feld die Soziologie prominent, die in den letzten Jahren die eigenständige „Bindestrich-Soziologie" der Europasoziologie entwickelt hat und die aus unserer Sicht einen wichtigen Bezugspunkt für eine kommunikations- und medienwissenschaftliche Europaforschung darstellt.

Unter den verschiedenen Positionen dazu, was eine Europasoziologie als solche auszeichnet, sind im Zusammenhang unserer Studie vor allem die Überlegungen von Georg Vobruba (2008; 2010) interessant. In Reflexion der Potenziale einer Europasoziologie diskutiert Vobruba ihr Spannungsverhältnis zur allgemeinen Gesellschaftstheorie. Die Europasoziologie ist dabei für ihn durch ihr empirisches Feld definiert: Europa und dessen Entwicklung. Entsprechend geht es in der Europasoziologie zuerst einmal um die Beobachtung von Gesellschaft auf einer ersten Beobachtungsebene, nämlich der der beteiligten Akteure. Im Fokus steht, empirisch zu rekonstruieren, was ‚Gesellschaft' aus Sicht der jeweiligen Akteure in Bezug auf Europa heißt und welche neuen Vorstellungen von Gesellschaft diesbezüglich entstehen. Genau aus diesem Grund ist die Europasoziologie für die Gesellschaftstheorie höchst relevant, denn der „bisherige Verlauf der institutionellen Integration der Europäischen Union bietet Anhaltspunkte für die heuristische Vermutung, dass sich an ihr ein historischer Konstitutionsprozess von ‚Gesellschaft' soziologisch beobachten lässt" (Vobruba 2010: 437).

1.1 Kommunikations- und medienwissenschaftliche Europaforschung

Die Europasoziologie hat folglich außerdem ein besonderes Potenzial für die Beschäftigung mit Gesellschaft auf einer zweiten Beobachtungsebene, nämlich der des soziologischen Gesellschaftsbegriffs. Forschung im Rahmen von Europasoziologie problematisiert zwangsläufig die implizite Gleichsetzung von Gesellschaft mit Nationalstaat, die in anderen Feldern soziologischer Forschung immer wieder zu finden ist:

> „‚Gesellschaft' als ontologische Vorgabe und ihre nationalstaatliche Formatierung waren für die Soziologie so selbstverständlich, dass die Frage nach ihrem epistemischen Status und ihrem Zuschnitt kaum gestellt wurde. Ein zentrales Anregungspotenzial der Europäischen Integration für die soziologische Gesellschaftstheorie besteht darin, dass diese beiden Selbstverständlichkeiten aufgebrochen werden." (Vobruba 2010: 442)

Solche Überlegungen erscheinen uns als ein wichtiger Bezugspunkt, um unser Verständnis einer *kommunikations- und medienwissenschaftlichen Europaforschung* zu verdeutlichen. Diese befindet sich in einem ähnlichen Etablierungsprozess wie aktuell die Europasoziologie. Sie unterscheiden sich aber dadurch, dass innerhalb der Kommunikations- und Medienwissenschaft kein weitergehender Reflexionsdiskurs über das Potenzial der Europaforschung für die Weiterentwicklung der Kommunikations- und Medientheorie zu finden ist. Genau darin sehen wir aber eine große Notwendigkeit. In der kommunikations- und medienwissenschaftlichen Europaforschung soll es aus unserer Sicht nicht einfach nur darum gehen, bestimmte Phänomene transnationaler und transkultureller Kommunikation in Europa zu beschreiben. Eine weitergehende Relevanz entfalten solche empirischen Forschungen erst als Grundlage von Theorieentwicklung.

Aber worin besteht nun wiederum der Beitrag der Kommunikations- und Medienwissenschaft zum Gesamtdiskurs der Europaforschung? Es erscheint wenig sinnvoll, diesen darin zu sehen, sich ausschließlich damit zu befassen, wie europäische Öffentlichkeit als politische Gemeinschaft entsteht (oder auch nicht) und damit Daten zu liefern, wie beispielsweise für politikwissenschaftliche Fragestellungen nach der demokratischen Legitimation der EU oder soziologische Fragestellungen nach der Konstitution einer europäischen Gesellschaft. Unser Argument ist nicht, dass eine kommunikations- und medienwissenschaftliche Europaforschung solche Daten nicht liefern könnte und damit nicht auch anderen Disziplinen bei der Bearbeitung ihrer originären Europafragestellungen hilft. Unser Argument ist vielmehr, dass das Potenzial einer kommunikations- und medienwissenschaftlichen Europaforschung wesentlich weiter reicht. Die Kommunikations- und Medienwissenschaft behandelt viel grundsätzlicher die Frage der *kommunikativen Artikulation von dem, was wir Europa nennen*. Im Kern befasst sie sich also mit den Prozessen der kommunikativen Konstitution von Europa und dem Stellenwert unterschiedlicher Medien dabei. Ein auf die kommunikative Legitimation der politischen Institutionen der EU reduziertes Verständnis europäischer Öffentlichkeit ist in diesem Zusammenhang ein wichtiger Teilaspekt, jedoch nicht deckungsgleich mit dem Forschungsfeld.

Hat man dies im Blick, gilt für eine kommunikations- und medienwissenschaftliche Europaforschung Ähnliches, wie Georg Vobruba es für die Europasoziologie thematisiert: Die Beschäftigung mit europäischer Öffentlichkeit ist deshalb für die Kommunikations- und Medientheorie von grundlegendem Interesse, weil viele ihrer Konzepte ebenfalls ursprünglich in Bezug auf Nationalstaaten und deren Massenmedien entwickelt wurden. Begriffe wie die der Medienöffentlichkeit, des Mediensystems oder der Medienkultur können hier exemplarisch genannt werden. In ähnlicher Weise haben auch Michael Latzer und Florian Saurwein darauf hingewiesen, dass jeder Versuch einer Konzeptionalisierung europäischer Öffentlichkeit mit einer Reflexion gängiger Öffentlichkeitsvorstellungen im Hinblick auf ihre Brauchbarkeit für den transnationalen Raum (vgl. Latzer/Saurwein 2006: 37). Eine kommunikations- und medienwissenschaftliche Europaforschung bietet demnach die Möglichkeit, die Kommunikations- und Medientheorie weiterzuentwickeln, indem sie an einem herausgehobenen Beispiel die gegenwärtige Genese eines transnationalen und transkulturellen Kommunikationsraums untersucht und so hilft, bestehende Konzeptionalisierungen empirisch zu hinterfragen und weiterzuentwickeln.

Wir verfolgen also in diesem Sinne mit unserer Studie und ihren verschiedenen empirischen Einzelbeschreibungen von politischen Diskurskulturen und Mehrfachsegmentierungen der europäischen Öffentlichkeit *auch* das Ziel, einen Beitrag für eine Weiterentwicklung einer Kommunikations- und Medientheorie zu leisten, die die unhinterfragte Selbstverständlichkeit von Nation und Nationalstaat problematisiert, ohne deren empirische Relevanz für gegenwärtige transkulturelle Kommunikationsräume aus dem Blick zu verlieren.

1.2 Über dieses Buch

Insgesamt gliedert sich die vorliegende Studie inklusive der Einleitung in acht Kapitel. Der Bogen, der die verschiedenen Kapitel verbindet, ist unsere doppelte Fragestellung, wie die Mehrfachsegmentierung der europäischen Öffentlichkeit zu beschreiben und über die Vielfalt verschiedener politischer Diskurskulturen zu erklären ist.

1.2 Über dieses Buch

Gegenstand des an die Einleitung anschließenden zweiten Kapitels *Transnationale Öffentlichkeit und politische Diskurskulturen in Europa* ist die Vorstellung unserer konzeptionellen Überlegungen, entlang derer dann die empirischen Beschreibungen und Erklärungen erfolgen. Es wird also dargelegt, was wir genau unter (transnationaler) Öffentlichkeit und politischer Diskurskultur verstehen. Unsere begrifflichen Konzeptionalisierungen versuchen dabei einerseits, den empirischen Gegenstandsbereich angemessen zu erfassen, andererseits aber nicht zu voraussetzungsreich zu sein, um die empirische Komplexität des Phänomens nicht durch zu viele theoretische Vorannahmen aus dem Blick zu verlieren.

Das dritte Kapitel befasst sich mit dem *methodischen Vorgehen* unserer Forschung. Hierbei legen wir den grundlegenden, transkulturell vergleichenden Ansatz unserer Studie dar. Dieser versucht, der bereits angeführten Kritik eines „methodologischen Nationalismus" gerecht zu werden, ohne aber zu vergessen, dass sich Europäisierung insbesondere als Europäisierung von Nationalstaaten konkretisiert. Auf der Basis solcher methodologischen Vorüberlegungen werden unser Vorgehen bei den Inhaltsanalysen der Europaberichterstattung in Zeitungen, die Durchführung der Redaktionsstudien, wie auch die Art und Weise, in der wir die Trigger-Studien – d. h. unsere Untersuchungen zu den „Artikelbiografien" – realisiert haben, detailliert dargestellt. Die Designs der drei Teilstudien beziehen sich dabei jeweils auf dieselben sechs Untersuchungsländer: Dänemark, Deutschland, Frankreich, Großbritannien, Österreich und Polen.

Das Kapitel vier stellt die Ergebnisse unserer ersten Teilstudie vor, nämlich die Beschreibung der *Mehrfachsegmentierung europäischer Öffentlichkeit*. Empirisch gefasst wird diese anhand von Inhaltsanalysen der Europaberichterstattung in sogenannten Qualitäts- und Boulevardzeitungen der von uns ausgewählten Untersuchungsländer. Hierbei können wir einerseits zeigen, dass über einen Zeitraum von 26 Jahren hinweg eine Transnationalisierung von Öffentlichkeit ausgemacht werden kann. Andererseits bleibt die sich so konstituierende europäische Öffentlichkeit national und transnational nach Typen von Medienorganen – in unserem Fall: von Zeitungen – segmentiert. Genau dies fasst unser Konzept der Mehrfachsegmentierung.

Wie lässt sich diese Mehrfachsegmentierung nun erklären? Wie entsteht sie im Kontext journalistischer Produktionspraktiken? Der Beantwortung dieser Fragen sind die folgenden drei Kapitel gewidmet, die jeweils unterschiedliche Aspekte von politischen Diskurskulturen herausarbeiten.

In Kapitel fünf wird das „Doing Nation" behandelt, d. h. die *journalistischen Praktiken der Nationalisierung Europas*, so wie wir sie in unseren Redaktionsstudien erfasst haben. Hier können wir zeigen, wie nationale politische Diskurskulturen im fortlaufenden Handeln der Journalistinnen und Journalisten artikuliert werden. Interessant ist hierbei, dass sich auch die Praxis der Nationalisierung im journalistischen Handeln europäisiert: In allen von uns untersuchten Redaktionen ist Europa veralltäglicht und ‚sickert' in die Arbeit aller Ressorts ein. Zugleich erklären sich über die nationale Differenz von politischen Diskurskulturen aber auch Momente der nationalen Segmentierung europäischer Öffentlichkeit.

Das anschließende Kapitel sechs befasst sich mit einem weiteren Moment heutiger politischer Diskurskulturen in Europa, nämlich den *transnationalen Typen der Adressierung* im Handeln der Journalistinnen und Journalisten. So ist ein bemerkenswerter Befund unserer Redaktionsstudien, dass wir über alle Länder hinweg vier Adressierungstypen unterscheiden können, die sich durch typische Publikumsbilder auszeichnen, an denen sich die jeweilige journalistische Praxis orientiert. Dies sind die Publikumsbilder des „Analytikers", „Aufbereiters", „Bedieners" und „Berichterstatters". Wir haben es dabei mit transnationalen Momenten von politischer Diskurskultur zu tun, durch die sich eine Segmentierung europäischer Öffentlichkeit über verschiedene Nationen hinweg erklärt.

Das Kapitel sieben beschäftigt sich mit dem, was wir *Trigger-Konstellationen* nennen, also mit den Entstehungsgeschichten bzw. „Biografien" von Artikeln über Europa bzw. die EU im journalistischen Arbeitsprozess. Wie wir in dieser Detailstudie zur Genese einzelner Artikel zeigen, müssen unterschiedliche Momente zusammenkommen, um Europaberichterstattung hervorzubringen. Auch hier lassen sich wiederum Differenzen unterschiedlicher politischer Diskurskulturen verdeutlichen. Entsprechend zeigt diese Teiluntersuchung die Mehrfachsegmentierung europäischer Öffentlichkeit an einem Einzelphänomen.

Das achte und letzte Kapitel führt die verschiedenen Ergebnisse unserer Forschung zusammen, indem die Beziehung zwischen *europäischer Öffentlichkeit und politischen Diskurskulturen* diskutiert wird. Im Detail befassen wir uns mit Fragen der Stabilität nationaler politischer Diskurskulturen und der Dynamik der von uns herausgearbeiteten transnationalen politischen Diskurskulturen. Dies ermöglicht es uns, die Frage zu diskutieren, inwieweit Ansätze einer europäischen politischen Diskurskultur bestehen – oder auch nicht.

Insgesamt stellt das vorliegende Buch die Ergebnisse der zweiten Förderphase des Teilprojekts „Die Transnationalisierung von Öffentlichkeit am Beispiel der EU" dar, das Teil des durch die Deutsche Forschungsgemeinschaft (DFG) geförderten Sonderforschungsbereich 597 „Staatlichkeit im Wandel" der Universität Bremen, der Jacobs University Bremen und der Universität Oldenburg ist. Während es in der ersten Förderphase (2003–2006) darum ging, europäische Öffentlichkeit zu beschreiben (siehe zu den Ergebnissen Wessler et al. 2008), zielten wir in der zweiten Phase (2007–2010) darauf ab, das Muster der Mehrfachsegmentierung transnationaler Öffentlichkeit genauer zu bestimmen und über die sich im journalistischen Handeln manifestierenden politischen Diskurskulturen zu erklären.

Insofern ist „Politische Diskurskulturen in Europa" das Ergebnis einer vierjährigen, kooperativen Zusammenarbeit. Dabei verantworten wir den vorliegenden Text gemeinsam: In vielen Fällen ist kaum zu sagen, welche Ideen nun genau auf wen zurückgehen und wie sich Überlegungen in der gemeinsamen Diskussion entwickelt haben. Dennoch wurden die verschiedenen Kapitel von unterschiedlichen Einzelpersonen vorangetrieben: Für Einleitung und Kapitel zwei war dies Andreas Hepp, für Kapitel drei Andreas Hepp, Katharina Kleinen-von Königslöw, Swantje Lingenberg und Michael Brüggemann, für Kapitel vier Katharina Kleinen-von Königslöw, für Kapitel fünf Swantje Lingenberg, Johanna Möller und Andreas Hepp, für Kapitel sechs Johanna Möller, Swantje Lingenberg, Michael Brüggemann, Andreas Hepp und Katharina-Kleinen von Königslöw, für Kapitel sieben Michael Brüggemann und für Kapitel acht Andreas Hepp. Als Gesamtstudie betrachten wir den vorliegenden Text allerdings als unser Gemeinschaftswerk.

Ein solches Gemeinschaftsprodukt, das in der Arbeit von vier Jahren entstanden ist, wäre nie ohne die Unterstützung verschiedener Institutionen und Personen möglich gewesen. Zu großem Dank sind wir zuerst einmal der DFG verpflichtet, die unsere Forschung finanziert hat und auch die Jahre 2011 bis 2014 weiter finanzieren wird. In diesen befassen wir uns mit den Reaktionen der Bürgerinnen und Bürger auf die mehrfachsegmentierte europäische Öffentlichkeit. Im Rahmen des Sonderforschungsbereich „Staatlichkeit im Wandel" sind wir folgenden Personen zu besonderem Dank verpflichtet: Bernhard Peters und Hartmut Wessler, die unser Projekt in der ersten Phase leiteten und erfolgreich in die zweite brachten; Stephan Leibfried für sein unermüdliches Engagement für den Sonderforschungsbereich insgesamt; Frank Nullmeier, Dominika Biegoń, Jennifer Gronau, Martin Nonhoff, Tanja Pritzlaff, Henning Schmidtke und Steffen Schneider von unserem Schwesterprojekt „Legitimationswandel durch Internationalisierung und Deparlamentarisierung" für eine langjährige, anregende Kooperation; und Dieter Wolf, der uns als Geschäftsführer des Sonderforschungsbereichs immer wieder zur Seite stand und kooperativ half.

Unsere Forschung wurde breit durch nationale und internationale Kooperationspartner unterstützt, die uns Feedback gaben. Im Einzelnen sind dies insbesondere Nick Couldry, Peter Golding, Jostein Gripsrud, Stig Hjarvard, Kurt Imhof, Matthias Karmasin, Risto Kunelius, Paolo Mancini, Tristan Mattelart, Juan Diez Medrano, Beata Ociepka, Barbara Pfetsch und Claes de Vreese. Zu Dank sind wir auch den „neuen" Mitgliedern unseres Projekts verpflichtet, die in der zweiten Phase nach dem Wechsel von Michael Brüggemann an die Universität Zürich und Katharina Kleinen-von Königslöw an die Universität Wien bzw. in der dritten Phase zu uns gestoßen sind: Anke Offerhaus, Anne Mollen und Monika Elsler. Ihre kontinuierliche Rückmeldung aus einer ‚frischen Außenperspektive' half erheblich, dieses Buch zu verbessern.

Eingebunden ist unsere Arbeit in die Forschungsaktivitäten des ZeMKI (Zentrum für Medien-, Kommunikations- und Informationsforschung) der Universität Bremen, deren (teilweise ehemaligen) Mitglieder uns immer wieder mit verschiedensten Anregungen und Unterstützungen unter die Arme griffen. Namentlich zu nennen sind hier Matthias Berg, Cigdem Bozdag, Andreas Breiter, Caroline Düvel, Friedrich Krotz, Marco Höhn, Sigrid Kannengießer, Leif Kramp, Veronika Krönert, Cindy Roitsch und Laura Suna. Für organisatorische Unterstützung danken wir daneben Heide Pawlik (ZeMKI, Universität Bremen), Klaas Schüller und Irina Wiegand (Jacobs University Bremen).

Neben diesem Rückhalt durch Kolleginnen und Kollegen wäre die vorliegende Studie nicht ohne die Unterstützung einer Vielzahl von weiteren Personen möglich gewesen. Hier danken wir zuerst einmal den verschiedenen Journalistinnen und Journalisten folgender Zeitungen: in Dänemark *Berlingske Tidende*, *Ekstra Bladet*, *Jydske Vestkysten* und *Politiken*; in Deutschland *Bild*, *Frankfurter Allgemeine Zeitung*, *Süddeutsche Zeitung* und *Westdeutsche Allgemeine Zeitung*; in Frankreich *Le Figaro*, *Le Monde*, *Le Parisien* und *Ouest France*; in Großbritannien *Financial Times*, *Daily Express*, *The Sun* und *The Times*; in Österreich *Die Presse*, *Kleine Zeitung*, *Kronen Zeitung* und *Der Standard*; sowie in Polen *Dziennik Zachodni*, *Fakt*, *Gazeta Wyborcza* und *Rzeczpospolita*. Namen können wir hier aufgrund der zugesicherten Anonymität leider nicht nennen, umso wichtiger ist unser Dank an jeden der Beteiligten. Ohne ihre teilweise sehr großzügige Bereitschaft, uns Zugang zur journalistischen Praxis zu gewähren, wäre unsere Forschung nicht möglich gewesen. Bei den Redaktionsstudien und Journalisteninterviews unterstützten uns Sune Blicher (Dänemark), Gabriel Moreno (Großbritannien) und Stefanie Trümper (Deutschland), denen wir nachdrücklich für ihr Engagement danken wollen.

Das so erhobene vielfältige Material, wie auch die Inhaltsanalysen der verschiedenen Zeitungen wären nicht durchführbar gewesen ohne eine Vielzahl von studentischen Mitarbeiterinnen und Mitarbeitern, die mittlerweile zum Teil selbst den Weg in die Wissenschaft gefunden haben. Hier danken wir für ihre Unterstützung bei Transkriptionen, Kodierungen und Tagungsorganisationen: Monika Elsler, Simone Gebel, Ilze Ievina, Kristina Kindsvater, Agata Kraj, Daniela Marinas, Olga Mecking, Michal Onderco, Michał Pałacz, Pia Rauball, Lilli Rothaus, Simon Rötter, Samuel Rothenpieler, Monika Sowinska, Stefanie Trümper und Sabrina Voelkle. Den Satz des vorliegenden Buchs sowie den Index und die Korrekturen realisierten für uns Monika Elsler und Antonia Lühmann. Danken möchten wir daneben Barbara Emig-Roller vom Verlag für Sozialwissenschaften, die als Lektorin das Entstehen von „Politische Diskurskulturen in Europa" mit großem Engagement begleitete. Zuletzt gebührt unser Dank unseren Familien, Partnern und Freunden, die uns den Raum gewährt haben, die nun vorliegende Studie abzuschließen.

2 Ein Beschreibungs- und Erklärungsansatz: Transnationale Öffentlichkeit und politische Diskurskulturen in Europa

Wie wir bereits in der Einleitung formuliert haben, sind wir bei unserer Untersuchung einer entstehenden europäischen Öffentlichkeit und der Erklärung ihrer Mehrfachsegmentierung mit einem komplexen Phänomen konfrontiert: Eine europäische Öffentlichkeit kann nicht einfach verstanden werden als eine ‚größere' nationale Öffentlichkeit. Auch die Einbettung einer europäischen Öffentlichkeit in politische Diskurskulturen ist vielschichtig. Hier gilt es, neben Momenten nationaler Kultur transnationale kulturelle Muster zu erfassen. Notwendig ist für unsere Untersuchung also ein Beschreibungs- und Erklärungsansatz, der einerseits einen analytisch handhabbaren Begriffsapparat bildet, andererseits aber den zu untersuchenden Phänomenbereich nicht von vornherein auf wenige Vorannahmen reduziert. Einen solchen Beschreibungs- und Erklärungsansatz wollen wir im Folgenden mit dem Begriff der politischen Diskurskultur entwickeln.[1]

Im Sinne von Bernhard Peters gehen wir dabei davon aus, dass „Öffentlichkeiten [...] einen sozialen und kulturellen Unterbau [haben], der nicht allein aus Medienmärkten und Medienorganisationen besteht" (Peters 2007: 363) und den wir als politische Diskurskulturen bezeichnen. Wir greifen damit Überlegungen auf, die Richard Hoggart bereits in den 1970er Jahren formulierte, als er sagte, dass der „wichtigste Filter" (Hoggart 1976: x) der Konstruktion von Nachrichten „die kulturelle Luft ist, die wir atmen". Hierbei denken wir wie Hoggart nicht nur an nationale Kulturen, sondern ebenso an transnationale kulturelle Formen. Beide Momente von Kultur interessieren uns in deren Relevanz für politische Kommunikation, weswegen wir von politischen Diskurskulturen sprechen. Dieses Konzept ist unseres Erachtens geeignet, einen der Hauptbefunde zu erklären, mit dem wir aktuell im Hinblick auf europäische Öffentlichkeit konfrontiert sind, nämlich deren Mehrfachsegmentierung.

Wir wollen im Weiteren in drei Argumentationsschritten vorgehen. In einem ersten Schritt geht es uns darum, einen auf empirische Beschreibung orientierten

Begriff von Öffentlichkeit und deren Transnationalisierung zu formulieren. Eine solche Betrachtung gestattet es dann zweitens, das Konzept der politischen Diskurskulturen zu entwickeln. Dieses Konzept bietet uns drittens einen Erklärungsansatz für die bestehende Mehrfachsegmentierung von Öffentlichkeit.

2.1 Kulturelle Implikationen der Transnationalisierung von Öffentlichkeit

Um europäische Öffentlichkeit und politische Diskurskultur angemessen bestimmen zu können, müssen zumindest zwei Voraussetzungen geklärt werden. Erstens ist es notwendig, ein angemessenes Verständnis der Transnationalisierung von Öffentlichkeit zu entwickeln. Zweitens muss man diese im Hinblick auf deren kulturelle Implikationen reflektieren.

2.1.1 Öffentlichkeit und deren Transnationalisierung

Auch wenn der Begriff der Öffentlichkeit erst im 18. Jahrhundert gebildet (Hölscher 1998) bzw. seit den 1960er Jahren weiter theoretisiert wurde (Habermas 1990 [1962]; Dahrendorf 1969), hat er sich innerhalb kurzer Zeit zu einem der Schlüsselbegriffe der kommunikations- und medienwissenschaftlichen wie auch der soziologischen und politikwissenschaftlichen Forschung über politische Kommunikation entwickelt (siehe Kopper/Leppik 2006; Gripsrud 2010). In einem *ersten Schritt* ist es hierbei möglich, Öffentlichkeit deskriptiv als Raum verdichteter politischer Kommunikation zu verstehen. Bereits Bernhard Peters hat in Bezugnahme auf Karl W. Deutsch (1953) Öffentlichkeit als Kommunikationssphäre bezeichnet, die „durch eine hohe Dichte an Kommunikationsflüssen [gekennzeichnet ist], wobei die Dichte im Inneren höher ist als über die Grenzen hinweg" (Peters 2007: 329). Die allgemeinste deskriptive Bestimmung lautet also: *Öffentlichkeiten sind Räume verdichteter politischer Kommunikation, die sich über solche Verdichtungsprozesse sozialräumlich voneinander unterscheiden lassen.* Im Kern von Öffentlichkeit stehen damit im Sinne der Kommunikations- und Medienwissenschaft Prozesse öffentlicher und politischer Kommunikation als „der zentrale Mechanismus bei der Formulierung, Aggregation, Herstellung und Durchsetzung kollektiv bindender Entscheidungen" (Jarren/Donges 2002: 22; siehe auch Vowe 2003). Der Begriff der Verdichtung hebt darauf ab, dass diese Kommunikationsräume als Netzwerke unterschiedlicher Arenen und Teilöffentlichkeiten vorstellbar sind (Fraser 1993; Kleinsteuber 1995; Adam 2007; Nieminen 2009; Van de Steeg 2010).

2.1 Kulturelle Implikationen der Transnationalisierung von Öffentlichkeit

Diese sind durch eine Binnenstrukturierung gekennzeichnet, darüber hinweg aber durch geteilte Themen und Ereignisse sowie gegenseitige kommunikative Bezugnahmen integriert (Kleinen-von Königslöw 2010). Gleichzeitig hebt der Begriff des Kommunikationsraums auf den Kommunikationsprozess als solchen ab, bezieht also Medienschaffende ebenso wie Medieninhalte und Mediennutzende ein (Lingenberg 2010a, 2010b).

Ein solches Verständnis von Öffentlichkeit als Kommunikationsraum ermöglicht einen breiten Anschluss an die aktuelle, gerade auch kulturtheoretisch orientierte Forschung der Kommunikations- und Medienwissenschaft und weist dabei bestimmte Stärken auf. So hat bereits 1986 Otfried Jarren einen Entwurf für eine Kommunikationsraumanalyse vorgelegt, in dem er vor allem drei Vorzüge des Kommunikationsraumkonzepts herausstellt (Jarren 1986: 310–312): Erstens ermöglicht es eine integrative Erforschung der Strukturen und Prozesse unterschiedlicher Medien (Kommunikationsräume werden durch verschiedene Medien konstituiert). Zweitens gestattet es die Modellierung unterschiedlicher Ausdehnungen (Kommunikationsräume können ineinander ‚verschachtelt' sein, bspw. als regionale, nationale und transnationale Kommunikationsräume). Drittens bietet das Konzept eine interdisziplinäre Anschlussfähigkeit, insbesondere zur Soziologie und Politikwissenschaft (in diesen Bereichen gibt es lange Traditionen der Forschung zu sozialen und politischen Räumen). Diese Vorzüge helfen auch zu erklären, warum das Kommunikationsraumkonzept seit den 1990er Jahren breit in einer kulturtheoretisch orientierten Medienforschung aufgegriffen wurde (vgl. Couldry/McCarty 2004; Hepp 2004: 84-95; Hipfl 2004). Auf allgemeiner Ebene lässt sich dabei ‚Kommunikationsraum' als der durch Kommunikationsprozesse geschaffene Raum wechselseitiger Zugehörigkeit („belonging") verstehen, wobei diese Kommunikationsprozesse auf Makrostrukturen wie Märkte oder politische Systeme verweisen (Morley 2001: 433). Praktisch sind Kommunikationsräume als Verdichtungen von Kommunikation in einem bestimmbaren Erstreckungsgebiet und damit verbundene Prozesse des Herstellens von Identifikation beschreibbar, weswegen Elisabeth Klaus et al. von „medialen Identitätsräumen" (Klaus et al. 2004: 9; siehe auch Winter 1993) sprechen.

Das Spezifische von Öffentlichkeit als Kommunikationsraum ist nun darin zu sehen, dass ihr demokratietheoretisch eine *normative Funktion* zukommt, nämlich für eine bestimmte politische Institution (Gemeinde, Bundesland, Staat, Staatenbund) legitimierend zu sein (Habermas 2008: 173). Dies ist der notwendige *zweite Schritt*, um Öffentlichkeit angemessen zu fassen. In diesem Sinne ist nicht jeder Kommunikationsraum Öffentlichkeit, aber jede Öffentlichkeit ein, in welchen Graden auch immer, politisch legitimierender Kommunikationsraum (Fraser 2007: 20). Dabei geht es immer auch um wechselseitige Zugehörigkeit und

Identifikation.[2] Der Hinweis auf Zugehörigkeit und Identifikation ist nicht dahingehend misszuverstehen, dass der Kommunikationsraum Öffentlichkeit nicht durch Auseinandersetzungen und Konflikt gekennzeichnet wäre. Im Gegenteil zeichnen sich politische Öffentlichkeiten, gerade wenn es um Entscheidungen mit großer Reichweite geht, durch Konfrontation aus (Berkel 2006; Tobler 2010). Aber auch in Konflikten erscheint zumindest ein solches Maß an Zugehörigkeit und Identifikation notwendig, dass bestehende Auseinandersetzungen als Konflikte mit *gemeinsamen Bezugsmomenten* wahrgenommen werden.

Geht man von einem solchen Begriff der Öffentlichkeit aus, sind – darauf hat Peters (2007: 329) zu Recht hingewiesen – Öffentlichkeiten *historisch* in engem Bezug zu Nationalstaaten zu sehen, indem nicht nur politische Entscheidungsprozesse, sondern auch der massenmedial vermittelte Raum öffentlicher Kommunikation durch entsprechende Sende- bzw. Verbreitungsräume bis in die 1980er Jahre insbesondere national-territorial bezogen war (Morley 2000; Hepp 2011). Spätestens seit den 1980er Jahren beobachten wir aber zwei Dimensionen von Globalisierung, die ein rein national zentriertes Verständnis von Öffentlichkeit infrage stellen:

1. *Globalisierung von Politik:* Politik ist zunehmend nicht mehr *nur* national-territorial bezogen, sondern auch trans- und supranational, indem Institutionen, Akteure und Handlungsfelder jenseits des Nationalstaats relevanter werden. Dieser Prozess wurde zwar von nationalen Regierungen erheblich vorangebracht, in seiner zunehmenden Dynamik führt er allerdings zu einer zumindest partiellen „Demontage des Nationalen" (Sassen 2008: 249) in dem Sinne, dass der Nationalstaat zunehmend Kompetenzen abgibt und sich so selbst transformiert. Die Europäisierung von Politik kann als ein Teilaspekt dieses Wandels begriffen werden (Beck/Grande 2004: 56ff.). Hier findet eine Verlagerung von Politik auf die supranationale Ebene der EU statt, worüber sich ebenfalls die Mitgliedsstaaten Europas transformieren. Entsprechend ist „die EU eine Innovation, die sowohl innerhalb als auch außerhalb des Nationalen angesiedelt ist" (Sassen 2008: 488).
2. *Globalisierung von Kommunikationsräumen:* Zugleich globalisieren sich Kommunikationsräume, d. h. mit Satellitenkommunikation, erweiterten Distributionswegen, Formathandel, Internet usw. löst sich der zuvor dominant national-territoriale Bezug von massenmedialen Kommunikationsräumen zumindest in Teilen auf. An seine Seite treten vielfältige territoriale und deterritoriale Kommunikationsräume bzw. Austauschbeziehungen zwischen diesen. Globalisierung der Medienkommunikation bedeutet also die zunehmende weltweite kommunikative Konnektivität, mit der eine Veränderung

der Spezifik von Kommunikationsräumen einhergeht (Tomlinson 1999; Hepp 2004: 125–135). Die Europäisierung von Kommunikationsräumen können wir wiederum in einen solchen Gesamtrahmen einordnen, da es hier um die Zunahme von kommunikativer Konnektivität in Europa geht.

In Bezug auf die empirische Erforschung von Öffentlichkeit werden beide Dimensionen von Globalisierung, Globalisierung von Politik und von Kommunikationsräumen, im Konzept der *transnationalen Öffentlichkeit* reflektiert: Öffentlichkeit ist nicht zwangsläufig als national verdichteter Kommunikationsraum zu begreifen, sondern kann auch weitergehende Ausdehnungen annehmen und – unter bestimmten zusätzlichen Bedingungen – für supranationale Institutionen politisch legitimierend sein. Die implizite Gleichsetzung von Öffentlichkeit mit dem nationalen Territorialstaat, wie sie der Ausgangspunkt normativer Öffentlichkeitstheorien in Anlehnung an Jürgen Habermas gewesen ist (Fraser 2007: 10f.), erscheint damit problematisch. In diesem Sinne können wir *transnationale Öffentlichkeiten als Räume der Verdichtung von Prozessen öffentlicher, medial vermittelter politischer Kommunikation begreifen, die den nationalen Bezugsraum übersteigen und dabei normative Funktionen erfüllen*. Dies können Großregionen sein („Europa", „Südamerika", „arabischer Raum"), deterritoriale Netzwerke („Diasporas", „soziale Bewegungen"), aber auch die Welt als Ganzes. Beispielsweise sieht Ingrid Volkmer (2002: 824) zumindest die Möglichkeit einer „globalen Öffentlichkeit", die allerdings keinen fortlaufenden Bestand hat, sondern sich bei einzelnen, herausragenden globalen Medienevents, wie zum Beispiel dem 11. September 2001, situativ konstituiert. „Medienevents" (Dayan/Katz 1992; Couldry/Hepp/Krotz 2009) können daneben auch für Öffentlichkeiten von Großregionen von Relevanz sein. Wie Michal Krzyzanowski, Anna Triandafyllidou und Ruth Wodak (2009: 4) in ihrer Einleitung zum Band „Europe in Crisis" feststellen, wandelt sich eine europäische Öffentlichkeit insbesondere entlang ihrer Krisenereignisse.

Ein solches Verständnis erlaubt es, nationale und transnationale Öffentlichkeiten nicht im Rahmen einer Entweder/Oder-Argumentation gegeneinander zu stellen, sondern im Rahmen von Sowohl/Als-Auch-Überlegungen deren Beziehungen zu reflektieren (vgl. Neidhardt 2006): Nationale und transnationale Öffentlichkeiten können insofern *gleichzeitig* Bestand haben, als es sich hierbei um ineinander ‚verschachtelte' politische Kommunikationsräume handelt, wenn auch auf unterschiedlichem Niveau. So kann man theoretisch hergeleitet sagen, dass innerhalb von transnationaler Öffentlichkeit nationale Öffentlichkeiten bestehen, die dennoch als vorrangig erscheinen, weil deren kommunikative Verdichtung größer ist. Dies widerspricht gleichzeitig jedoch nicht dem Bestand einer transnationalen Öffentlichkeit.

Bezieht man solche Überlegungen auf die europäische Öffentlichkeit, wird deutlich, dass diese unseres Erachtens *nicht* im Gegensatz oder gar als Ersatz nationaler Öffentlichkeiten zu sehen ist. Als transnationaler Kommunikationsraum kann sie nationale Öffentlichkeiten überlagern, ohne letztere als solche infrage zu stellen (Brüggemann et al. 2009). Doch wie konstituiert sich europäische Öffentlichkeit dann genau? Wie wir argumentieren wollen, geschieht dies über einen Prozess der Zunahme der europäischen Konnektivität im Kontext nationaler Öffentlichkeit. Indem diese *quantitative* Zunahme von Konnektivität mit *qualitativen* Veränderungen, also einem Wandel bestehender Kommunikationsbeziehungen, einhergeht, ist es sinnvoll, diese Transnationalisierung als Europäisierung zu charakterisieren.

In der kommunikations- und medienwissenschaftlichen Europaforschung und angrenzenden Bereichen hat sich eingebürgert, von einer horizontalen und einer vertikalen Transnationalisierung zu sprechen (Koopmans/Erbe 2004; Wessler et al. 2008: 10, 56; Koopmans/Statham 2010: 41). *Vertikale Europäisierung* meint dabei, dass der ‚Blick' in der Öffentlichkeit eines jeden Landes auf die EU – ihre Akteure und inhaltlichen Positionen – zunimmt. *Horizontale Europäisierung* heißt, dass der ‚Blick' der Mitgliedsländer aufeinander zunimmt. Beide Momente der Europäisierung lassen sich zweifach ausdifferenzieren, sodass wir insgesamt vier Kriterien für eine Europäisierung nationaler Öffentlichkeiten haben:

1. *Vertikale Dimension der Beobachtung des Regierens („monitoring governance"):* Dieses Kriterium fasst die Zunahme der Sichtbarkeit europäischer politischer Institutionen und die Aufmerksamkeit gegenüber ihrem Regierungshandeln (oder dem Handeln entsprechender Parteien oder Verbände) in der nationalen Öffentlichkeit.
2. *Vertikale Dimension der kollektiven Identifikation („collective integration"):* Bei diesem Kriterium geht es um die steigenden Bezugnahmen auf eine europäische Zugehörigkeit bzw. Identifikation in nationalen Öffentlichkeiten.
3. *Horizontale Dimension der diskursiven Integration („discursive integration"):* Gemeint ist damit die Zunahme der wechselseitigen Beobachtung und des diskursiven Austauschs zwischen nationalen Öffentlichkeiten.
4. *Horizontale Dimension der diskursiven Konvergenz („discursive convergence"):* Dieses Kriterium steht für eine Annäherung der Art und Weise der Berichterstattung in nationalen Öffentlichkeiten.

Insbesondere die Kriterien der Identifikation und Konvergenz verdeutlichen unser Argument, dass die Europäisierung nationaler Öffentlichkeiten mit deren qualitativem Wandel einhergeht: Wandelnde Identitätszuschreibungen wie auch

Veränderungen von Kommunikationsweisen sind nicht einfach Zu- oder Abnahmen, sondern Veränderungen von Qualitäten.

2.1.2 Kulturelle Momente (trans-)nationaler Öffentlichkeiten

An dieser Stelle steht nun die Frage im Raum, wie wir den von Bernhard Peters (2007: 363) angesprochenen „sozialen und kulturellen Unterbau" von Öffentlichkeit fassen können. Zur Beschreibung dieses „Unterbaus" existieren in der Kommunikations- und Medienwissenschaft bzw. der Politikwissenschaft drei Ansätze, die – so unser Argument – bisher aber nicht hinreichend sind: erstens der der politischen Kulturforschung, zweitens der der international vergleichenden Medien- und Kommunikationsforschung und drittens der der transkulturellen Medien- und Kommunikationsforschung.

Als einer der zentralen Ausgangspunkte für die *politische Kulturforschung* kann die in den 1960er Jahren entstandene „Civic Culture"-Studie von Gabriel A. Almond und Sidney Verba (1963) gelten. Im Kern geht diese davon aus, dass das politische System eines Landes nicht nur durch seine soziopolitische und institutionelle Struktur zu fassen ist, sondern in dessen Beschreibung auch Grundwerte, Kenntnisse und gefühlte Bindungen einbezogen werden müssen, die die Art und Weise bestimmen, wie Menschen innerhalb politischer Institutionen handeln (vgl. Verba 1965: 514). Dabei konzeptionalisieren Almond und Verba politische Kultur als individuell messbare Orientierungsmuster von Menschen am politischen System (Almond/Verba 1963: 13). Letztlich ist es in erheblichem Maße – so die Überlegungen – die politische Kultur eines Landes, die auch die Akzeptanz von Institutionen und Verfassung, und damit auch deren Legitimation, bestimmt und nicht umgekehrt (Verba 1965: 517).

Dieses von der Mikroebene (individuelle Einstellungen) auf die Makroebene (politische Kultur eines Landes) schließende Konzept kann als Ausgangs- und bis heute relevanter Bezugspunkt der Forschung zur politischen Kultur gelten. Trotz der Fülle der sich hierauf beziehenden Studien, bleiben allerdings insbesondere zwei wiederholt diskutierte, grundlegende Probleme dieses Ansatzes bestehen. Zuerst einmal sind *empirische Kritikpunkte* zu nennen, d. h. Kritikpunkte der empirischen Tragfähigkeit des Konzepts der politischen Kultur. Im Kern wird wiederholt darauf verwiesen, dass die Aggregation individueller Einstellungsdaten zu Aussagen über die politische Gesamtkultur eines Landes bzw. einer größeren Gruppe von Menschen einem individualistischen Fehlschluss unterliegt, da aus akteursbezogenen Umfragedaten nicht auf ein komplexes soziales Phänomen wie politische Kultur geschlossen werden kann (Scheuch 1968; Lijphart 1980: 45; Kaase 1983; Inglehart 1988; Gabriel 1994). Zweitens werden *theoretische Kritikpunkte* angeführt. Politische Kultur – so das Argument – umfasst weit mehr als die „patterns of orientation towards political objects" und sollte im Sinne der seit den 1970er Jahren in den Sozialwissenschaften wieder erstarkenden Kulturforschung umfassender als „kognitiv-normative Landkarte" (Elkins/Simeon 1979: 127) in einem bestimmten politischen Kontext begriffen werden (Rohe 1994; Patzelt 1989). Es geht also nicht einfach nur um politische Orientierungsmuster, sondern um weitergehende politische Dimensionen des Kulturellen.

Diese Kritikpunkte dürfen aber nicht über die zentrale Leistung dieses Ansatzes hinwegtäuschen, nämlich dass durch ihn „politische Kultur" zu einem zentralen, sich ausdifferenzierenden Feld der internationalen Politikforschung werden konnte (Wilson 2000; Pickel/Pickel 2006). Die auch für unsere Fragestellung relevante Leistung dieser Forschung ist darin zu sehen, dass sie mit politischen Kulturen auf ein Muster politischer Differenzen zwischen Staaten hinweist, das gerade nicht institutionell zu fassen ist und gleichwohl eine „impressive stability over time" (Inglehart 1988: 1215) aufweist. Allerdings ist in diese Forschung eine Auseinandersetzung mit Öffentlichkeit bzw. (politischer oder auch nicht-politischer) Medienkommunikation kaum einbezogen Und falls dies doch geschieht – wie insbesondere in der interpretativen Tradition (vgl. Dörner 1999, 2006) – so wiederum kaum in einem transnational bzw. transkulturell vergleichenden Rahmen. Entsprechend ist bis heute der bereits aus dem Jahr 1989 stammenden Kritik von Ulrich Sarcinelli zuzustimmen, dass „die politische Kulturforschung im besonderen dem Bereich der Massenkommunikationsforschung bisher zu wenig Interesse geschenkt hat" (Sarcinelli 1989: 292). Eine Ausnahme bildet hier allerdings das an den Ansatz von Almond/Verba anknüpfende Konzept der politischen Kommunikationskultur von Barbara Pfetsch (2003), das ein zentraler Bestandteil der international vergleichenden Medien- und Kommunikationsforschung ist.

In dieser *international vergleichenden Medien- und Kommunikationsforschung* rücken zunehmend verschiedene Kommunikations- und Journalismuskulturen in den Blickpunkt, die mittels unterschiedlicher Methoden beforscht werden. Während das Konzept der Kommunikationskultur stark in der Forschung zu politischer Kommunikation beheimatet ist,[3] entstammt das Konzept der Journalismuskultur dem Strang der Journalismusforschung selbst, wobei beide Stränge an vielen Punkten konvergieren (Mancini 2008: 150). Eine Betrachtung der zwei Forschungsstränge zeigt, dass – teilweise durchaus in bewusster Abgrenzung zur vergleichenden Politikforschung – Kultur selbst in wesentlich stärkerem Maße medien- und kommunikationstheoretisch reflektiert und auf Fragen von Öffentlichkeit und deren Wandel bezogen wird.

2.1 Kulturelle Implikationen der Transnationalisierung von Öffentlichkeit

In der Forschung zu *Kommunikationskulturen* wird der bereits diskutierte Ansatz von Almond und Verba aufgegriffen, allerdings kommunikations- und medientheoretisch fortgeführt. Überlegungen insbesondere von Jay G. Blumler und Michael Gurevitch (1995) integrierend, hat Barbara Pfetsch (2003) ein Konzept „politischer Kommunikationskultur" entwickelt. Es dient dazu, „international vergleichende Untersuchungen anzustellen und somit Aufschluss über Gemeinsamkeiten und Unterschiede des Verhältnisses von Medien und politischen Akteuren in verschiedenen Ländern zu erhalten" (Pfetsch/Mayerhöffer 2006: 21). Ausgehend von einer Vier-Typen-Systematik politischer Kommunikationskulturen untersucht Pfetsch mit verschiedenen Kolleginnen und Kollegen in dem Projekt „Political Communication Cultures in Western Europe" vergleichend die politischen Kommunikationskulturen in verschiedenen westeuropäischen Ländern auf Basis einer Befragung politischer Sprecher und Journalisten.[4]

Vielfältiger noch als im Bereich der politischen Kulturforschung ist die vergleichende Forschung zu *Journalismuskulturen*, die bis in die Anfänge der Forschung zu internationaler Kommunikation zurückgeht (Siebert et al. 1956; überblickend für die weitere Entwicklung Esser 2002). Solche Arbeiten zu Kultur und Journalismus wurden in den letzten Jahren zunehmend verdichtet zum Konzept der „journalistischen Kultur" („journalistic culture", Hollifield et al. 2001: 112; Kopper 2003: 109; Machill 1997; Waisbord 2000: 93) oder der „Journalismuskultur" („journalism culture", Campbell 2004: 80; Gurevitch/Blumler 2004: 337; Mancini 2008: 152–157; Zelizer 2005; Weaver/Löffelholz 2008: 8). Paolo Mancini charakterisiert das Ziel dieser Konzepte wie folgt:

> „[T]he idea of journalism culture allows to view journalism not only as a profession, with its own routines, practices and specific ethics, but also to link this profession to the country's more general culture and especially to its political culture." (Mancini 2008: 150)

In dieser Formulierung klingt allerdings eine begriffliche Differenzierung an, die Mancini gegen das Konzept der politischen Kommunikationskultur von Pfetsch, aber auch gegen andere bestehende Ansätze von Journalismuskultur setzt.[5] Mancini argumentiert, dass es letztlich notwendig sei, zwei Ebenen von Journalismuskultur im Blick zu haben. Dies ist erstens die Ebene eines transkulturell geteilten „professional journalism" (Mancini 2008: 157), die bereits in seiner und Hallins vergleichenden Studie zu Mediensystemen fokussiert wurde. Hier geht es um Fragen der professionellen Praxis, d. h. von „specific procedures and practices that are often, but not always, developed out of the national context and then adapted to it" (Mancini 2008: 158).

Dem steht zweitens die Ebene nationalkulturell spezifischer Ausprägungen von Journalismus gegenüber. Diese werden letztlich nur dann fassbar, wenn man sie im gesamtgesellschaftlichen Kontext betrachtet. In einem solchen Rahmen hat Thomas Hanitzsch (2007; 2009) einen Entwurf zur vergleichenden Beschreibung von Journalismuskulturen vorgelegt. Er begreift Journalismuskultur als die „im Journalismus spezifischen kognitiven, evaluativen und performativen kulturellen Ordnungen, mit denen sich Journalisten ihre Wirklichkeit als bedeutungsvoll erschaffen und die in Form von kollektiven Wissensordnungen ihr Handeln ermöglichen und einschränken" (Hanitzsch 2007: 374).

Versucht man, diese Ansätze der international vergleichenden Medien- und Kommunikationsforschung systematisch im Hinblick auf Fragestellungen zur europäischen Öffentlichkeit zu bewerten, so fällt zuerst einmal im Vergleich zur politischen Kulturforschung die Konkretisierung auf Fragen kommunikativer Vermittlung auf. Gemeinsam ist den Ansätzen, dass sie nicht einfach auf die Beschreibung der kulturellen Differenz von politischen Systemen abzielen, sondern letztlich systematisierend (nationale) Differenzen der politischen Kommunikation über spezifische Kommunikations- oder Journalismuskulturen zu erklären suchen. Dabei beschränken sich die Beschreibungsansätze im empirischen Zugriff aber letztlich auf die Akteure von Journalismus und politischer PR sowie auf die Mediensysteme als Kontexte für deren Handeln. Weitergehende Zusammenhänge von Kultur, insbesondere das Wechselverhältnis zwischen Medienprodukten und deren Rezeption und Aneignung, werden in diesen Forschungssträngen nicht in die Betrachtung einbezogen. So bleiben die soziokulturellen Hintergründe und Ursachen für unterschiedliche Ausprägungen in den individuellen Einstellungen und Orientierungen von Journalisten und Politikern/politischen PR-Leuten oftmals unklar. Ihre isolierte Aggregation auf Länderebene allein kann nach unserer Überzeugung Kultur nicht angemessen rekonstruieren.

Einen weiteren Ansatzpunkt bietet hier die *vergleichende transkulturelle Medien- und Kommunikationsforschung*. In deren Fokus steht nicht die politische Kommunikation, sondern Medienkultur und deren Wandel im Allgemeinen. Als Medienkulturen werden solche Kulturen begriffen, deren herausragende Ressourcen durch technische Kommunikationsmedien vermittelt sind (Hepp 2011).[6] Trotz dieser unterschiedlichen Orientierung auf medienvermittelte Formen der Kommunikation, liefert der Forschungsstrang wichtige Erkenntnisse und Überlegungen, die es einzubeziehen gilt, wenn man eine angemessene Betrachtung des „kulturellen Unterbaus" europäischer Öffentlichkeit entwickeln möchte. Kennzeichnend für diesen Ansatz ist einerseits das Aufgreifen der neueren Kulturtheorie für ein angemessenes Verständnis der Globalisierung der Medienkommunikation, andererseits eine Auseinandersetzung mit der Deterritorialisierung von medienvermittelten Kommunikationsräumen.

Bezogen auf die *Globalisierung der Medienkommunikation* zeichnet sich die transkulturelle Medien- und Kommunikationsforschung durch einen breiten Anschluss an die Soziologie der Globalisierung aus (Beck 1997; Giddens 1996; Cohen/Kennedy 2000). Ausgehend von solchen Überlegungen treffen sich die Argumente der verschiedenen Forscherinnen und Forscher in dem bereits angeführten Verständnis von Globalisierung der Medienkommunikation als einen lang anhaltenden Prozess der weltweiten Zunahme von Kommunikationsbeziehungen bzw. Konnektivitäten. Mit diesem Prozess werden Kommunikationsräume und damit auch medienvermittelte Kulturen auf komplexe Art und Weise neu konfiguriert.

Dabei rückt in dieser Forschung die Auseinandersetzung mit *deterritorialen Kommunikationsräumen bzw. die Re-Territorialisierung von Kommunikationsräumen* in den Fokus. Deterritorialisierung fasst die verschiedenen Tendenzen der „Aufweichung" der scheinbar natürlichen Beziehung zwischen Kultur und Territorium (García Canclini 1995: 167). Ein mehrfach diskutiertes Beispiel deterritorialer Kommunikationsräume sind Diasporas (Dayan 1999; Georgiou 2006; Robins 2006). Charakteristikum eines Lebens in der Diaspora ist die Verstreuung über verschiedene staatliche Territorien hinweg. Für die Aufrechterhaltung solcher Formen von Vergemeinschaftung ist dabei die Verfügung über einen entsprechenden deterritorialen Kommunikationsraum zentral (Hepp et al. 2011).

Es lassen sich aber auch verschiedene Momente der Re-Territorialisierung von Kommunikationsräumen ausmachen. Beschreibbar werden solche Kommunikationsräume zuerst einmal anhand von „geolinguistischen Regionen", ein Konzept, das auf Sinclair, Jacka und Cunningham (1996) zurückgeht. Unserer Argumentation nach lassen sich – insbesondere im Bereich des Fernsehens und hier nicht zuletzt auch populärkultureller Formate – verschiedene staatenübergreifende Großregionen ausmachen, die durch gemeinsame kulturelle, sprachliche und historische Konnektivitäten gekennzeichnet sind und bisweilen eine erstaunliche Kohärenz als Medienlandschaft aufweisen. Geolinguistische Regionen ergeben nicht unbedingt ein geschlossenes Territorium, sondern können durchaus weit auseinanderliegende Länder umfassen. Wichtiger als eine geografische Nähe ist also die kulturelle Nähe, die auch durch einen lang anhaltenden transkulturellen Kontakt entstehen kann, selbst wenn er, wie im Falle des Kolonialismus, erzwungen war.

Versucht man, diesen Strang der transkulturellen Medien- und Kommunikationsforschung zusammenfassend im Hinblick auf die uns interessierenden Fragen zu bewerten, fällt auf, dass einerseits differenzierte Konzepte und Begriffe entwickelt wurden, um kulturelle Prozesse zu beschreiben, die sich gerade nicht in den „Container" (Beck 1997) von Nationalstaaten fügen. Medienkulturen werden in dieser Tradition als spezifische kulturelle Verdichtungen angesehen, die sich auf bestimmte Territorien beziehen können, aber – in Zeiten der Globalisierung der Medienkommunikation – nicht müssen. Andererseits ist der aufgrund des politischen Systems nach wie vor bestehende territoriale Rückbezug politischer Kommunikation (vgl. Hepp/Couldry 2009) bisher nicht hinreichend Gegenstand der Forschung gewesen. Die in diesem Forschungsstrang vor allem im Hinblick auf Fragen der Globalisierung von Medienkommunikation bestehende kulturanalytische Differenziertheit wurde also bisher für die politische Medien- und Kommunikationsforschung nicht genügend nutzbar gemacht.

2.2 Politische Diskurskulturen als Konzept

Im Kern zielt unser Konzept der politischen Diskurskulturen auf eine Integration der Ansätze der vergleichenden politischen Kulturforschung, der international vergleichenden Medien- und Kommunikationsforschung und der transkulturellen Medien- und Kommunikationsforschung ab. Hinter diesem Integrationsversuch steht die Überlegung, dass die bisherigen Ansätze *für sich genommen* nicht hinreichend erscheinen, um einen befriedigenden Ausgangspunkt für die Beschreibung des „kulturellen Unterbaus" (trans-)nationaler Öffentlichkeiten zu entwickeln. Gleichzeitig verweisen sie aber *insgesamt* auf die Relevanz der Analyse desselben. Eine Integration der verschiedenen Forschungsstränge in einem umfassenden Ansatz der Beschreibung politischer Diskurskulturen ist also naheliegend.

In seiner Grundanlage verstehen wir das Konzept der politischen Diskurskultur analytisch, d. h. es dient der empirischen Bestimmung und nicht der normativen Bewertung. Dies konkretisiert sich in unserem Verständnis der grundlegenden Begriffe, nämlich dem der Kultur und dem des Diskurses. In Anlehnung insbesondere an Arbeiten in der Tradition der transkulturellen Medien- und Kommunikationsforschung wollen wir unter *Kultur allgemein das je spezifische Gesamt von bestimmten Mustern (Klassifikationssystemen und diskursiven Formationen) verstehen, auf das Menschen einer bestimmbaren Gruppe in ihrer Praxis (Handeln, Kommunikation, etc.) Bezug nehmen, um Dingen Bedeutung zu geben* (Hall 2002; Hepp 2004; Tomlinson 1999).

Bezieht man dieses Verständnis von Kultur auf die gegenwärtige Diskussion um einen praxeologischen Ansatz in der vergleichenden Kulturforschung (vgl. Reckwitz 2005: 96), dann integriert es alle drei etablierten Traditionen des Sozialkonstruktivismus: einen mentalistischen (mit der Betonung der Relevanz von Klassifikationssystemen), einen textuellen (mit der Betonung der Relevanz dis-

2.2 Politische Diskurskulturen als Konzept

kursiver Formationen) und einen praxeologischen (mit der Betonung der Relevanz alltäglicher Bedeutungsproduktion durch Praktiken). Die damit verbundene Idee ist es, die Zentralität alltäglicher Praktiken bei der Artikulation von Kultur zu berücksichtigen, gleichzeitig aber auch einzubeziehen, dass sich Kultur nicht hierauf reduzieren lässt. Kultur ist ebenso präsent in diskursiven Formationen und Klassifikationssystemen, auf die wir in unseren alltäglichen Handlungen Bezug nehmen, in den meisten Fällen ohne davon ein „diskursives Bewusstsein" im Sinne von Anthony Giddens (1995) zu haben.

In diesem Zusammenhang hebt der Ausdruck „Muster" darauf ab, dass Kulturanalyse nicht einfach das singuläre Denken, den singulären Diskurs oder die singuläre Praxis beschreiben sollte, sondern auf der Basis der Analyse unterschiedlicher Einzelphänomene die typischen „Arten" des Denkens, der Diskurse oder der Praktiken in einem bestimmten kulturellen Kontext. Mit anderen Worten ist ein kulturelles Muster ein bestimmter „Typus", der in der Kulturanalyse herausgearbeitet wird.

Die Nähe eines solchen Kulturbegriffs zu dem des Diskurses wird bereits daran deutlich, dass diskursive Formationen als ein zentraler Aspekt von Kultur begriffen werden. Der Diskursbegriff selbst hat in den empirisch arbeitenden Sozialwissenschaften in den letzten Jahren eine erstaunliche Karriere erlebt (vgl. Keller 2004: 14–19). Analytisch wollen wir uns mit unserem Diskursbegriff an die „wissenssoziologische Diskursanalyse" (Keller 2007) anschließen. Der Grund hierfür ist, dass sich die wissenssoziologische Diskursanalyse durch einen Brückenschlag zwischen einer sozialwissenschaftlichen Diskursforschung einerseits und neueren kulturalistischen Ansätzen andererseits auszeichnet und dabei eine empirische Ausrichtung wahrt. *Diskurse werden als analytisch abgrenzbare Ensembles von (kommunikativen) Praktiken und Bedeutungszuschreibungen verstanden* (Keller 2004: 59). Dabei geht die wissenssoziologische Diskursanalyse in Anlehnung an Giddens' Konzept der Dualität von Struktur und Handeln davon aus, dass sich in einem einzelnen Diskursereignis der Gesamtdiskurs aktualisiert und damit auch reproduziert oder transformiert wird. Diskurse verweisen auf bestimmte „institutionelle Felder" (ebd.), in unserem Fall das der Politik. Konkret verstehen wir folglich unter *politischem Diskurs ein Ensemble von kommunikativen Praktiken und Bedeutungszuschreibungen im Bereich der politischen Kommunikation*. Ein einzelner politischer Diskurs kann im demokratietheoretischen Sinne deliberativ bzw. legitimierend sein, muss es aber nicht. Es ist also eine Frage der empirischen Analyse im Hinblick auf bestimmte normative Kriterien, ob bzw. wenn ja, in welcher Weise ein bestimmter Diskurs politisch legitimierend ist (vgl. Wessler 2008).

Bezieht man diesen Begriff des Diskurses zurück auf unseren bisher formulierten Begriff der Kultur, so ergibt sich folgendes Verständnis von politischer Diskurskultur: *Unter politischer Diskurskultur ist das spezifische Gesamt von Mustern (Klassifikationssystemen, diskursiven Formationen) politischer Kommunikation zu verstehen, auf das Menschen einer bestimmbaren Gruppe Bezug nehmen, um politischem Handeln Bedeutung zu geben.* Politische Diskurskulturen sind demnach ein Teilaspekt heutiger Medienkulturen – hier verstanden als die durch eine zunehmende Mediatisierung gekennzeichneten gegenwärtigen Kulturen (Hepp 2011). Eine Unterscheidung von politischen Diskurskulturen und umfassenderen Medienkulturen ist darüber möglich, dass sich erstere auf ein bestimmtes „institutionelles Feld" beziehen, nämlich das des politischen Handelns. Dieses ist durch spezifische Diskursereignisse und Praktiken abgrenzbar, auch wenn es selbstverständlich fließende Übergange zur weiteren Medienkultur gibt. Wie sich in Anlehnung an Paolo Mancini formulieren lässt, sind *nationale* politische Diskurskulturen „part of the more general culture of the country" (Mancini 2008: 157), *globalisierte professionalisierte* politische Diskurskulturen bestimmter transnationaler Typen von Medienorganen hingegen „above all of a super-national character" (Mancini 2008: 158).

Um das Konzept der politischen Diskurskultur zu verstehen, ist es entscheidend, seine Beziehung zum Begriff der Öffentlichkeit herauszuarbeiten: Wenn wir Öffentlichkeit als einen normativ aufgeladenen Raum verdichteter politischer Kommunikation begreifen (siehe oben), so konstituiert Öffentlichkeit damit den Rahmen für allgemein zugängliche, auf Laienorientierung festgelegte und kompetitive politische Kommunikation (vgl. Ferree et al. 2002; Gerhards/Neidhardt 1991). Wie in Bernhard Peters' Rede vom „Unterbau" der Öffentlichkeit deutlich wird, bewegt sich das Konzept der politischen Diskurskultur auf einer anderen Ebene. Politische Diskurskulturen stellen entscheidende (strukturierende) Voraussetzungen für die Kommunikation in der Öffentlichkeit dar. Sie prägen die politische Kommunikation, die im „Rahmen" von Öffentlichkeiten sichtbar wird. Bei politischen Diskurskulturen geht es um die Analyse grundlegender kultureller Muster, wie sie einerseits im fortlaufenden Prozess der politischen Kommunikation (re-)artikuliert werden, wodurch sie aber andererseits ein Eigengewicht entwickeln.

Die bisherigen Darlegungen schaffen den allgemeinen Rahmen für eine Analyse von politischen Diskurskulturen als „Unterbau" von Öffentlichkeit, den es für eine empirische Forschung allerdings weiter auszuformulieren gilt. Hierfür bietet es sich an, die Cultural Studies als einen etablierten Ansatz der empirischen Medienkulturforschung aufzugreifen und die dort bestehenden Überlegungen auf die Erforschung politischer Diskurskulturen zu übertragen. Die Cultural Studies haben – einem Verständnis von Öffentlichkeit unter Einschluss von Fragen der Medienproduktion, -inhalten und -nutzung vergleichbar – mehrschichtige Vorstellungen von (Medien)Kultur etabliert, nämlich sogenannte Kreislaufmodelle („circuit of culture").

Das Kreislaufmodell geht in seiner Ursprungsidee auf Stuart Halls (1980) Encoding-/Decoding-Modell zurück. Hall hat darauf aufmerksam gemacht, dass eine kritische Kulturanalyse des Fernsehens neben dem Fernsehdiskurs auch die Ebenen der Produktion (Encoding) und der Rezeption bzw. Aneignung (Decoding) einschließen sollte. Weiterentwickelt wurde dieser Gedanke durch Richard Johnson (1986, 1999). Johnson verortet die kulturell orientierte Analyse von Medien in einem Kreislaufschema der Produktion von Texten, deren Interpretation und Aneignung in der Kultur als Lebensweise. Über eine rein heuristische Unterscheidung dieser Analyseebenen hinausgehend hebt er in seiner Systematisierung darauf ab, dass dieser Kreislauf im doppelten Spannungsverhältnis einerseits von öffentlicher Darstellung und Privatleben bzw. andererseits von Abstraktion und Konkretisierung zu sehen ist: Während in der Produktion von Medientexten bzw. in Produkten bestimmte Erfahrungen *öffentlich* und damit auch abstrahiert werden, werden diese über die Interpretation und Aneignung in der Kultur als Lebensweise von Menschen *privatisiert* und damit konkretisiert. Eine Medienkulturanalyse sollte solche unterschiedlich kontextualisierten Formierungen von Medienkultur berücksichtigen.

Aufgegriffen wurde dieser Gedanke wiederum von Paul du Gay et al. (1997), die die Analyseebenen der Regulation, Repräsentation, Identität, Produktion und des Konsums unterscheiden. Wiederum findet sich dabei der Gedanke, dass sich entlang dieser Ebenen jeweils spezifische Prozesse konkretisieren („distinct processes", ebd.: 3), Kultur oder Medienkultur aber erst in der Gesamtartikulation dieser Ebenen greifbar wird. Es geht also darum, einen linearen Blick auf Medienkommunikation als Prozess des Herstellens, der Darstellung und der Rezeption von Inhalten zugunsten eines Zugangs, der Medien als Teil von Kultur insgesamt analysiert, zu überwinden (Grossberg et al. 1998: 18–26).

Die Forschung hat sich damit auseinandergesetzt, inwieweit dieses Kreislaufmodell geeignet erscheint, auch politische Kommunikation und ihre kulturellen Aspekte zu analysieren. Oliver Machart (2008: 226–233) sieht beispielsweise in dem Modell die Tendenz, Dimensionen des Politischen auf die Ebene staatlicher Regulation einzuengen und damit „den Bereich der Makropolitik aus dem Blick zu drängen" (ebd.: 232). Einer solchen Position ist zweierlei zu entgegnen: Erstens ist das Aufgreifen der Ebene der Regulation entgegen einer solchen Kritik gerade für die Analyse politischer Kommunikation ein wichtiger Schritt, weil Medienstudien in der Cultural-Studies-Tradition Fragen staatlicher Einflussnahme und (politischer) regulativer Institutionen lange Zeit nicht im Blick hatten, sondern eher die Politik auf Ebene widerständiger, sozialer Bewegungen (Krönert 2009).

Zweitens setzen solche Kreislaufschemata Politik bewusst *nicht* mit der Ebene der Regulation gleich, sondern behandeln Aspekte des Politischen auf allen Ebenen, bspw. im Hinblick auf Fragen der Repräsentation oder der Identität. Folglich ist eher Einschätzungen wie denen von Grossberg et al. zuzustimmen, die in dem „circuit of culture" eine allgemeine Grundposition einer auf Fragen der Kultur orientierten Medienanalyse sehen, die sich sehr wohl auch für die Erfassung von Phänomenen politischer Kommunikation eignet.[7]

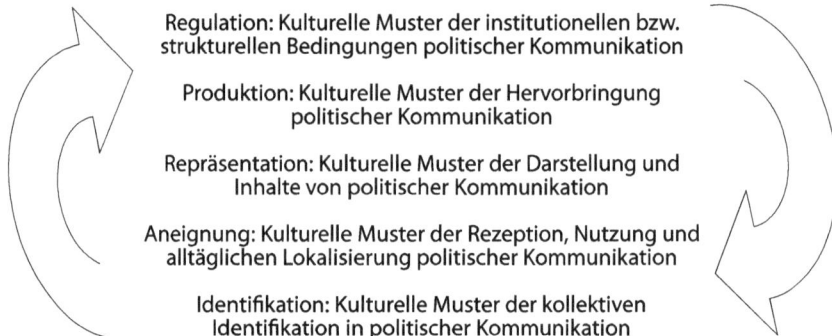

Abb. 1 Artikulationsebenen politischer Diskurskulturen

Diese Argumentation aufgreifend, erscheint es zielführend, auch politische Diskurskulturen entlang der Artikulationsebenen von Regulation, Produktion, Repräsentation, Aneignung und Identifikation zu betrachten. Entsprechend lässt sich das Konzept politischer Diskurskultur analytisch dahingehend konkretisieren, dass *politische Diskurskultur das je spezifische Gesamt von kulturellen Mustern der Produktion, Repräsentation und Aneignung politischer Kommunikation wie auch der damit verbunden Regulation und Identifikation* fasst (vgl. Abbildung 1). Über die heuristische Unterteilung dieser Ebenen hinaus ist damit der Gedanke verbunden, dass eine angemessene Analyse politischer Diskurskulturen über eine verbindende Betrachtung dieser Ebenen erfolgt.

Wie eine ausgewählte Betrachtung der bisherigen Forschungsliteratur zu europäischer Öffentlichkeit zeigt, weisen bestehende Untersuchungen auf deutliche Momente unterschiedlicher nationaler politischer Diskurskulturen in Europa hin, aber auch bereits auf Ansätze europäischer Gemeinsamkeiten.

2.2.1 Regulation

Die Ebene der Regulation fokussiert mit den kulturellen Mustern der institutionellen bzw. strukturellen Bedingungen politischer Kommunikation den Bereich, der in der kommunikations- und medienwissenschaftlichen bzw. politikwissenschaftlichen Forschung gemeinhin als Mediensystem bezeichnet wird und bereits im Konzept der politischen Kommunikationskulturen Berücksichtigung findet. Die vergleichende Forschung zu Mediensystemen ist sowohl international als auch national breit und vielfältig. Gerade in jüngster Zeit wurden verschiedenste Systematisierungsansätze vorgelegt, auf die wir zum Teil bereits verwiesen haben (vgl. überblickend Thomaß 2007; Terzis 2008). Bei der Erfassung von politischen Diskurskulturen geht es aber nicht einfach um die Beschreibung von Mediensystemen, sondern um die den Mediensystemen zugrunde liegenden *kulturellen Muster* der Regulation. Eine solche Analyse bleibt *nicht* auf die Ebene der Darstellung von bestehenden Gesetzeslagen und Institutionen des politischen Mediensystems reduziert, sondern hebt darauf ab, die diesen Gesetzen und Institutionen zugrunde liegenden regelhaften kulturellen Zusammenhänge herauszuarbeiten. Im Fokus der Analyse stehen also die sich in Gesetzen, Institutionen und konkreten Politiken artikulierenden kulturellen Grundmuster des Regulierens von politischer Kommunikation.

Bezogen auf eine Betrachtung politischer Diskurskulturen in Europa finden sich wichtige Hinweise für einen solchen Zugang in den Arbeiten von Hallin und Mancini (2004). In ihrer Betrachtung von Mediensystemen unterscheiden sie in Bezug auf Europa drei Modelle, nämlich das mediterrane oder polarisiert-pluralistische Modell, das zentral- und nordeuropäische demokratisch-korporatistische Modell und das US-amerikanisch geprägte liberale Modell. Ohne den Ansatz hier umfassend diskutieren zu können (siehe dazu u. a. Hardy 2008) verweisen die Überlegungen von Hallin und Mancini deutlich auf einen kulturellen Aspekt. Ihres Erachtens lassen sich die politischen Mediensysteme in Europa durch grundlegende kulturelle Muster der Haltung zu staatlicher Intervention, der Organisation von Demokratie bzw. des Pluralismus oder der politischen Rolle des Staates beschreiben (ebd.: 67f.). Auch wenn es gilt, solche kulturellen Muster der Regulation differenzierter bzw. unter Einbezug einer gesamteuropäischen sowie osteuropäischen Perspektive zu betrachten (Jakubowicz 2004; Wyka 2008), so verdeutlichen die Studien von Hallin und Mancini, dass über konkrete Institutionen hinweg, kulturell typische Weisen der Regulation bspw. in Deutschland, Frankreich oder Großbritannien bestehen bzw. die Frage näher zu betrachten ist, wie über verschiedene Länder hinweg sich in Europa kulturelle Muster der Regulation etabliert haben und verbreiten (z. B. Parallelität von öffentlichen und privaten Medien).

2.2.2 Produktion

Die Artikulationsebene der Produktion von politischen Diskurskulturen schließt an die in der Kommunikations- und Medienwissenschaft etablierte Tradition der Forschung zu politischen Kommunikationskulturen und Journalismuskulturen an, kontextualisiert diese aber im Gesamtzusammenhang der jeweils betrachteten politischen Diskurskultur. Greift man die bereits angeführte Forschung auf (Hanitzsch 2009; Hollifield et al. 2001; Löffelholz/Weaver 2008; Pfetsch 2003; Zelizer 2005) und systematisiert diese, so erscheint es uns zielführend, zumindest drei Aspekte näher zu betrachten.[8] Dazu gehört erstens die Artikulation kultureller Muster über Akteurskonstellationen, d. h. Muster im Hinblick darauf, welche Akteure aus Politik und Medien an der Produktion politischer Kommunikation typischerweise beteiligt sind bzw. wie deren Karrieren typischerweise gestaltet sind. Zweitens betrifft dies kulturelle Muster im Hinblick der Produktionsweisen politischer Kommunikation, z. B. Muster der Konstruktion von Nachrichten. Man denke dabei an Prozesse der Entscheidungsfindung, bspw. in einer Redaktion. Drittens sollten im Fokus ebenfalls die Normen der Medienschaffenden stehen, d. h. kulturelle Muster von Wertorientierung politischer Kommunikation bzw. politischen Öffentlichkeiten im Allgemeinen, wie sie sich bspw. in bestimmten Bildern des Publikums konkretisieren (Ang 1991).

In der bisherigen Forschung liegen erste Aussagen zu dieser Dimension politischer Diskurskulturen in Europa vor. So haben existierende Untersuchungen verdeutlicht, dass sich in doppelter Hinsicht eine transnationale europäische Konstellation entwickelt hat. Erstens hat sich ein wachsendes, stark kooperierendes Journalistennetzwerk in Brüssel etabliert, das zum Teil aus langjährig tätigen Korrespondenten besteht, die über eine gemeinsame, transnationale Arbeitskultur verfügen (Baisnée 2002; Heikkilä/Kunelius 2008). Zweitens zielte die Informationspolitik der EU-Institutionen schon seit der Jahrtausendwende explizit auf die Etablierung einer europäischen Öffentlichkeit ab. Und auch wenn die EU-Kommission dieses weitgesteckte Ziel verfehlt, gibt es Anzeichen einer zunehmenden Professionalisierung ihrer PR (Brüggemann 2008). Politische PR und Korrespondenteninformationen werden jedoch entlang von nationalen Produktionsmustern aufbereitet (AIM Research Consortium 2010 und Statham 2011; bezogen auf Professionalisierung der deutschen Korrespondenten Offerhaus 2010). Eine weitergehende Analyse politischer Diskurskulturen in Europa müsste im Detail ein solches Ineinandergreifen von nationalen und transnationalen kulturellen Mustern im Hinblick auf Akteurskonstellationen, Produktionsweisen und Produktionswerten in der journalistischen Arbeitspraxis untersuchen.

2.2.3 Repräsentation

Auch im Hinblick auf den Bereich Repräsentation ist wieder zu verdeutlichen, dass dieser nicht auf die Darstellung von verschiedensten Befunden der Inhalts- und Diskursanalyse reduziert werden kann. Eine Betrachtung politischer Diskurskulturen zielt vielmehr auf das Herausarbeiten von grundlegenden, inhaltlichen kulturellen Mustern ab, beispielsweise des Argumentierens, Berichtens oder Darstellens. Dies ist ein Feld, für das sich die vergleichende Journalismusforschung seit langem interessiert (Scholl/Weischenberg 1998; Lünenborg 2000; Wessler 2008). Es geht demnach nicht um die Rekonstruktion von Einzelphänomenen (also um die Berichterstattung zu einem bestimmten politischen Thema oder um einen bestimmten politischen Diskurs), sondern vielmehr um die Frage, ob sich über solche Themen und Einzeldiskurse hinweg kulturelle Repräsentationsmuster ausmachen lassen.

Bezieht man dies auf europabezogene Fragestellungen, so liegen unterschiedliche inhaltsanalytische Befunde vor, sowohl im Hinblick auf alltägliche politische Inhalte als auch im Hinblick auf herausgehobene Medienevents (siehe überblickend unsere einleitenden Darstellungen in Kapitel 4 sowie insbesondere van de Steeg 2010, für Medienevents in Europa aktuell vor allem Triandafyllidou et al. 2009 und Krzyzanowski 2009). Fragt man nach den *europäischen* Berichterstattungen zugrunde liegenden, kulturellen Mustern, betrifft dies insbesondere die Forschung zur (nationalen) „Differenz" bzw. (transnationalen) „Konvergenz" von Berichterstattungsweisen, die in vielfältigen Studien zur europäischen Öffentlichkeit mit behandelt werden (siehe van de Steeg 2010: 38). Juan Diez Medrano (2003) weist bspw. zwischen 1946 und 1995 eine Konvergenz der Deutungsrahmen und Thematisierungen für die deutsche, französische und spanische Debatte zur europäischen Integration nach. In unserer eigenen Studie untersuchten wir die Konvergenz der Mediendebatten zu zwei sehr unterschiedlichen Themen – die Legitimation militärischer Interventionen und gentechnisch veränderte Lebensmittel – über einen Zeitraum von 12 bzw. 13 Jahren (Wessler et al. 2008: 95–167). Beim Thema militärische Interventionen, für das die EU bisher nur geringe eigene politische Kompetenzen besitzt, finden sich kaum Anzeichen von Konvergenz. Anders ist dies beim Thema gentechnisch veränderte Lebensmittel, ein Politikbereich, in dem die EU eine zentrale Regulationsinstanz ist.

Konvergenz lässt sich hierbei als eine Annäherung von politischen Diskurskulturen in Europa auf inhaltlicher Ebene deuten, Differenz als Unterschiede nationaler politischer Diskurskulturen. Die bisher genannten Beispiele ließen sich dabei um vielfältige weitere aus unterschiedlichen Untersuchungen zur europäischen Öffentlichkeit ergänzen. Wichtig an dieser Stelle erscheint uns zu betonen, dass sie verdeutlichen, inwieweit die Art und Weise der Repräsentation politischer Kommunikation auf kulturelle Grundmuster verweist, die wir mit dem Begriff der politischen Diskurskultur fassen können.

2.2.4 Aneignung

In der Journalismusforschung wurde darauf hingewiesen, dass nur dann sinnvoll von einem kulturtheoretischen Zugang gesprochen werden kann, wenn auch der alltägliche Umgang mit der Berichterstattung betrachtet wird (Klaus/Lünenborg 2004; Renger 2000). In diesem Sinne wollen wir mit dieser Ebene der politischen Diskurskulturen die Beschreibung von grundlegenden Mustern des alltäglichen Sich-zu-eigen-Machens im Sinne der Nutzung bzw. alltagsweltlichen Lokalisierung politischer Kommunikation fassen. Es geht folglich nicht nur um die Aufbereitung von vergleichenden Mediennutzungsdaten, so zentral diese als Hintergrundinformation auch sind (vgl. Hasebrink/Herzog 2008). Im Zentrum stehen – neben allgemeinen Fragen der Differenz von genutzten Medienangeboten und Arrangements der Mediennutzung – erstens kulturelle Muster der Bedeutungszuweisung zu Medieninhalten und zweitens Differenzen der weiteren Umgangsweisen mit diesen Inhalten (Hepp 2006: 261–262). Grundlegende kulturelle Unterschiede in der Aneignung helfen zu fassen, wie sich politische Diskurskulturen im Alltag der Menschen konkretisieren, inwiefern sie bspw. Legitimität und „cultural citizenship" herstellen (Couldry 2006; Dahlgren 2006; Klaus/Lünenborg 2004; Couldry et al. 2007).

Betrachtet man dies für Europa, fällt auf, dass insbesondere eine Beschäftigung mit Aneignungsprozessen bisher einen sehr untergeordneten Stellenwert hatte. Aus einer öffentlichkeitstheoretischen Perspektive ist es sinnvoll, zwischen Medienpublika („audiences") und Bürgerpublika („publics") zu unterscheiden (Lingenberg 2010a, 2010b). Medienpublika setzen sich aus den Rezipienten einzelner Medienangebote zusammen. Demgegenüber werden Bürgerpublika nicht durch die Nutzung bestimmter Medienangebote konstituiert, sondern dadurch, dass Individuen oder Gruppen sich als durch „Europa" und europapolitische Entscheidung Betroffene wahrnehmen, sowie Meinungen, Einstellungen und Anschlusshandlungen dazu entwickeln. Im Hinblick auf europäisierte Medienpublika fällt ins Gewicht, dass die Sprachenvielfalt in Europa die Nutzung ausländischer Medien für breite Publika generell schwierig macht, insbesondere im Bereich der politischen Kommunikation. Von einem allgemeinen europäischen Informations-Publikum kann man kaum und wenn, dann allenfalls in Bezug auf Eliten sprechen (Chalaby 2002). Im Hinblick auf medieninduzierte europäisierte

Bürgerpublika fällt auf, dass das Ausmaß der Mediennutzung und die Aufmerksamkeit des Publikums für die EU einen positiven Einfluss auf die Zustimmung zur EU-Osterweiterung hat – allerdings nur dort, wo die Medienberichterstattung nicht zu schwach und in der Tendenz relativ eindeutig ist (de Vreese/Boomgaarden 2006). Gleichzeitig hat die breite Berichterstattung über das Scheitern der Referenden in Frankreich und den Niederlanden im Jahre 2005 auch für Nichtbetroffene in Deutschland und Italien die wechselseitige Interdependenz im Prozess der europäischen Integration sehr greifbar werden lassen und so auch in den Ländern, in denen kein Referendum stattfand, zu Betroffenheitswahrnehmungen geführt (Lingenberg 2010a, 2010b). Allerdings wurde das Thema von den Befragten in Italien mit deutlich anderen thematischen Bezügen diskutiert als in Frankreich und Deutschland, die sich diesbezüglich recht ähnlich waren. Gerade solche Ergebnisse weisen darauf hin, welchen Stellenwert Erkenntnisse über kulturelle Muster der Medienaneignung haben, um die Nachhaltigkeit der Transnationalisierung von Öffentlichkeit in Europa abzuschätzen. Die Betrachtung von Aneignung ist damit ein wichtiger Teil der Analyse von politischen Diskurskulturen.

2.2.5 Identifikation

Dass politische Kommunikation zuletzt nicht sinnvoll jenseits von Fragen (politischer) Identifikation behandelt werden kann, zeigt eine Vielzahl von Studien, die gerade auch historisch Nationalstaatlichkeit, Kommunikation und nationale Identität in eine enge Beziehung zueinander setzen (Anderson 1983; Billig 1995; Schlesinger 1991). Vor diesem Hintergrund erscheint es uns angebracht, den Aspekt der Identifikation in unsere Betrachtung von politischen Diskurskulturen zu integrieren. Wiederum interessieren uns hierbei kulturell spezifische Grundmuster der Identitätsbildung selbst und zwar sowohl im Hinblick auf die Darstellung kollektiver Identitätsangebote als auch im Hinblick auf gelebte, im Falle politischer Diskurskulturen, *politische* Identitäten. Es geht also nicht einfach nur um die Frage der jeweiligen politischen Wir-Zuordnung, sondern differenzierter darum, was sowohl im Hinblick auf deren Darstellung als auch im Hinblick auf den jeweils gelebten Alltag grundlegend als Teil von politischer Identifikation –verstanden als ein fortlaufender Prozess – begriffen wird. Differenzen können bspw. über Grenzziehungen politischer Identifikation ausgemacht werden (z. B. im Hinblick auf Staatsbürgerlichkeit oder zivilgesellschaftliches Engagement), bzw. über die Abgrenzung politischer Identität gegenüber anderen Arten und Quellen von Zugehörigkeit (vgl. García Canclini 2001; Sassen 2008: 440–516), bspw. vermittelt durch Konsum. Im Kern geht es bei einer Analyse politischer Diskurskulturen also um kulturspezifische Grundmuster der Artikulation politischer Identität als Teil eines weiter gefassten Prozesses politischer Kommunikation.

Bezogen auf Europa werden Fragen der kommunikativen Vermittlung von europäischer Identifikation seit längerem diskutiert, nicht zuletzt als ein erklärtes Ziel europäischer Kommunikationspolitik: die Herstellung einer geteilten Identifikation durch eine geteilte politische Öffentlichkeit (u. a. Morley/Robins 2002; Eriksen 2005; Brüggemann 2008). Hierbei wird eine durchaus enge Beziehung hergestellt zwischen im Vergleich zu Nationalstaaten bestehenden möglichen „Defiziten" europäischer Öffentlichkeit einerseits und ebenfalls gesehenen „Defiziten" einer Identifikation mit Europa andererseits, wie sie regelmäßig mit den Eurobarometer-Daten erhoben werden (aktuell Eurobarometer 2008, 2011). Fundiert hat sich mit solchen Fragen jüngst Thomas Risse (2010) auseinander gesetzt. Eigene Forschung zusammenfassend, aber auch eine Vielzahl von anderen Studien diskutierend, macht er eine „Europäisierung" (Risse 2010: 37) von Identitäten in Europa aus. Diese verdrängten nicht einfach nationale Identitäten, sondern überlagerten diese als eine weitere „Schicht" von Identifikation. Hierbei weichen zwar die Identifkationen der Eliten von denen der weiteren Bevölkerung ab, indem hoch mobile Personen sich stärker mit Europa identifizieren als andere (siehe auch Favell 2008). Darüber hinaus sei jedoch für die meisten Menschen in Europa kennzeichnend, dass sie sich mit Europa identifizierten. Risse macht dabei insbesondere das Identifikationsmuster des „inklusiven Nationalismus" (Risse 2010: 61) aus, wonach sich die Mehrzahl der Menschen mit deren Nation als Teil von Europa identifizieren (im Gegensatz zum „exklusiven Nationalismus", der die Nation gegen Europa stellt). Solche Studien weisen nicht nur darauf hin, dass sich kulturelle Muster nationaler und europäischer Identifikation überlagern, sie führten uns auch vor Augen, dass es sich bei der Identifikation um eine wichtige Ebene von politischer Diskurskultur in Europa handelt.

2.3 Mehrfachsegmentierung erklären

Bis zu diesem Punkt war es unser Ziel, einen allgemeinen Begriffsrahmen für unser Forschungsunterfangen zu entwickeln: ein Verständnis einer europäischen Öffentlichkeit als Transnationalisierung nationaler Öffentlichkeiten wie auch ein Verständnis von politischen Diskurskulturen als deren ‚Unterbau'. In diesem Sinne lassen sich – so unsere Argumentation – verschiedene Momente der gegenwärtigen Spezifik der Transnationalisierung von Öffentlichkeit über politische Diskurskulturen erklären. Wie bereits in der Einleitung zu diesem Buch erwähnt, ist der zentrale Befund unserer Untersuchung zur europäischen Öffentlichkeit, dass

2.3 Mehrfachsegmentierung erklären

sie mehrfach segmentiert bleibt: Einerseits national nach einzelnen europäischen Ländern, andererseits transnational nach bestimmten Adressierungstypen. In beiden Fällen lässt sich unseres Erachtens sinnvoll von bestehenden (nationalen) und entstehenden (transnationalen) politischen Diskurskulturen sprechen, wobei in beiden Fällen der Prozesscharakter ihrer Artikulation zu berücksichtigen ist. Hierbei ist allerdings offensichtlich, dass forschungspragmatisch politische Diskurskulturen in der bis hierher umrissenen Breite empirisch kaum erfassbar sind. Um unseren Ansatz der Erklärung einer Mehrfachsegmentierung europäischer Öffentlichkeit anwendbar zu machen, sind also zumindest zwei Punkte näher zu erläutern. Erstens gilt es, zu verdeutlichen, was wir in diesem Zusammenhang überhaupt genau unter „erklären" verstehen. Zweitens gilt es zu erläutern, wo genau für unsere Fragestellung eine Forschung zu politischen Diskurskulturen ansetzen kann.

Im Hinblick auf unseren Begriff der Erklärung bietet es sich nochmals an, auf Saskia Sassens Überlegungen zum Paradox des Nationalen zu verweisen. Sie hat diesbezüglich verdeutlicht, dass für Untersuchungen von Transformationsprozessen, wie den uns interessierenden der Europäisierung, „Modelle sozialen Wandels" ungeeignet sind, die „auf die Isolation von Schlüsselvariablen ausgerichtet [sind], um Ordnung zu schaffen, wo keine zu sehen ist" (Sassen 2008: 34). Ganz im Sinne einer solchen Kritik verstehen auch wir Erklärung nicht nur als die logische Deduktion eines Explanandums von einem Explanans durch ein allgemeines Gesetz und seine weiteren Nebenbedingungen (vgl. Hempel/Oppenheim 1948: 138). Ein solches Design der „Isolation von Schlüsselvariablen" und gesetzesmäßigen Ableitung würde voreilig die Komplexität der Prozesse reduzieren, mit denen wir konfrontiert sind. Vielmehr sind wir an einer Erklärung der mehrfachsegmentierten europäischen Öffentlichkeit durch die Analyse der Prozesse ihrer Konstruktion bzw. Artikulation interessiert. Allgemeiner gesprochen verwenden wir den Ausdruck Erklärung im Sinne eines „deutenden Verstehens" (Weber 1972: 1) von (individuellem und kollektivem) Handeln.

Das Argument, hierzu bei politischen Diskurskulturen anzusetzen, ist in erster Linie empirisch begründet. So wäre, bezogen auf unser Datenmaterial, eine Erklärung der Mehrfachsegmentierung europäischer Öffentlichkeit im Rahmen der politischen Ökonomie von Medien nicht hinreichend, da Zeitungen über Europa hinweg fast durchweg in privatem Besitz sind und bestehende Segmentierungen von Öffentlichkeit nicht einfach aus unterschiedlichen staatlichen, öffentlichrechtlichen oder privaten Besitzverhältnissen abgeleitet werden können. Hinzu kommt, dass transnationale Verbindungen, wie wir sie in Europa beispielsweise mit der polnischen *Fakt* und der deutschen *Bild* haben, die beide zum Springer-Konzern gehören, nicht in einer einheitlichen, sondern aus bspw. auf unterschiedlichen nationalen Stereotypen aufbauenden Berichterstattung resultieren (Sundermeyer 2006). Ebenso ist Sprache zwar relevant für die Mehrfachsegmentierung von europäischer Öffentlichkeit, aber keine hinreichende Erklärung, da wir auch zwischen Ländern desselben Sprachraums wie bspw. Deutschland und Österreich eine nationale Segmentierung europäischer Öffentlichkeit ausmachen können. Es sprechen also viele Argumente dafür, für eine Erklärung der Mehrfachsegmentierung europäischer Öffentlichkeit bei politischen Diskurskulturen in Europa anzusetzen. Hier werden zwar Bezüge zur Ökonomie und Sprache hergestellt, aber politische Diskurskulturen gehen nicht darin auf.

Wie bereits erwähnt, erscheint es forschungspragmatisch nur schwer möglich, politische Diskurskulturen in dem bisher umrissenen Kreislaufverständnis empirisch umfassend zu erforschen. Für konkrete Untersuchungsbelange richtet sich der Forschungsfokus deshalb zwangsläufig auf einzelne Momente politischer Diskurskulturen. Für die uns hier interessierende Fragestellung nach der Erklärung der mehrfachsegmentierten europäischen Öffentlichkeit erscheint es uns insbesondere sinnvoll, auf der Ebene der „Produktion" von politischer Diskurskultur anzusetzen, in diesem Fall bei der Praxis der Journalistinnen und Journalisten, die Berichterstattung über Europa(-themen) hervorbringen. Unsere Argumentation setzt hier an zwei Punkten an.

Erstens kann medienvermittelte, politische Öffentlichkeit in dem von uns umrissenen Sinne nicht ohne das Handeln von Journalistinnen und Journalisten ‚entstehen'. Sie sind in diesem Sinne also ‚konstitutive Konstrukteure' von (europäischer) Öffentlichkeit, und politische Diskurskulturen manifestieren sich zuerst in ihrer Berufspraxis. Journalistinnen und Journalisten prägen zu einem großen Teil das, was Leserinnen und Leser von Europa mitbekommen, wie sie Europa verstehen und über welche europabezogenen Themen sie sich mit anderen austauschen.

Zweitens kann in einer logischen Folge zum ersten Punkt gesagt werden, dass sich der Wandel von politischen Diskurskulturen zwangsläufig *auch* im Handeln von Journalistinnen und Journalisten konkretisiert: In dem Moment, in dem sich deren kulturelle Muster der Zeitungsproduktion ändern, verweist dies auf den Wandel einer politischen Diskurskultur insgesamt.

Solche Überlegungen lassen sich weiter zu dem unten abgebildeten Erklärungsschema verdichten (Abbildung 2), das unsere Forschungsanlage visualisiert. Das Schaubild veranschaulicht eine komplexe Wechselbeziehung zwischen verschiedenen Metaprozessen des Wandels, die wir als „Antriebskräfte" einer sich wandelnden politischen Kommunikation verstehen. Politische Diskurskulturen begreifen wir als „Weichensteller" dieses Wandels, über den sich und der sich in einem Gesamttransformationsprozess die mehrfachsegmentierte europäische Öffentlichkeit artikuliert.

2.3 Mehrfachsegmentierung erklären

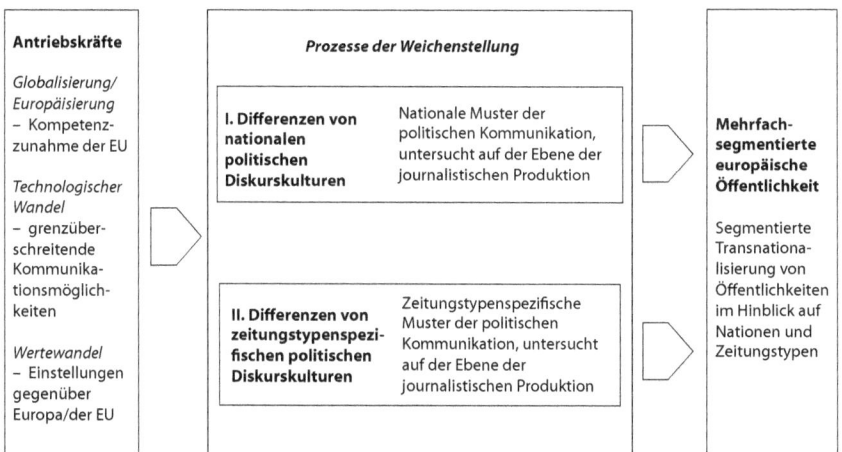

Abb. 2 Die Erklärung einer mehrfachsegmentierten europäischen Öffentlichkeit

Grundlegend argumentieren wir, dass jedes Land in Europa mit ähnlichen *Metaprozessen des Wandels* konfrontiert ist. Das ist erstens eine zunehmende Globalisierung, wie sie unter anderem politisch in dem Projekt der Europäischen Union reflektiert wird, die mehr und mehr grundlegende politische Entscheidungen in Europa auf sich konzentriert (Beck/Grande 2004; Münch 2008). Aus diesem Grund finden wir eine zunehmende nationale Relevanz von EU-Politik. Dadurch erklärt sich die transnationale Zunahme der „Beobachtung" von EU-Politik, d. h. die Zunahme der Berichterstattung über die EU. Zweitens können wir auch einen technologischen Wandel ausmachen, der sich in der zunehmenden Mediatisierung des Alltagslebens von Menschen, aber auch des Arbeitslebens von Journalistinnen und Journalisten konkretisiert und zumindest in Teilen auf eine Globalisierung der Medienkommunikation verweist: Durch Satellitentechnologie, Internet und digitale Medien bestehen weit einfachere Möglichkeiten der transnationalen und transkulturellen Kommunikation (Thussu 2006; Hepp 2006), auch auf Ebene der journalistischen Informationsbeschaffung in der beruflichen Alltagspraxis. Auch dies lässt sich als eine mögliche Antriebskraft der Transnationalisierung von Öffentlichkeit ausmachen. Schließlich haben wir über die verschiedenen europäischen Länder hinweg einen Wandel von Werten der Lebensführung, der sich in der Tendenz einer zunehmenden Individualisierung konkretisiert (Beck/Beck-Gernsheim 2001). Damit verbunden sind bspw. auch Fragen der individuellen Wahl und von Einstellungen, die auf das individuelle Fortkommen gegenüber der EU ausgerichtet sind.

Diese Metaprozesse des Wandels resultieren nicht automatisch in einer homogenen transnationalen Öffentlichkeit in Europa. Unsere Ergebnisse legen nahe, hier zumindest von zwei Momenten der Weichenstellung auszugehen. Dies betrifft erstens Differenzen *nationaler politischer Diskurskulturen*, wie sie in nationenspezifischen kulturellen Unterschieden der journalistischen Praxis greifbar werden. Zweitens haben wir es mit kulturellen Mustern zu tun, die transnational Bestand haben und charakteristisch sind für bestimmte Arten von Medienorganen, in unserem Fall bestimmte Adressierungstypen. Hier lässt sich zumindest ansatzweise von *transnationalen politischen Diskurskulturen* sprechen, wie sie für bestimmte Arten des professionalisierten Journalismus kennzeichnend sind. Diese beiden Momente politischer Diskurskultur sind für die herausgehobenen und von uns nicht weiter untersuchten Metaprozesse des Wandels national wie transnational weichenstellend und somit Teil der Artikulation einer mehrfachsegmentierten europäischen Öffentlichkeit. Die nationale politische Diskurskultur verweist auf die relative Stabilität nationaler Muster politischer Kommunikation und wird auch in anderen Studien untersucht (siehe bspw. Pfetsch 2001). Der zweite Moment politischer Diskurskultur wird häufig im Kontext transkultureller Professionalisierung im Journalismus als eine Möglichkeit von Segmentierung diskutiert (bspw. Mancini 2008), für die europäische Öffentlichkeit bisher aber kaum untersucht.

Um möglichen Missverständnissen an dieser Stelle vorzubeugen, wollen wir aber nochmals betonen, dass unseres Erachtens das bis hierher umrissene Erklärungsschema nicht auf ein Set intervenierender Variablen kultureller Differenz reduziert werden kann. Wie Bruno Latour (2007: 63) betont hat, gibt es keine „soziale Trägheit", die außerhalb des Untersuchungsfelds besteht und in diesem Untersuchungsfeld etwas erklärt. Umgekehrt argumentiert er: „Wenn Trägheit, Dauer, Reichweite, Festigkeit, Verpflichtung, Loyalität, Zusammenhalt etc. zu erklären sind, so muss man nach Trägern, Werkzeugen, Instrumenten und Materialien Ausschau halten, die eine solche Stabilität gewährleisten können" (ebd.). Genau dies wollen wir tun, indem wir nicht die „Trägheiten" politischer Diskurskulturen als „hinter" unserem Forschungsfeld liegendes Set von Erklärungsvariablen postulieren, sondern vielmehr untersuchen, wie sich einzelne Momente politischer Diskurskulturen im Handeln von Journalistinnen und Journalisten artikulieren und wie sich über eine solche Artikulation von politischen Diskurskulturen *in situ* die Mehrfachsegmentierung europäischer Öffentlichkeit erklärt. In der Alltagswelt werden kulturelle Muster fortlaufend re-artikuliert und nur in dem fortlaufenden Prozess des „Herstellens" („doing") von Kultur kann diese segmentierend sein. Ganz im Sinne der Ethnomethodologie (Garfinkel 1967) finden sich keine kulturellen Erklärungen, die ‚hinter' unserem alltagsweltlichen Tun liegen. Ent-

2.3 Mehrfachsegmentierung erklären

sprechend verstehen wir Kultur nicht als eine unabhängige Variable der Erklärung von etwas (Hall 2002), sondern betreiben eine interpretative Analyse politischer Diskurskultur im Vollzug, über die sich das Phänomen der Mehrfachsegmentierung von europäischer Öffentlichkeit erklären lässt. Hiermit ist der Beschreibungs- und Erklärungsrahmen umrissen, an dem wir uns mit der Argumentation in den folgenden Kapiteln orientieren.

Methodisches Vorgehen: Ein transkulturelles Mehrebenendesign 3

Wie wir bereits in der Einleitung und im letzten Kapitel betont haben, ist es nicht leicht, Prozesse der Transnationalisierung zu analysieren: Auf der einen Seite geht es hier um Zusammenhänge, die das Nationale durchschreiten. Deswegen wird von *Trans*nationalisierung gesprochen und nicht von Internationalisierung. Auf der anderen Seite bleibt das Nationale – Nationalkultur, aber auch der Nationalstaat – ein Referenzpunkt, über den Trans*nationalisierung* betrachtet wird. Wir müssen uns für eine solche Untersuchung entsprechend grundlegende methodologische Gedanken machen. Oder um einmal mehr Ulrich Beck und Edgar Grande zu zitieren: „Um die Dynamik der Europäisierung verstehen zu können, benötigen wir folglich einen methodologischen Perspektivenwechsel" (Beck/Grande 2004: 34).

Solche generellen Aussagen sind schnell gemacht. Wesentlich komplexer ist es jedoch, diese in empirische Forschung umzusetzen. Hierbei gelangt man direkt in die Diskussion um den sogenannten „methodologischen Nationalismus". Was ist damit gemeint? Der Begriff des *methodologischen Nationalismus* geht auf Anthony D. Smith (1979) zurück. Im Kern wird damit die Annahme gefasst, dass sich Gesellschaften und der nationale Territorialstaat eins zu eins entsprächen, Begriffe des Sozialen also stets den Nationalstaat als Referenzgröße implizieren. Weiter ausformuliert hat eine Kritik hieran Ulrich Beck, der generell die „Axiomatik einer nationalstaatlich eingestellten Soziologie" (Beck 1997: 51) problematisiert. Dieser wirft Beck vor, methodologisch mit einer „Container-Theorie der Gesellschaft" (Beck 1997: 49) zu operieren, die Gesellschaften (National)Staaten definitorisch unterordnet. Die Folge ist, dass Gesellschaften als Staatsgesellschaften begriffen werden und Gesellschaftsordnung so viel meint wie Staatsordnung.

Mit einer solchen „Container-Theorie" der Gesellschaft haben die Sozialwissenschaften die historische Verknüpfung von entstehender Soziologie und politisch gewolltem Aufbau von Nationalstaaten im 19. Jahrhundert mehr oder weniger unreflektiert als Grundmodell der Beschreibung des Sozialen übernommen. Das hierbei bestehende Problem ist, dass die mit Globalisierung an Relevanz gewinnenden Sozialformen wie die Transnationalisierung von Öffentlichkeit in Europa bzw. die supranationale Institutionen der EU in ihrer Spezifik nicht hinreichend erfasst werden. Dies ist der Hintergrund, vor dem Ulrich Beck einen *methodologischen Kosmopolitismus* einfordert. Dieser grenzt sich sowohl in der Raum- als auch der Zeitdimension vom methodologischen Nationalismus ab. Räumlich treten „an die Stelle von national-nationalen Beziehungen transnationale, lokal-globale, trans-nationale, national-globale und global-globale Beziehungsmuster" (Beck 2004: 118). In der Zeitdimension geht es darum, einerseits die global geteilte Vergangenheit beispielsweise des Kolonialismus analytisch zu berücksichtigen, andererseits die gegenwärtig global erfahrenen Zukunftsbedrohungen bspw. im Bereich der Umweltverschmutzung zu fokussieren (Beck 2004: 121). Im Kern zielt der methodologische Kosmopolitismus darauf ab, dem Paradigma des Containerstaats als Bezugsgröße von Forschung das der räumlichen und zeitlichen Komplexität von translokalen Beziehungsmustern gegenüberzustellen.

Eine solche Diskussion um die Grenzen des methodologischen Nationalismus prägte die sozialwissenschaftliche Diskussion der letzten beiden Jahrzehnte. So unterscheiden bspw. Andreas Wimmer und Nina Glick Schiller (2002: 302–308) drei Modi des methodologischen Nationalismus: Der erste Modus ist bereits durch die von Beck erwähnten Klassiker der Soziologie benannt. Er zeichnet sich dadurch aus, dass Nation zwar eine implizite Zentralität für die entwickelten Konzepte des Sozialen hat (‚die Gesellschaft des Nationalstaats'), dies gleichzeitig aber nicht reflektiert wird und so ein „blinder Fleck" der eigenen Betrachtung entsteht. Der zweite Modus ist der der „Naturalisierung des Nationalstaats". Hier wird der Nationalstaat nicht weiter problematisiert und zum Bezugspunkt jeglicher Forschung gemacht. Ein dritter Modus des methodologischen Nationalismus ist der des generellen „Fokus auf die Grenzen des Nationalstaats". Bei sozialwissenschaftlichen Analysen geht es dann um die Beschreibung von nationalstaatlichen Prozessen „innerhalb" von Nationalstaaten in Abgrenzung zu Phänomenen „außerhalb". Folgt man Wimmer und Glick Schiller, gehen diese drei Modi im Diskurs des methodologischen Nationalismus ineinander über.

Im Rahmen solcher Überlegungen wollen wir auch unser methodisches Vorgehen verorten. Dabei halten wir aber den Ausdruck eines *methodologischen Transkulturalismus* für angemessener als der des methodologischen Kosmopolitismus. Dies ist zuerst einmal darin begründet, dass es aus unserer Sicht nicht einfach darum geht, „an die Stelle von national-nationalen Beziehungen transnationale, lokal-globale, trans-nationale, national-globale und global-globale Beziehungsmuster" (Beck 2004: 118) zu setzen. Die Sachlage ist komplizierter, weil wir methodologisch reflektieren müssen, dass sich in Prozessen wie denen der Transnationalisierung von Öffentlichkeit das, was wir als das Nationale charakte-

3.1 Inhaltsanalysen

risieren, selbst verändert. Konkret in Bezug auf unseren Gegenstand gesprochen heißt das: Transnationalisierte nationale Öffentlichkeiten in Europa sind ‚andere' Öffentlichkeiten als ‚reine' nationale Öffentlichkeiten (falls es diese jemals in Europa gegeben haben sollte). Kulturelle Fragen lösen sich hier zumindest in Teilen von denen der Nation, ohne damit gleich die Welt insgesamt zu betreffen. Wir werden also deshalb weder von einem methodologischen Kosmopolitismus noch von einem methodologischen Trans*nationalismus* sondern Trans*kulturalismus* sprechen, weil es uns darum geht, aus kulturanalytischer Perspektive die (Re)Artikulation auch des Nationalen in Prozessen der Transnationalisierung zu erfassen. Die Kategorie des Transkulturellen erscheint uns hier als die allgemeinere und deshalb auch als die angemessenere.

Einer der wichtigen Bezugsautoren für eine solche Perspektive ist Kevin Robins. Der von ihm umrissene Zugang postuliert gerade nicht das Ende des Nationalen bzw. Nationalstaats. Vielmehr geht es ihm darum, das Wechselverhältnis von nationalen und transnationalen Dynamiken in einem weitergehenden transkulturellen Rahmen zu fassen. An dieser Stelle führt er den Begriff der „transkulturellen Vielfalt" (Robins 2006a: 31; siehe auch Robins 2006b: 276) ein, um die Kritik des methodologischen Nationalismus um eine Kritik an Vorstellungen von Kultur als homogener Nationalkultur zu erweitern. Er weist darauf hin, dass Debatten um Vielfalt in Europa letztlich dann fälschlicherweise im nationalen Rahmen erfolgen, wenn Kultur mit Nationalkultur gleichgesetzt wird und Vielfalt in Europa entsprechend die Vielfalt unterschiedlicher Nationalkulturen bedeutet:

> „What is ultimately problematical is the conception of culture that is being mobilised within this agenda, in which the apparently neutral term ‚culture' actually turns out to be culture in the national image. Thus, a culture is conceived as a unitary and bounded entity; as the property of a particular ethnic or national group; as distinct from the cultures of other groups; and as fixed and constant through time." (Robins 2006a: 31)

Betrachtet man Europa mit seinen vielfältigen Kommunikationsbeziehungen, ist es sowohl historisch als auch gegenwärtig durch umfassende transkulturelle (Kommunikations-)Prozesse gekennzeichnet, die es vergleichend in einem komplexeren methodischen Rahmen zu analysieren gilt. Ein trans*kultureller* Blickwinkel bricht also methodologisch insofern mit Fragen des Nationalen *und* Transnationalen, als er die Möglichkeit der Verfasstheit von Kultur jenseits von Nationalität untersucht: „Transculturalism [...] was originally pre-national, and therefore pre-transnational" (Robins 2006a: 31).

Entsprechend geht es dem methodologischen Transkulturalismus nicht nur darum, die unhinterfragte Anwendung national-territorialer Konstruktionen von Gesellschaft auf jegliche soziale Phänomene zu problematisieren. Die Kritik des methodologischen Nationalismus wird fortgeführt, indem dessen impliziter Kulturbegriff infrage gestellt wird, um die Möglichkeit überhaupt (wieder) zu eröffnen, Kultur jenseits implizit nationaler Konzeptionalisierungen empirisch zu erforschen.

Für einen solchen Zugang stehen neben Kevin Robins auch andere Kommunikations- und Medienwissenschaftlerinnen bzw. -wissenschaftler. Exemplarisch lässt sich auf Ulrike Hanna Meinhof und Anna Triandafyllidou (2006) verweisen. Diese argumentieren, dass am Nationalstaat orientierte Ansätze der Beschreibung von Kulturpolitik nicht hinreichend sind, um aktuelle Kulturpolitiken in Europa zu beschreiben. Notwendig sei vielmehr ein methodisches Ansetzen in einer „urban and metropolitan perspective" (Meinhof/Triandafyllidou 2006: 6). Ein solcher Zugang auf ein „transcultural Europe" eröffnet ein Erfassen bestehender kultureller Prozesse, das weder auf die Perspektive einer europäischen Kultur im Sinne des kleinsten gemeinsamen Nenners aller Nationalkulturen verkürzt noch auf die Perspektive von Europa als Ansammlung von Nationalkulturen. Joseph Chan und Eric Ma (2002) schlagen einen transkulturellen Ansatz der Medienforschung vor, der einfache Dichotomien wie Mikro vs. Makro oder (in Bezug auf Asien) Staat/Partei vs. Markt/Leute überwindet und komplexere Modelle der (vergleichenden) Medienkulturanalyse entwickelt. Und auch Paula Chakravartty und Yuezhi Zhao (2008) fordern eine transkulturelle politische Ökonomie der Medien ein, die jenseits der einfachen Dichotomien (nationalkultureller) politischer Systeme und einem darüber gelagerten supranationalen System operiert, um die globale Verbreitung eines Medienkapitalismus angemessen erfassen zu können.

Im Kern stehen solche Argumentationen dafür, in einer kulturvergleichenden Medien- und Kommunikationsforschung einfache internationale und interkulturelle Vergleichsmodelle zugunsten komplexerer Ansätze zu überwinden (vgl. zum Folgenden ausführlich Hepp 2006; Couldry/Hepp 2011; Hepp/Couldry 2010). Die *internationale und interkulturelle Vergleichssemantik* ist dadurch gekennzeichnet, dass der (National)Staat als ein territorialer Container begriffen wird, der als Referenzpunkt von Vergleich fungiert. Konkret heißt dies, dass Mediensysteme, Medienmärkte und Medienkulturen in Bezug auf (National)Staaten konstruiert werden und der Staat so unhinterfragt als Bezugsrahmen einer Auseinandersetzung mit Prozessen der grenzüberschreitenden Kommunikation genommen wird. Solche Vergleiche operieren mit einer Gleichsetzung von Medienkulturen, Medienmärkten und Mediensystemen mit territorialen Staatsgrenzen.

Eine *transkulturelle Vergleichssemantik* versucht dies zu vermeiden. In ihr wird ein zunehmend globaler Medienkapitalismus als Gesamtrahmen von gegenwärtigen, (staatliche) Grenzen überschreitenden kommunikativen Konnektivitäten angesehen. Innerhalb dieses globalen Medienkapitalismus sind politische Mediensysteme aufgrund ihrer Staatsbezogenheit die bis heute am umfassendsten territorial bezogenen Gegenstandsbereiche der Auseinandersetzung. Rücken jedoch Fragen von Kultur stärker ins Zentrum der Betrachtung, fällt auf, dass einzelne kulturelle Verdichtungen nach wie vor staatsbezogen sind (bspw. nationale politische Diskurskulturen), andere jedoch über Staatsgrenzen hinweg erkennbar werden. Dies können bspw. Momente einer europäischen politischen Diskurskultur sein (sofern diese am Entstehen ist). Auf komparativer Ebene versucht eine transkulturelle Perspektive, damit eine einfache Inter-Vergleichssemantik zu überwinden, ohne den Staat bzw. die Nationalkultur – gerade auch im Hinblick auf deren Wandel – als eine *mögliche* Referenzgröße auszuschließen. Konkret bedeutet dies, dass eine transkulturelle Vergleichssemantik nicht mit der Vorstellung von in Bezug auf Staaten abgeschlossenen Medienkulturen, Medienmärkten und Mediensystemen operiert, sondern mit der Vorstellung der Verdichtung solcher Phänomene im Rahmen übergreifender kommunikativer Konnektivitäten.

Die mit solchen Überlegungen verbundene Frage ist, wie man dies in einer empirischen Untersuchung umsetzen kann. Unsere Antwort darauf ist, die dem Vorgehen zugrunde liegenden Untersuchungseinheiten und Konzeptionalisierungen so anzulegen, dass Datenaggregation und Differenzbildungen nicht von vornherein auf nationaler Ebene stattfinden, sondern die Möglichkeit offen lassen, sowohl nationale Spezifika (und deren Wandel) als auch jenseits dieser bestehende transnationale Gemeinsamkeiten und Differenzen zu erfassen (vgl. auch Brüggemann 2011). Dies haben wir in der Anlage aller unserer drei Teiluntersuchungen versucht, entlang derer wir unsere Fragestellung nach der Beschreibung der Mehrfachsegmentierung europäischer Öffentlichkeit und ihrer Erklärung bearbeiten.

3.1 Inhaltsanalysen

Im Rahmen unserer standardisierten Inhaltsanalyse sind die politischen Zeitungsdebatten in sechs europäischen Ländern (Dänemark, Deutschland, Frankreich, Großbritannien, Österreich und Polen) für die Jahre 1982, 1989, 1996, 2003 und 2008 erfasst worden. Dies geschah jeweils für zwei konstruierte Wochen pro Analysejahr und in sogenannten Qualitäts- und Boulevardzeitungen. Unsere Länderauswahl zielt darauf ab, eine möglichst große Varianz im Hinblick auf die „Größe/Macht" und „Länge der EU-Mitgliedschaft" zu erreichen: In der Stichprobe sind nun sowohl kleine bzw. politisch eher schwache als auch große bzw. politisch eher starke Länder, Gründungsmitglieder der EU sowie Neuzugänge berücksichtigt.

Dass wir auf eine solche Weise Öffentlichkeit zuerst einmal als ‚Zeitungsöffentlichkeiten' erfassen, ist in der Langfristperspektive unserer Forschung begründet: Für andere Arten von Medien (Fernsehen, Radio oder gar internetbasierte Medien) wäre es nicht möglich gewesen, nationale Öffentlichkeiten und deren Transnationalisierung über einen Zeitraum von über 25 Jahren zu untersuchen. Hinzu kommt, dass sich aufgrund ihrer weiterhin geringen Reichweite die Analyse transnationaler Medienangebote nicht anbietet (vgl. Brüggemann/Schulz-Forberg 2009; Corcoran/Fahy 2009; Vissol 2006). Europäische (Zeitungs-)Öffentlichkeit konkretisiert sich nicht in der Existenz europäischer Zeitungen, sondern in der Transnationalisierung nationaler Zeitungen, so die Überlegung.

Gleichzeitig wird über den Einbezug von Qualitäts- und Boulevardzeitungen sichergestellt, dass die untersuchten Zeitungen einen möglichst großen Teil der Bevölkerung erreichen. Zudem umfassen sie die Printmedien, die für die politische Diskurskultur eines Landes besonders prägend sind, da sich die übrige Presse (und auch andere Medien wie das Fernsehen oder Radio) an diesen „Leitmedien" und „Meinungsmachern" orientieren (für Deutschland siehe Reinemann 2003). Dabei haben in den Mediensystemen von fünf der von uns untersuchten Länder Boulevardzeitungen eine große Bedeutung (vgl. Hallin/Mancini 2004). Eine Ausnahme bildet Frankreich, wo die Funktionen der Boulevardpresse überwiegend von Sportzeitungen und Wochenmagazinen übernommen werden. Die für die Stichprobe ausgewählte Zeitung *Le Parisien/Aujourd'hui* war zwar ursprünglich recht sensationalistisch orientiert, hat sich aber im Laufe des Untersuchungszeitraums als Regionalzeitung repositioniert. Diesen Umstand reflektieren wir entsprechend bei unserer Ergebnisinterpretation. Da wir uns in der Inhaltsanalyse für die vertikale und horizontale Transnationalisierungen von Öffentlichkeiten interessieren, d. h. dafür, welche Regierungsebenen und Länder Teil der Debatte sind, nicht aber für deren Bewertung, berücksichtigt die Zeitungsauswahl nicht die politische Ausrichtung der einzelnen Zeitungen entlang einer eher politisch rechten oder eher linken Orientierung, sondern deren Gesamtbedeutung für die jeweilige nationale Öffentlichkeit. Unsere Zeitungsstichprobe umfasst nach diesen Kriterien die *Presse* und die *Kronen Zeitung* (Österreich), *Politiken* und *Ekstra Bladet* (Dänemark), *Le Monde* und *Le Parisien/Aujourd'hui* (Frankreich), die *Frankfurter Allgemeine Zeitung* und die *Bild* (Deutschland), *The Times* und *The Sun* (Großbritannien), die *Gazeta Wyborcza* und *Super Express* (Polen, nur ab 1989 (GW) bzw. 1996 (SE)). Für jedes Untersuchungsjahr (1982, 1989, 1996, 2003 und 2008) wurden zwei künstliche Wochen[9] erhoben. Die Stichprobe enthält insgesamt 19.175 Artikel.

Unsere Analyse legt den Fokus auf Öffentlichkeit und öffentlichen *Diskurs* als einen Austausch (begründeter) Meinungen. Daher konzentriert sich die Erhebung auf von uns so bezeichnete „diskursive Artikel" in den Politikteilen (Qua-

3.1 Inhaltsanalysen

litätspresse) bzw. dem allgemeinen Nachrichtenteil (Boulevardpresse). Hierunter verstehen wir Artikel mit einem Schwerpunkt auf den Austausch von begründeten Meinungen und nicht auf einer ‚objektiven' Berichterstattung der ‚Fakten'. Zu diesen diskursiven Artikeln zählen insbesondere Leitartikel und Kommentare, Interviews, Gastbeiträge, Presseschauen sowie längere Hintergrundberichte oder Analysen. Im Fall der Boulevardzeitungen sind alle Artikel in die Stichprobe eingeflossen, da letztlich alle Boulevardartikel Meinungen (wenn auch nur selten ‚diskursive', also begründete Meinungen) enthalten und keine reliablen Kriterien zum Filtern der ‚reinen' Nachrichtenartikel entwickelt werden konnten. Diese unterschiedlichen Auswahlkriterien reflektieren wir selbstverständlich beim Vergleich der Ergebnisse für beide Arten von Zeitungen systematisch.

Bei der Operationalisierung von Europäisierung haben wir bei drei der von uns im letzten Kapitel unterschiedenen vier Dimensionen angesetzt: nämlich bei der vertikalen Dimension der Beobachtung des Regierens (der geteilte Blick auf Brüssel), bei der horizontalen Dimension der diskursiven Integration (der geteilte Blick auf die EU-Nachbarländer) und bei der vertikalen Dimension der kollektiven Identifikation (das geteilte Wir). Aus methodischen Gründen war es uns leider nicht möglich, die in der Vorstudie erfasste horizontale Dimension der diskursiven Konvergenz (die geteilte Angleichung der Berichterstattung), (Wessler et al. 2008: 95–167, ausführlich in Kleinen-von Königslöw 2012) auch in dieser Studie mitzuerheben.[10]

Die Operationalisierung der drei Dimensionen der Europäisierung nationaler Öffentlichkeiten ist für alle untersuchten Zeitungen identisch: Jede Dimension wird über zwei Indikatoren erfasst. Die *Beobachtung des Regierens* wird über die Verweise auf EU-Institutionen und die EU selbst erhoben, sowie über die EU-Politik als Hauptthema eines Artikels. *Diskursive Integration* kann einerseits über gegenseitige Beobachtung erfolgen, bspw. darüber, dass ein Artikel sich in der Überschrift oder im Lead auf ein anderes (west-)europäisches[11] Land bezieht und andererseits über den Meinungsaustausch, also das Zitieren von Sprechern aus anderen (west-)europäischen Ländern. *Kollektive Identifikation* wird über die Verweise auf das Kollektiv ‚Die Europäer' operationalisiert: Entweder als wörtlicher Ausdruck oder durch einen Bezug auf die europäische Bevölkerung, die europäischen Bürger oder über europäische Wir-Bezüge, nämlich die Verwendung der Phrase ‚Wir Europäer' im öffentlichen Diskurs.

Die Daten der Inhaltsanalyse sind in drei Wellen erhoben worden. Die erste Erhebungswelle (Qualitätszeitungen in allen Ländern außer Polen von 1982 bis 2003) wurde 2003 durch vier studentische Kodiererinnen und Kodierer durchgeführt, die zweite Welle 2007 (beide Zeitungen Polen 1989–2003) durch drei, die dritte Welle 2009 (Boulevardzeitungen 1982–2008, Qualitätszeitungen 2008) durch fünf studentische Kodierer. Um die Vergleichbarkeit der Daten sicherzustellen, wurde das Kodierteam jeweils von derselben Person geschult. Zusätzlich haben wir jeweils Interkoder-Reliabilitätstests mit demselben Test-Sample (n=100) durchgeführt. Die Tests fielen für alle drei Wellen zufriedenstellend aus.[12]

Als transkulturell vergleichend verstehen wir unsere Inhaltsanalysen deshalb, weil wir die im Kodebuch (siehe hierzu Wessler et al. 2008: 200–220) formulierten Kategorien der Inhaltsanalyse über alle Länder und Zeitungen hinweg anwandten und die so erhobenen Daten nicht einfach national aggregierten, sondern auch weitere Differenzkriterien prüften. Erst auf diese Weise wurde deutlich, dass es sich bei der Segmentierung europäischer Öffentlichkeit um eine *Mehrfach*segmentierung handelt, nämlich nicht einfach nur um eine nationale Segmentierung, sondern auch eine solche nach Zeitungstypen.

3.2 Redaktionsstudien

Im Zentrum unserer Redaktionsstudien steht die Untersuchung journalistischer Produktionspraktiken bei der EU- und Auslandsberichterstattung in europäischen Redaktionen, bezogen auf die Länder, in denen auch unsere Inhaltsanalysen erfolgten: Dänemark, Deutschland, Frankreich, Großbritannien, Österreich und Polen. Uns ging es um die Frage, wie sich politische Diskurskulturen auf Ebene journalistischer Produktionspraxis artikulieren und welche national spezifischen sowie transnational geteilten Muster dabei greifbar werden. Ziel war es, die vermutete Verankerung journalistischer Produktionspraxis in politischen Diskurskulturen – nationalen und transnationalen – herauszuarbeiten und so die auf Ebene der Zeitungsinhalte gefundene Mehrfachsegmentierung der europäischen Öffentlichkeit besser zu verstehen und damit erklären zu können.

Die empirische Basis der im Herbst 2008 in sechs EU-Ländern zeitgleich durchgeführten Redaktionsstudien sind Interviews mit Journalistinnen und Journalisten von insgesamt 24 Qualitäts-, Boulevard- und Regionalzeitungen, teilnehmende Beobachtungen in jeweils zwei Redaktionen pro Land sowie Forschungstagebücher, die wir während der jeweils sechswöchigen Aufenthalte in den Untersuchungsländern geführt haben.[13] Die Redaktionsbeobachtungen bei jeweils einer Qualitäts- sowie einer Boulevardzeitung pro Land umfassten drei bis fünf aufeinander folgende Arbeitstage.[14] In dieser Zeit beobachteten und dokumentierten wir die Arbeit der für die EU- und (europäische) Auslandsberichterstattung zuständigen Redakteure ebenso wie die täglichen Redaktions- und Ressortkonferenzen mittels Beobachtungsprotokollen. Die Interviews umfassen Gespräche mit EU- und Außenpolitik-Redakteuren, Chefredakteuren sowie Korrespondenten der beobachteten Redaktionen einerseits wie auch der übrigen Redaktionen unseres Zeitungssamples andererseits.[15]

Tab. 1 Zeitungssample Redaktionsstudien. Die Auswahl der Zeitungen für die Redaktionsstudien basierte auf den verkauften Auflagenzahlen (Stand 2/2008; auf Tausend gerundet). Quellen: ÖAK, DO, Mediadaten, OJD, ABC, ZKPD.

	A	D	DK	F	GB	PL
Qualitätszeitung (Aufl.)	Die Presse (103.000)	FAZ (363.000)	Politiken (110.000)	Le Monde (358.000)	The Times (686.000)	Gazeta Wyborcza (411.000)
	Der Standard (100.000)	SZ (534.00)	Berlingske Tidende (125.000)	Le Figaro (344.000)	Financial Times (448.000)	Rzeczpospolita (157.000)
Regionalzeitung (Aufl.)	Kleine Zeitung (289.000)	WAZ (580.000)	Jydske Vestkysten (72.000)	Ouest France (764.000)	Manchester Evening News (82.000)	Dziennik Zachodni (82.000)
Boulevardzeitung (Aufl.)	Kronen Zeitung (891.000)	Bild (4,1 Mio.)	Ekstra Bladet (90.000)	Le Parisien/ Aujourd'hui (534.000)	Daily Express (727.000)	Fakt (495.000)

Das methodische Vorgehen als „Triangulation" (Flick 2004) von Interviews, teilnehmenden Beobachtungen und Netzwerkkarten entspricht der von Bachmann und Wittel (2006) beschriebenen Erarbeitung „ethnographischer Miniaturen", die dann im weiteren Gesamtkontext einer Fragestellung eingeordnet werden. Gerade in der Kombination dieser Erhebungsinstrumente wird es möglich, einen *verstehenden Zugang* zum Feld und damit einen Eindruck des Zusammenspiels von Handlungspraxis und Kontext – in unserem Fall von journalistischer Produktionspraxis und kultureller Einbettung – zu erlangen. Die obenstehende Tabelle 1 gibt einen Überblick über die von uns erforschten Zeitungen.[16]

Durch die Kodierung des Datenmaterials nach den inhaltsanalytischen Verfahren der Grounded Theory (Glaser/Strauss 1998; Krotz 2005) wurden im Sinne des umrissenen methodologischen Transkulturalismus mit Blick auf das Handeln von Journalistinnen und Journalisten, die für EU- und (europäische) Auslandsnachrichten zuständig sind, fünf länderspezifisch differente *Praktiken der Nationalisierung* sowie vier transnational bestehende *Typen der Adressierung von Publika* herausgearbeitet.[17] Journalistische Praktiken der Nationalisierung sind dadurch gekennzeichnet, dass durch sie das auswärtige Geschehen im Kontext der eigenen Nation ‚eingebettet' wird. Durch ihre länderspezifische Ausprägung können sie so als Ausdruck nationaler politischer Diskurskulturen gewertet werden. Die vier transnational bestehenden Typen der Adressierung sind hingegen dadurch gekennzeichnet, dass sie quer zu nationalstaatlichen Territorien gelagert sind und sich darüber hinaus nicht mit der einfachen Differenzierung nach Qualität, Boulevard und Regional decken. Sie können somit als Ausdruck von vier transnational bestehenden politischen Diskurskulturen verstanden werden.

Bei unserer Typisierung von *Praktiken der Nationalisierung* waren deutliche Differenzen zwischen den Untersuchungsländern zu erwarten. Mit Praktiken der Nationalisierung bezeichnen wir Muster des journalistischen Handelns, europäische oder anderweitig ‚auswärtige' Geschehnisse und Entwicklungen in der je eigenen Nation zu kontextualisieren – und dabei fortlaufend zu re-artikulieren – sowie entsprechende Anknüpfungspunkte für die Alltagserfahrungen der Bürgerinnen und Bürger bzw. Leserinnen und Leser in der jeweiligen nationalen Öffentlichkeit herzustellen. Zur Identifizierung journalistischer Nationalisierungspraktiken waren insbesondere folgende Kategorien relevant: die *Präferenzthemen* der Journalistinnen und Journalisten wie auch ihre Konstruktion des *Stellenwerts der EU-Berichterstattung*, der *Stellenwert der Berichterstattung über andere EU-Länder* sowie schließlich der *Stellenwert der übrigen Auslandsberichterstattung*. Durch ein nachgelagertes „axiales Kodieren" (Strauss/Corbin 1998: 123) der bereits kodierten Textstellen in unseren Interview-Transkripten und Beobachtungsprotokollen konnten wir fünf verschiedene Muster der Nationalisierung in journalistischer Praxis herausarbeiten:

1. *Nationale Rückbezüge:* Hierbei handelt es sich um die journalistische Praxis, Europa und die Welt auf nationale Gegebenheiten rückzubeziehen, bzw. die nationale Relevanz des Geschehens für die eigene Nation herauszuarbeiten.
2. *Transnationale Kontextbezüge*: Dies fasst die journalistische Praxis, die Nation im Transnationalen zu kontextualisieren, bzw. auf das Transnationale (Europa, Welt) als impliziten Kontext der Nation Bezug zu nehmen.
3. *Hierarchisierung*: Hiermit bezeichnen wir die Orientierung der Journalistinnen und Journalisten, in der eigenen Tätigkeit zwischen Nationalem, Europa und der Welt unterschiedlich zu priorisieren.
4. *Nationale Veralltäglichung*: Dies beschreibt das zunehmende, nicht weiter markierte Aufgehen Europas in der journalistischen Arbeitspraxis, d. h. das ‚Europäische' wird unproblematisch bzw. selbstverständlich als Teil nationaler (und ggf. national-regionaler) Berichterstattung behandelt.
5. *Horizonte der Informationssuche*: Hierunter fassen wir einerseits journalistische *Rechercheblicke*, die – differenziert nach Lesen, Beobachten und Recherchieren – national begrenzt oder transnational entgrenzt sein können, sowie andererseits *Recherchenetzwerke*, die als redaktionelle oder personenbezogene Recherchekontakte national oder transnational zentriert sein können.

Wir können diese fünf Gruppen von Praktiken der Nationalisierung als transkulturelle Phänomene begreifen: Über *alle* von uns untersuchten Länder hinweg sind es diese Praktiken bzw. Handlungsorientierungen, entlang derer die Europaberichterstattung national segmentierend konstruiert wird. Gleichwohl konkretisiert sich das *Wie* dieser Praktiken in unseren Untersuchungsländern zum Teil sehr unterschiedlich. Es ist diese Differenz, die die Unterschiede der einzelnen nationalen politischen Diskurskulturen greifbar und somit die nationale Segmentierung europäischer Öffentlichkeit über die journalistische Praxis erklärbar macht.

Mit Blick auf transnational geteilte Muster in journalistischer Praxis zeigen unsere Analysen, dass es über alle Untersuchungsländer hinweg geteilte Muster der Adressierung von Publika gibt. Hier können wir vier *Typen der Adressierung von Publika* unterscheiden, die wir als Artikulationen transnationaler zeitungsspezifischer politischer Diskurskulturen werten. Die vier Typen basieren auf länderübergreifend geteilten Publikumsvorstellungen der Journalistinnen und Journalisten und finden ihren Ausdruck in entsprechenden Adressierungshaltungen und -praktiken, die zu jeweils typischen Formen der Aufbereitung von EU- und auslandsbezogenen Inhalten führen. Unsere Analysen stützten sich dabei insbesondere auf folgende Kategorien: *journalistisches Leserverständnis, journalistisches Selbstverständnis, Stellenwert und Einstellung EU, Stellenwert EU-Ausland und Welt* sowie *Nationalisierungspraktiken*. Die vier von uns herausgearbeiteten Typen der Adressierung nennen wir Analytiker, Aufbereiter, Bediener und Berichterstatter. Sie können die auf Ebene der Zeitungsinhalte gefundene transnationale Segmentierung der europäischen Öffentlichkeit erklären und weiter ausdifferenzieren.

3.3 Trigger-Studien

Die in den Trigger-Studien angewandte Datenerhebungsmethode haben wir in dieser Form erst entwickelt. Der Ausdruck „Trigger" steht dabei für so viel wie ‚Auslöser' von Berichterstattung. Dabei gehen wir aber nicht von einer einfachen Stimulus-Response-Beziehung zwischen externen Ereignissen und Berichterstattung aus. Vielmehr wirken Konstellationen von auslösenden Bedingungen (Trigger-Konstellationen bestehend aus verschiedenen Komponenten) als Trigger von Berichterstattung. Diese Trigger-Konstellationen identifizieren wir, indem wir die Biografien von Zeitungsartikeln vergleichend rekonstruieren.

Dabei ist der Bezug auf Europa im doppelten Sinne zu verstehen: Erstens beziehen sich unsere Untersuchungen auf *europäische Länder*, indem Zeitungsartikel aus allen sechs europäischen Ländern unseres Samples (Deutschland, Frankreich, Österreich, Dänemark, Großbritannien, Polen) untersucht wurden. Dabei haben wir, wie bei unseren Redaktionsstudien, überregionale Qualitätszeitungen, Boulevardzeitungen und Regionalzeitungen ausgewählt, um Aussagen über die Zeitungslandschaft in ihrer ganzen Breite treffen zu können. Um auch eine weltanschauliche Vielfalt zu garantieren, wurden bei den überregionalen Qualitätszeitungen jeweils die zwei einflussreichsten Zeitungen ausgewählt, die sich häufig unterschiedlichen politischen Lagern zuordnen ließen. Somit kann das Sample zumindest eine Annäherung an die Vielfalt der europäischen Zeitungslandschaft gewährleisten. Zweitens geht es bei der Trigger-Studie um das *Thema Europa*. So definiert die Studie Europaartikel, also solche, die sich mit der EU oder anderen EU-Ländern beschäftigen. Damit bezieht sie sowohl die vertikale als auch die horizontale Dimension von Europäisierung mit ein.

Die Trigger-Untersuchung basiert auf einer halb-standardisierten Befragung der Autorinnen und Autoren von Europaartikeln. Damit weicht sie von der vorherrschenden Methode der Kommunikatorforschung mittels einer standardisierten Journalistenbefragung ab, bei der die Antwortmöglichkeiten vorgegeben werden. Gemeinsam ist beiden Methoden, dass sie Selbstaussagen der Akteure als Datenbasis verwenden. Selbstaussagen können problematisch sein, wenn sie als objektive Messungen behandelt werden (zum Beispiel die Frage nach der Zeit, die ein Journalist mit Recherche verbringt) oder wenn es sich um ganz pauschale Fragen handelt (z. B. die Frage, welchen Einfluss denn PR auf die Berichterstattung habe). Denn dann erfassen Befragungen unter Umständen vor allem die Einstellungen und Selbstbilder der Journalistinnen und Journalisten, nicht aber z. B. den Einfluss von PR. Befragungen sind umgekehrt dann das Mittel der Wahl, wenn sie die eigenen Situations- und Rollendeutungen der Akteure in den Mittelpunkt stellen. Diese Deutungen haben eine Relevanz für das Handeln der Akteure, wenn sie als „praktische Fiktionen" (Schimank 2002: 51) von den Akteuren wechselseitig als real angenommen werden und sie sich wechselseitig daran orientieren. Diese Stärke kommt in standardisierten Befragungen nicht vollständig zur Geltung. Wenn hier z. B. Nachrichtenfaktoren explizit abgefragt werden, wird den befragten Journalistinnen und Journalisten ein Deutungsraster vorgegeben. Auf diese Weise wird verhindert, dass die Befragten ihr eigenes, möglicherweise anders strukturiertes Deutungssystem artikulieren können.

Unsere Methode zielt darauf ab, solche Probleme zu vermeiden. Erstens wurden Antworten sozialer Erwünschtheit und abstrakte Statements journalistischer Selbstdarstellung dadurch reduziert, dass es in den geführten Interviews jeweils um einen konkreten Artikel ging, ausgehend dessen reflektiert wurde, was an dessen Entstehungsprozess typisch für die eigene Arbeitsweise war und was nicht. Zweitens fragten wir zunächst einmal offen nach diesem Entstehungsprozess. So konnten die Journalistinnen und Journalisten ihre eigenen Deutungen darlegen.

Tab. 2 Das Sample: Untersuchungsländer, Zeitungen, Anzahl der Interviews

Land	Qualitätszeitung	N	Regionalzeitung	N	Boulevardzeitung	N
A	Die Presse	8	Kleine Zeitung	9	Kronen Zeitung	3
	Der Standard	7				
D	FAZ	10	WAZ	8	Bild	2
	SZ	7				
DK	Politiken	8	Jydske Vestkysten	8	Ekstra Bladet	8
	Berlingske Tidende	8				
F	Le Monde	9	Ouest France	8	Le Parisien	9
	Le Figaro	11				
GB	The Times	8	–		Daily Express	3
	Financial Times	9			–	
PL	Gazeta Wyborcza	8	Dziennik Za-chodni	7	Fakt	8
	Rzeczpospolita	10				

N = 176 Artikelbiografien/Interviews

Um eine Vergleichbarkeit der Interviews sicherzustellen, arbeiteten wir mittels Leitfragen, entlang derer die Entstehung des jeweiligen Artikels vom Anlass bis zur Platzierung in der Zeitung rekonstruiert werden konnte. Dabei wurde gefragt, welche Anlässe Artikel ‚getriggert', also unmittelbar ausgelöst haben, welche zugeschriebenen Merkmale den Artikel veröffentlichungswert machten und wie der Artikel letztlich seinen Platz in der Zeitung bekommen hat. Ausgehend vom einzelnen Artikel wurde schließlich allgemein gefragt, ob diese Vorgehensweise typisch für die jeweilige Redaktion sei. Die spezifischen Fragen zum Artikel führten so zu einer allgemeineren Diskussion über die Arbeitspraxis der jeweiligen Zeitung.

Unsere Trigger-Studien sind demnach ähnlich angelegt wie die „reconstruction interviews" in der Untersuchung von Zvi Reich (2006). Während Reich aber ausführliche Face-to-face-Interviews mit Redakteuren der Presse in Israel führte und sich darum auf wenige Gesprächspartner in drei Zeitungen beschränken musste, versuchten wir mit möglichst vielen Autorinnen und Autoren der verschiedenen Zeitungen unserer sechs Untersuchungsländer zu sprechen. Die Interviews sollten zudem über alle Länder hinweg im gleichen Zeitraum durchgeführt werden, um Verzerrungen bspw. durch unterschiedliches politisches Geschehen zu vermeiden. Deswegen arbeiteten wir mit Telefon-Interviews mit einer Dauer von ca. 20 Minuten, die für jedes Land von einer Interviewerin bzw. einem Interviewer realisiert wurden. Nach einer mehrtägigen Schulung führten diese über drei Wochen hinweg die Interviews, zeichneten sie auf und erstellten auf dieser Basis ein ausführliches Ergebnisprotokoll, das sowohl Stichworte als auch kurze wörtliche Zitate zum Entstehungsprozess der Zeitungsartikel festhielt.

Die Datenerhebung erfolgte in der zweiten Oktoberhälfte 2008, wobei Autorinnen und Autoren prominent platzierter, längerer Beiträge interviewt wurden, die im Artikel mit einem Autornamen oder Kürzel genannt waren. Darunter sollten, sofern möglich, nicht nur Berichte und Hintergrundartikel, sondern auch Interviews und Kommentare sein. Die Beiträge sollten möglichst unterschiedliche Themen behandeln und an verschiedenen Tagen erschienen sein. Das Ziel waren mindestens acht Interviews, die zur Hälfte die EU behandeln (vertikale Europäisierung) und zur Hälfte Themen aus anderen EU-Ländern (horizontale Europäisierung). Durch diese Sampling-Kriterien zielten wir darauf ab, die Vergleichbarkeit der Daten aus den Zeitungen sicherzustellen und gleichzeitig für eine möglichst breite Abdeckung verschiedener journalistischer Darstellungsformen und Themen zu sorgen. Im Ergebnis kann so zwar kein Anspruch auf statistische Repräsentativität der Daten erhoben werden, das Sample erfasst aber dennoch einen typischen Querschnitt der Vielfalt politischer Europaberichterstattung in verschiedenen Ländern und Zeitungen.

Kurz nach der Auswahl eines Artikels wurden die Autoren identifiziert und interviewt. Das Interview fand nach Möglichkeit innerhalb einer Woche nach dem Erscheinen des Artikels statt, sodass sich fast alle Journalistinnen und Journalisten an die Artikel und deren Entstehungsgeschichte erinnern konnten. Insgesamt konnten für 176 Artikel Interviews geführt werden. Nur bei der britischen Regionalpresse scheiterten wir mit unseren Sampling-Kriterien an der Tatsache, dass verschiedene große britische Regionalzeitungen im betreffenden Zeitraum keinen einzigen Artikel veröffentlichten, in dem entweder die EU oder andere europäische Länder irgendeine Rolle gespielt hätten. Diese Tatsache ist an sich schon ein aussagekräftiges Ergebnis über die Arbeitspraxis der britischen Regionalpresse. Bei der *Bild* ergab sich das Problem, dass keiner der relevanten Artikel mit Namen oder Kürzel gekennzeichnet war. Der dazu befragte *Bild*-Redakteur erklärte, dass Artikel bei der *Bild* in der Regel nicht einem Autor, sondern im Produktionsprozess mehreren Autoren zuzuschreiben sind. Auch hier bekamen wir also einen interessanten Einblick in die Arbeitsweise der *Bild* und konnten, wie die Tabelle 2 zeigt, auch bei zwei Artikeln die Entstehungsgeschichte exemplarisch rekonstruieren.

Die Auswertung der Trigger-Interviews erfolgte wiederum vergleichend in der Kombination von qualitativer und quantitativer Inhaltsanalyse. In einem ersten Schritt qualitativer Inhaltsanalyse wurden für die Komponenten der Trigger-Konstellation induktiv Kategorien zu den *Anlässen, Vermittlungswegen, Deutungsmustern* und *Redaktionskontexten* gebildet. Auf Basis dieser Kategorien wurde dann ein Kodebuch zur quantitativen Auswertung der Interview-Protokolle entwickelt. Zwei Kodiererinnen wurden daran zweifach geschult, was eine zufriedenstellende Interkoder-Reliabilität zum Ergebnis hatte.[18]

4 Zeitungsinhalte: Die Mehrfachsegmentierung europäischer Öffentlichkeit von 1982 bis 2008

Wie wir in den letzten Kapiteln argumentiert haben, ist der Prozess der Entstehung einer europäischen Öffentlichkeit – hier verstanden als Transnationalisierung von nationalen Öffentlichkeiten – mehrfach segmentiert. Der Begriff des ‚Mehrfachen' betont, dass wir nicht nur mit einer Segmentierung nach Nationen konfrontiert sind, sondern zusätzlich und nationenübergreifend mit einer Segmentierung nach Zeitungstypen. Wie sich eine solche Mehrfachsegmentierung europäischer Öffentlichkeit anhand von Zeitungsberichterstattung in den Ländern Dänemark, Deutschland, Frankreich, Großbritannien, Österreich und Polen für den Zeitraum von 1982 bis 2008 konkretisiert, wollen wir in diesem Kapitel anhand der von uns durchgeführten standardisierten Inhaltsanalysen verdeutlichen.

Die Mehrheit der inhaltsanalytischen Bestandsaufnahmen zum Europäisierungsgrad nationaler Öffentlichkeiten bezieht sich auf den Zeitraum zwischen 2000 und 2003 (z. B. Pfetsch et al. 2004; Kevin 2003; Wessler et al. 2008; Pfetsch et al. 2010; für einen Überblick siehe Kleinen-von Königslöw 2011; Brüggemann et al. 2009; Neidhardt 2006). Seitdem gab es jedoch eine Vielzahl von Entwicklungen in- und außerhalb der Europäischen Union, die daran zweifeln lassen, dass diese Bestandsaufnahmen weiterhin Gültigkeit besitzen: Die im Jahr 2003 viel diskutierten zehn neuen Mitgliedsstaaten haben ihren festen Platz in der EU noch nicht gefunden, dennoch sind mit Rumänien und Bulgarien bereits zwei weitere Kandidaten beigetreten und haben entsprechend für Diskussionsstoff gesorgt. Und seit 2008 stellt die Weltwirtschaftskrise den Zusammenhalt der europäischen Länder auf eine nachhaltige Bewährungsprobe.

Vor diesem Hintergrund betrachten wir unser inhaltsanalytisches Material dahingehend, wie der Verlauf der Transnationalisierung von Öffentlichkeit in Europa von 1982 bis 2008 und damit über das Jahr 2003 hinaus erfolgte. In Erweiterung unserer früheren Untersuchungen berücksichtigen wir dabei – wie im letzten Kapitel erläutert – nicht nur sogenannte Qualitätszeitungen, sondern wir haben unser Sample um Boulevardzeitungen erweitert. Insbesondere interessiert uns dabei das Muster der Mehrfachsegmentierung europäischer Öffentlichkeit im Längsschnitt.

Wie wir in Kapitel 3 dargelegt haben, orientiert sich unsere Beschreibung der Transnationalisierung von Öffentlichkeit in Europa an den drei Dimensionen der Europäisierung nationaler Öffentlichkeiten: der Beobachtung des Regierens, der diskursiven Integration und der kollektiven Identifikation. Für jede einzelne Dimension und jeden ihrer beiden Indikatoren werden im Folgenden die Ergebnisse zunächst im Zeitverlauf für unsere gesamte Stichprobe präsentiert, bevor anschließend näher auf Unterschiede zwischen Ländern und Zeitungstypen eingegangen wird.

4.1 Erste Dimension: Abflachende vertikale Europäisierung

In dieser Dimension geht es darum, inwieweit der öffentliche Diskurs in den untersuchten Ländern über die Jahre der politischen Machtverschiebung von der nationalen auf die europäische Ebene gefolgt ist: Sind die politischen Institutionen und Politik der EU inzwischen zunehmend der öffentlichen Aufmerksamkeit und damit einem öffentlichen Legitimationsdruck ausgesetzt? Für die Legitimität des europäischen Regierens wäre es entscheidend, dass die nationalen Öffentlichkeiten die Politik der EU kontinuierlich im Blick haben.

Der erste Indikator der Dimension Beobachtung des Regierens (oder auch der vertikalen Europäisierung) liefert einen vergleichsweise groben Eindruck davon, welche Rolle bestimmte politische Institutionen in den öffentlichen Diskursen der verschiedenen Länder spielen. Dabei erfasst der Indikator lediglich, welche politischen Institutionen in den Artikeln erwähnt werden, nicht aber inwieweit eine intensive Auseinandersetzung mit den Institutionen und der von ihnen ausgehenden Politik stattfindet.

Wie Abbildung 3 zeigt, sind nationale politische Institutionen mit weitem Abstand am häufigsten in den Zeitungen präsent. An deren großer Bedeutung ändert sich auch im Zeitverlauf nur wenig, allenfalls lässt sich eine sehr geringe Zunahme über die Zeit ausmachen. Anders dagegen bei den europäischen Institutionen, deren Anteil sich von sechs Prozent in den frühen 1980er Jahren auf 16 Prozent im Jahr 2003 steigert, um dann 2008 leicht zurückzugehen (auf 14 Prozent). Die im Rahmen des Integrationsprozesses wachsende politische Bedeutung der EU findet demnach ihren Widerhall in den Verweisen auf ihre Institutionen in der Qualitäts- und Boulevardpresse. Allerdings scheint 2003 ein gewisser Sättigungspunkt erreicht zu sein. Als Vergleichsfall sind auch die UN und ihre Institutionen dargestellt, deren Bedeutung recht stabil auf einem Niveau von unter

4.1 Erste Dimension: Abflachende vertikale Europäisierung

fünf Prozent bleibt, mit einem Höhepunkt im Jahr 2003. Hier schlägt sich die weltpolitische Lage in Form des Irakkriegs anscheinend in den öffentlichen Debatten nieder.

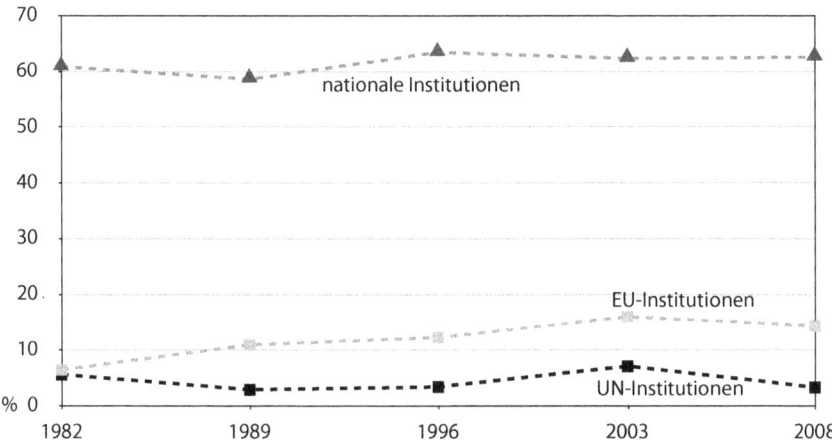

Abb. 3 Anteil der Artikel mit Bezug auf unterschiedliche politische Institutionen
Quelle: repräsentative Stichprobe (diskursiver) Artikel in *FAZ, Le Monde, The Times, Die Presse, Politiken, Gazeta Wyborcza, Bild, Le Parisien/Aujourd'hui, The Sun, Kronen Zeitung, Ekstra Bladet, Super Express* für die Jahre 1982, 1989, 1996, 2003 und 2008 (N = 18.913)

Besonders deutlich zeigt sich dies in Frankreich. In der Qualitätszeitung *Le Monde* erwähnen im Schnitt ein Drittel aller Artikel EU-Institutionen, und auch die Boulevardzeitung *Le Parisien* liegt mit einem Anteil von 4,4 Prozent über dem Länderdurchschnitt für diesen Zeitungstyp (3,6 Prozent). Der klare Europäisierungstrend von *Le Monde* bricht allerdings 2008 ein, *Le Parisien* zeigt wiederum einen ‚Aussetzer' im Jahr 2003: In diesem Jahr geht das Interesse an der EU überraschend zurück, um 2008 dann wieder seinen Höchststand zu erreichen (knapp acht Prozent). An zweiter Stelle steht bei diesem Indikator Österreich, dessen Qualitätszeitung *Die Presse* in einem knappen Viertel seiner Beiträge auf die EU und ihre Institutionen Bezug nimmt. Aber auch in der *Presse* scheint 2003 ein Plateau erreicht zu sein, 2008 tauchen EU-Institutionen wieder seltener im öffentlichen Diskurs auf. Die österreichische Volkszeitung *Kronen Zeitung* liegt zwar nur auf dem Länderdurchschnitt für diesen Zeitungstyp, dafür ist ihr Europäisierungstrend ungebrochen: Von einer völligen Ignoranz der EU-Institutionen im Jahr 1982 steigert sich das Interesse auf einen Anteil von sechs Prozent im Jahr 2008.

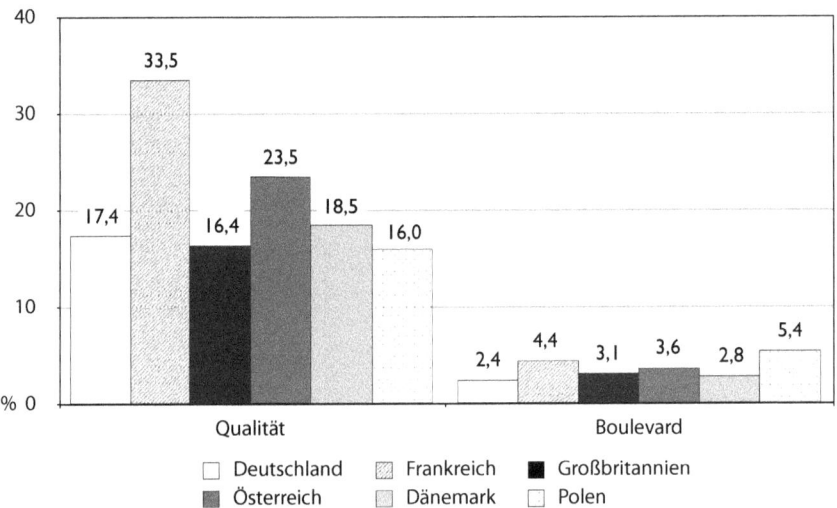

Abb. 4 Anteil der Artikel mit Bezug auf EU-Institutionen
Quelle: repräsentative Stichprobe (diskursiver) Artikel in *FAZ, Le Monde, The Times, Die Presse, Politiken, Gazeta Wyborcza, Bild, Le Parisien/Aujourd'hui, The Sun, Kronen Zeitung, Ekstra Bladet, Super Express* für die Jahre 1982, 1989, 1996, 2003 und 2008 (N = 18.913)

In Dänemark unterscheiden sich die untersuchten Zeitungen für diesen Indikator: Während in der Qualitätszeitung *Politiken* noch vergleichsweise oft auf die EU Bezug genommen worden ist (19 Prozent der Artikel), bildet *Ekstra Bladet* fast das Schlusslicht unter den Boulevardzeitungen (mit 2,8 Prozent). Gemeinsam ist beiden Zeitungen jedoch, dass in ihnen der Europäisierungstrend am wenigsten klar ausgeprägt ist. Im Falle von *Ekstra Bladet* geht das Interesse an der EU sogar seit 1996 kontinuierlich zurück. In den beiden deutschen Zeitungen setzt der Trend zu einer größeren Aufmerksamkeit gegenüber EU-Institutionen vergleichsweise spät, aber dafür recht stark ein und reicht zudem bis 2008. Dennoch liegen sowohl die *FAZ* als auch die *Bild* damit unter dem Länderdurchschnitt für den jeweiligen Zeitungstyp. Die britischen Zeitungen nehmen vergleichsweise selten auf die EU und ihre Institutionen Bezug (und das, obwohl auch negative Bezugnahmen erfasst worden sind). Zwar zeigen sie zunächst einen klaren Europäisierungstrend, dieser bricht jedoch 2008 ein – im Zuge der Finanzkrise scheinen EU-Institutionen in Großbritannien fast überhaupt keine Rolle mehr zu spielen. Die Berichterstattung in Polen als jüngstem Mitgliedsland der EU passt sich schnell einem Europäisierungstrend an. Dies gilt insbesondere für die Boulevardzeitung *Super Express*, deren Interesse an EU-Institutionen alle anderen Zeitungen ihres Typs übersteigt,

4.1 Erste Dimension: Abflachende vertikale Europäisierung

ohne dass 2008 Ermüdungserscheinungen auftreten (anders als in der polnischen Qualitätszeitung *Gazeta Wyborcza*, bei der das Interesse 2008 erlahmt). Der durchschnittliche Anteil der Artikel zu EU-Institutionen in der Boulevardpresse (3,6 Prozent) mag sich neben den 21 Prozent der Qualitätszeitungen recht klein ausnehmen. Aus zwei Gründen sollte dieser Europäisierungstrend aber nicht vernachlässigt werden: Erstens ist der Anteil politischer Berichterstattung in den Boulevardzeitungen insgesamt deutlich geringer, sodass es umso bedeutsamer ist, wenn Bezugnahmen auf die EU stattfinden. Und zweitens setzt sich der Trend in den meisten Boulevardzeitungen 2008 ungebrochen fort, während in den Qualitätszeitungen 2008 ein Sättigungseffekt eingetreten ist, wenn das Interesse an der EU nicht sogar deutlich abnimmt. Viel spricht unseres Erachtens also dafür, dass sich die Boulevardzeitungen in einem stark verzögerten, aber dafür noch anhaltenden Prozess der vertikalen Europäisierung befinden.

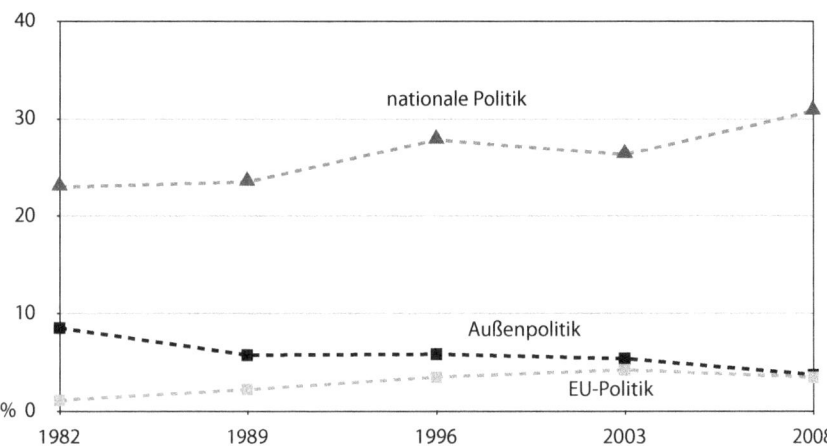

Abb. 5 Anteil der Artikel mit einem bestimmten Politikbereich als Hauptthema
Quelle: repräsentative Stichprobe (diskursiver) Artikel in *FAZ, Le Monde, The Times, Die Presse, Politiken, Gazeta Wyborcza, Bild, Le Parisien/Aujourd'hui, The Sun, Kronen Zeitung, Ekstra Bladet, Super Express* für die Jahre 1982, 1989, 1996, 2003 und 2008 (N = 18.913)

Mit dem zweiten Indikator Politik als Hauptthema des Artikels erfassen wir nicht nur, welche politischen Institutionen beiläufig beobachtet werden, sondern untersuchen deutlich präziser, ob EU-Politik auch im Zentrum der öffentlichen Aufmerksamkeit steht. Die Dominanz der Artikel zur nationalen Politik ist an sich zunächst wenig überraschend, lediglich der Trend zu einer Re-Nationalisierung über den gesamten Untersuchungszeitraum hinweg sticht ins Auge. Insbesondere im Krisenjahr 2008, so scheint es unseren Analysen zufolge, setzen sich die verschiedenen Öffentlichkeiten intensiv mit der Politik der eigenen Regierung auseinander. Für die EU-Politik findet sich zwar ebenfalls eine eindeutige Zunahme des Interesses von einem Prozent (1982) auf vier Prozent (2003) – 2008 jedoch stagniert dieser Trend. Der hier als Vergleichsgröße angegebene Anteil der Artikel zu Außenpolitik im Allgemeinen geht dagegen kontinuierlich zurück und fällt in den letzten Erhebungswellen schließlich mit der Bedeutung der EU-Politik zusammen. Der Bedeutungszuwachs der EU-Politik erfolgt somit – wie solche Analysen nahe legen – insbesondere auf Kosten der Diskussion außenpolitischer Themen. Demnach hätte die EU in gewissem Sinne eines ihrer selbst postulierten Ziele erreicht: An die Stelle der Auseinandersetzung mit einzelnen Staaten ist für die jeweiligen Öffentlichkeiten die Auseinandersetzung mit einem einzelnen Akteur, der EU, getreten.

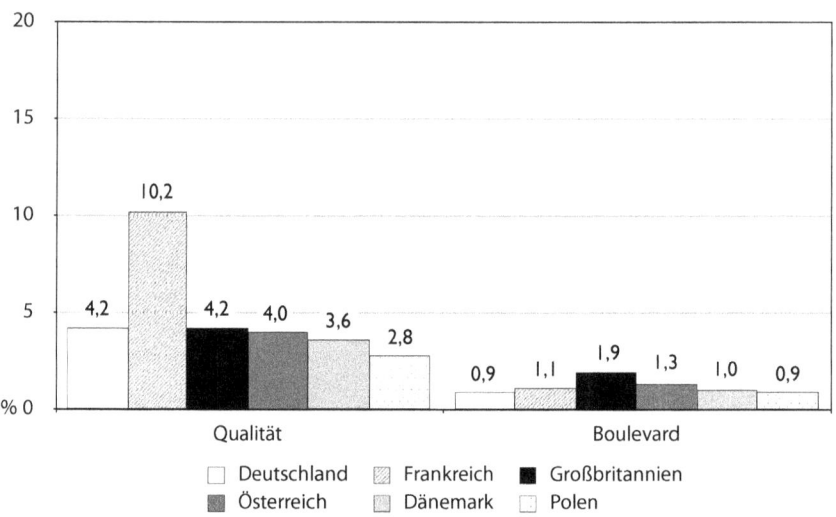

Abb. 6 Anteil der Artikel mit EU-Politik als Hauptthema
Quelle: repräsentative Stichprobe (diskursiver) Artikel in *FAZ, Le Monde, The Times, Die Presse, Politiken, Gazeta Wyborcza, Bild, Le Parisien/Aujourd'hui, The Sun, Kronen Zeitung, Ekstra Bladet, Super Express* für die Jahre 1982, 1989, 1996, 2003 und 2008 (N = 18.913)

Bei Artikeln zur EU-Politik liegt Frankreich im Vergleich zu den anderen Ländern eindeutig vorne. 2003 diskutierte ein Fünftel aller Artikel in *Le Monde* die EU-Politik – nur wie bei den EU-Institutionen nimmt 2008 auch der Fokus auf die EU-Politik deutlich ab. In *Le Parisien* stand die EU-Politik über den gesamten Untersuchungszeitraum eher sporadisch im Zentrum des Interesses, entsprechend lässt sich kein klarer Trend identifizieren. Die britischen Zeitungen zeichnen sich durch einen überraschend hohen Anteil von Artikeln zum Thema EU-Politik aus. Dies gilt insbesondere für die *Sun*, die zwar im Vergleich eher selten auf EU-Institutionen Bezug nimmt, aber wenn, dann steht die EU-Politik im Zentrum des Interesses. Für die *Times* fällt auf, dass der Höhepunkt der Auseinandersetzung mit der EU bereits zur Zeit der BSE-Krise im Jahr 1996 erreicht worden ist.

Auch in Deutschland läuft die zeitliche Entwicklung der Debatte von EU-Themen in den beiden untersuchten Zeitungen auseinander: Während die EU-Politik in der *FAZ* weiterhin kontinuierlich zunimmt (2008 liegt sie bei 6,1 Prozent), ist das Interesse in der *Bild* schon seit 1996 wieder rückläufig. Der Anteil der Artikel zur EU-Politik liegt im Schnitt knapp unter einem Prozent. Ein ähnliches Muster findet sich in Dänemark: Während in der Qualitätszeitung *Politiken* EU-Politik zumindest bis 2003 verstärkt diskutiert wird – wenn auch auf niedrigerem Niveau als in den anderen Qualitätszeitungen – ist das Interesse an EU-Politik in *Ekstra Bladet* eher als erratisch zu beschreiben. Nach einem Debattenhöhepunkt 1996 findet sich für 2003 nur noch ein einziger Artikel, in dem die EU im Mittelpunkt steht. In Österreich erfährt die Berichterstattung über EU-Politik dagegen in beiden Zeitungen 2008 nochmals einen starken Schub. Dies ist allerdings nicht mit einer Welle der EU-Begeisterung gleichzusetzen. Vielmehr findet dort anlässlich der Wahlen zum Nationalrat eine massive Anti-EU-Kampagne statt, getragen u. a. von der hier untersuchten *Kronen Zeitung*. Auch aufgrund dieser großen Kontroverse liegt Österreichs Interesse an EU-Politik im Ländervergleich insgesamt an zweiter Stelle. Die polnische *Gazeta Wyborcza* weist eine eindeutige zeitliche Verzögerung auf. EU-Politik rückt letztlich erst im Vorfeld des EU-Beitritts 2003 ins Zentrum der Aufmerksamkeit, verliert 2008 aber etwas an Bedeutung. In der Boulevardzeitung *Super Express* setzt sich der Europäisierungstrend bis 2008 fort – dennoch liegen beiden Zeitungen damit im Ländervergleich an letzter Stelle.

Der zweite Indikator der Dimension Beobachtung des Regierens hat in der Boulevardpresse also ebenfalls einen untergeordneten Stellenwert: Gerade einmal 1,3 Prozent der Artikel diskutieren EU-Politik als Hauptthema (gegenüber 5,6 Prozent in der Qualitätspresse). Dabei sollte allerdings bedacht werden, dass die EU-Politik in den Qualitätszeitungen nie annäherungsweise die Bedeutung der Außenpolitik erreicht hat (die im Schnitt in neun Prozent der Artikel diskutiert wird), geschweige denn der nationalen Politik (31 Prozent). Im Gegensatz dazu werden in der Boulevardpresse EU- und Außenpolitik auf ähnlichem Niveau behandelt. Auch nationale Politik spielt eine deutlich geringere Rolle als in den Qualitätszeitungen (knapp 15 Prozent). Angesichts des generellen politischen Desinteresses der Boulevardzeitungen ist die Bedeutung der EU-Politik damit sogar vergleichsweise groß.

4.2 Zweite Dimension: Gleichbleibendes Interesse an den europäischen Nachbarn

Mit der zweiten Dimension der diskursiven Integration (horizontale Europäisierung) erfassen wir, inwieweit sich innerhalb Europas ein wechselseitiges Interesse der europäischen Länder entwickelt. Steigt mit der wachsenden politischen Abhängigkeit voneinander das Interesse an den Geschehnissen und Diskussionen in den Nachbarländern? Der erste Indikator dieser Dimension bezieht sich auf die gegenseitige Beobachtung, d. h. wie oft die einzelnen Artikel Themen aus dem europäischen Ausland gewidmet sind. Hier haben wir über den Gesamtzeitraum der Jahre 1982 bis 2008 eine stabile Stagnation. Zwar schwankt der Anteil der Artikel zu (west-)europäischen Nachbarländern von Untersuchungsjahr zu Untersuchungsjahr, das Gesamtniveau verschiebt sich letztlich jedoch nicht.

Auch die relative Bedeutung der eigenen Nation bleibt mit ca. 58 Prozent auffällig stabil. Das Interesse an den USA ist dagegen etwas stärker (Nachrichten)konjunkturellen Schwankungen ausgesetzt. So findet sich hier eine deutliche Aufmerksamkeitsspitze im Jahr 2003 (14 Prozent), was wahrscheinlich im Zusammenhang mit dem Irakkrieg steht. Im Jahr 2008 ist das Interesse dann rückläufig.

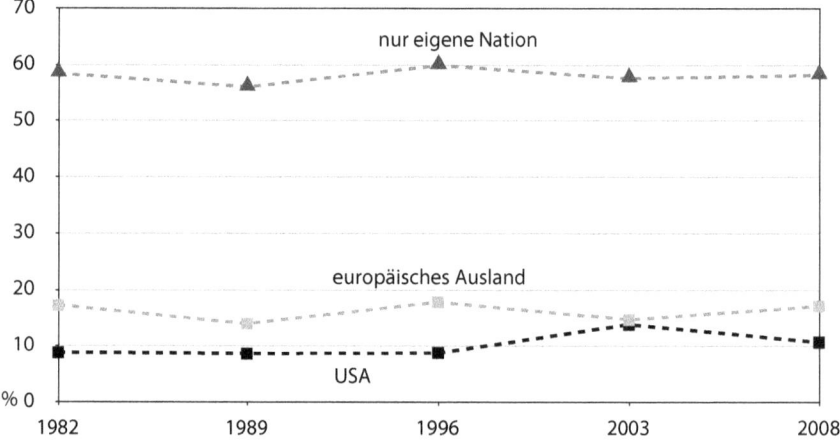

Abb. 7 Anteil der Artikel mit unterschiedlichem geografischen Fokus
Quelle: repräsentative Stichprobe (diskursiver) Artikel inkl. Presseschauen in *FAZ, Le Monde, The Times, Die Presse, Politiken, Gazeta Wyborcza, Bild, Le Parisien/Aujourd'hui, The Sun, Kronen Zeitung, Ekstra Bladet, Super Express* für die Jahre 1982, 1989, 1996, 2003 und 2008 (N = 19.175)

4.2 Zweite Dimension: Gleichbleibendes Interesse an den europäischen Nachbarn

Die von uns untersuchten Länder lassen sich recht klar in zwei Gruppen einteilen. Die erste Gruppe bilden Deutschland und Österreich mit einem besonders großen Interesse an den Geschehnissen in den Nachbarländern (im Schnitt 23 und 24 Prozent der Artikel). Allerdings gilt dieses große Interesse am (west-)europäischen Ausland nicht so sehr für die deutsche Boulevardzeitung, sondern vor allem für die *FAZ*, die ihren Abstand gegenüber den anderen Zeitungen 2008 nochmals deutlich ausbauen kann (auf über ein Drittel Artikel zum europäischen Ausland). In Österreich zeigt sich dagegen insbesondere in der *Kronen Zeitung*, aber auch in der *Presse* ein leichter Trend zur Re-Nationalisierung: Ausschließlich nationale Themen gewinnen Raum gegenüber Artikeln zu den europäischen Nachbarn.

Die zweite Gruppe umfasst Frankreich, Dänemark und Großbritannien, die lediglich in 13 Prozent (Frankreich) bis sogar nur acht Prozent der Artikel (Großbritannien) europäische Länder in den Blick nehmen. Eine bemerkenswerte Ausnahme bildet diesbezüglich Polen, das bereits 1989 ein vergleichsweise großes Interesse am (west-)europäischen Ausland hat und dieses über die Zeit noch deutlich steigert, auch wenn dieser Trend bis 2008 abflacht.

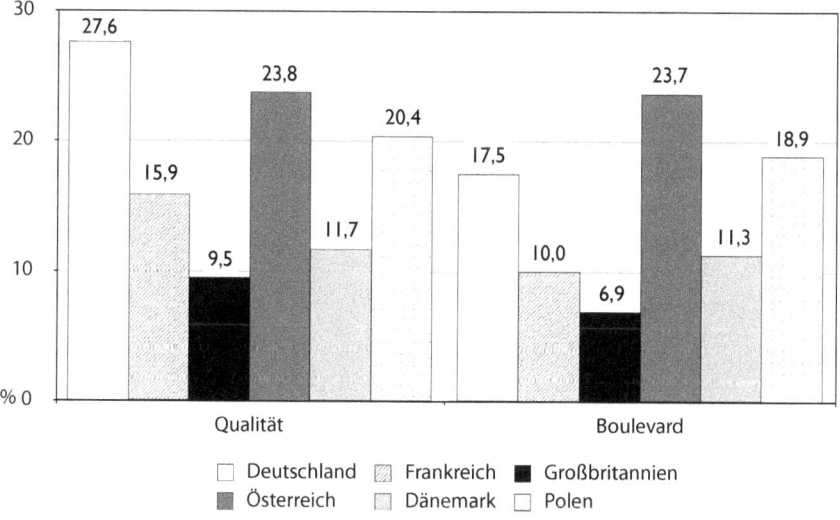

Abb. 8 Anteil der Artikel zum (west-)europäischen Ausland
Quelle: repräsentative Stichprobe (diskursiver) Artikel inkl. Presseschauen in *FAZ, Le Monde, The Times, Die Presse, Politiken, Gazeta Wyborcza, Bild, Le Parisien/Aujourd'hui, The Sun, Kronen Zeitung, Ekstra Bladet, Super Express* für die Jahre 1982, 1989, 1996, 2003 und 2008 (N = 19.175)

Anders als bei der ersten Dimension fällt der Unterschied zwischen Boulevard- und Qualitätspresse für die gegenseitige Beobachtung deutlich geringer aus: 15 Prozent und 19 Prozent der Artikel diskutieren jeweils die Geschehnisse in anderen europäischen Ländern. Diese Offenheit gegenüber anderen Ländern in den Boulevardmedien mag zuerst einmal erstaunen. Eine Betrachtung der Artikelthemen zeigt allerdings, dass sich die Boulevardzeitungen in diesem Bereich noch weniger für Politik interessieren als sonst: Thema der Artikel zum (west-)europäischen Ausland sind meist ausländische Prominente, Katastrophen oder Kuriositäten. Die Intensität der Bezugnahmen der unterschiedlichen Zeitungstypen mag zwar ähnlich sein. Im Falle der Boulevardzeitungen basiert diese aber auf nicht-politischen Themen, insofern die europäischen Nachbarn als Quelle für Soft News dienen.

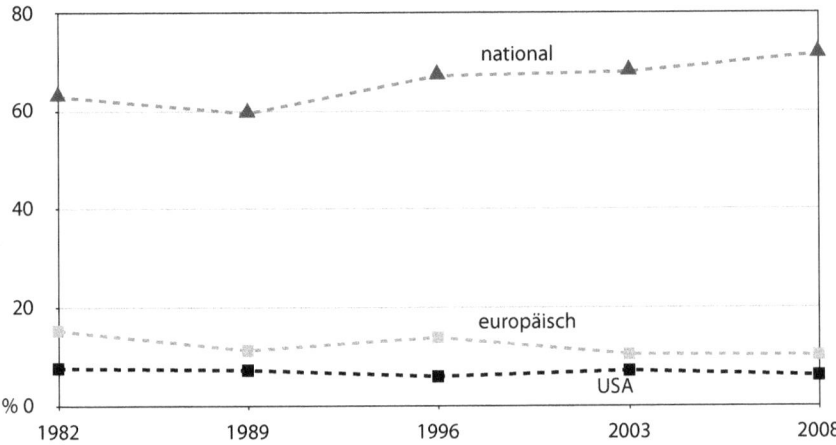

Abb. 9 Anteil der Sprecher unterschiedlicher Herkunft
Quelle: repräsentative Stichprobe der zitierten Sprecher in *FAZ, Le Monde, The Times, Die Presse, Politiken, Gazeta Wyborcza, Bild, Le Parisien/Aujourd'hui, The Sun, Kronen Zeitung, Ekstra Bladet, Super Express* für die Jahre 1982, 1989, 1996, 2003 und 2008 (N = 16.760)

Der zweite Indikator der horizontalen Europäisierung bezieht sich auf die in den öffentlichen Debatten zitierten Sprecher. Über diesen Indikator lässt sich erfassen, wie offen die einzelnen Öffentlichkeiten nicht nur für Themen, sondern auch für Meinungen aus ihren Nachbarländern sind. Grundsätzlich zeigt sich ein ähnliches Bild wie bei der Beobachtung der (west-)europäischen Länder: Auch für diesen Indikator können wir keine Europäisierung der untersuchten Öffentlichkeiten feststellen, der Anteil der Sprecher aus dem europäischen Ausland

4.2 Zweite Dimension: Gleichbleibendes Interesse an den europäischen Nachbarn

schwankt um die 12 Prozent und sinkt sogar gegen Ende des Untersuchungszeitraums leicht. Es findet also eher eine leichte Re-Nationalisierung der Debatten statt: Der Anteil nationaler Sprecher liegt 2008 bei 72 Prozent, neun Prozent höher als zu Beginn der 1980er Jahre. Die Bedeutung amerikanischer Sprecher bleibt für den gesamten Untersuchungszeitraum ebenfalls relativ konstant.

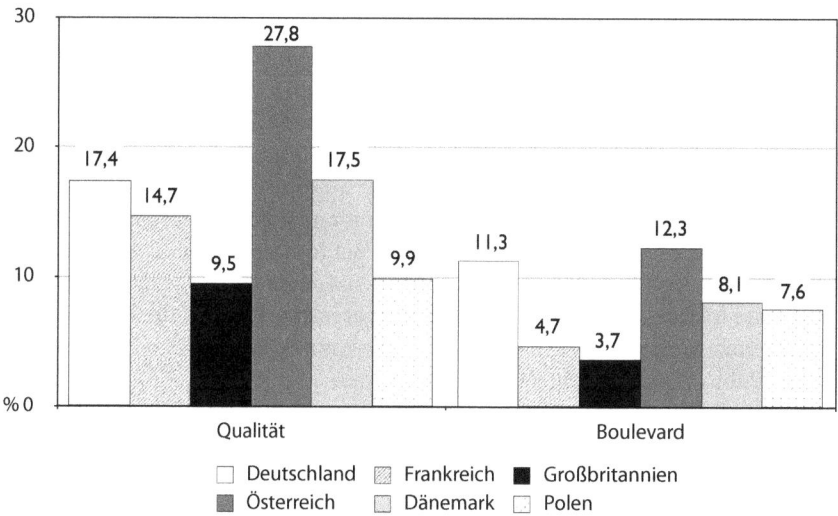

Abb. 10 Anteil der (west-)europäischen Sprecher
Quelle: repräsentative Stichprobe der zitierten Sprecher in *FAZ, Le Monde, The Times, Die Presse, Politiken, Gazeta Wyborcza, Bild, Le Parisien/Aujourd'hui, The Sun, Kronen Zeitung, Ekstra Bladet, Super Express* für die Jahre 1982, 1989, 1996, 2003 und 2008 (N = 16.760)

Mit Abstand das größte Interesse gegenüber den im Ausland diskutieren Positionen ist wiederum in Österreich zu finden. Unabhängig vom Thema sind im Schnitt 28 Prozent der in der *Presse* zitierten Sprecher aus dem (west-)europäischen Ausland, auch in der *Kronen Zeitung* liegt der Anteil noch bei 12 Prozent. An zweiter Stelle folgt Deutschland mit 17 Prozent in der *FAZ* und noch sehr beeindruckenden 11 Prozent in der *Bild*. Die Rolle Dänemarks ist für diesen Indikator jedoch eine andere: Selbst wenn das Interesse am europäischen Ausland an sich vergleichsweise gering ist, sind die öffentlichen Diskussionen überraschend offen gegenüber ausländischen Sprechern, mit 18 Prozent europäischer Sprecher in *Politiken*, und immerhin noch acht Prozent im dänischen Boulevardblatt. Anscheinend sind die kleinen Länder Österreich und Dänemark besonders offen gegenüber den Positionen ihrer europäischen Nachbarn. Möglicherweise mangelt es ihnen aber auch an nationalen Experten für bestimmte Themen, sodass sie bei Bedarf die entsprechenden Experten aus anderen Ländern zitieren. Allerdings geht deren Anteil seit den frühen 1980er Jahren kontinuierlich zurück. Die dänische Öffentlichkeit befindet sich eher in einem Re-Nationalisierungsprozess. Der französische Diskurs ist sowohl in *Le Monde* als auch insbesondere in *Le Parisien* vergleichsweise national. Erwartungsgemäß zeigt sich die öffentliche Debatte in Großbritannien ausgesprochen national geprägt und isoliert, selbst in der traditionsreichen *Times* stammen nur 10 Prozent der Sprecher aus dem europäischen Ausland, in der *Sun* sind es gerade mal drei Prozent. Wie bei der Beobachtung des europäischen Auslands zeigt sich allein in Polen auch bei den Sprechern ein gewisser Europäisierungstrend, dieser ist jedoch deutlich geringer ausgeprägt und stagniert zudem im Jahr 2008.

Für den Indikator der diskursiven Integration fällt der Unterschied zwischen den beiden Zeitungstypen stärker aus. In der Boulevardpresse sind im Schnitt nur acht Prozent der zitierten Sprecher aus dem europäischen Ausland, in der Qualitätspresse ist ihr Anteil doppelt so groß. Insbesondere für die öffentliche *Debatte* sind demnach die Boulevardzeitungen doch nationaler ausgerichtet als die an ein Eliten-Publikum ausgerichteten Qualitätsblätter.

4.3 Dritte Dimension: Minimale Anzeichen einer europäischen Identifikation

Die letzte von uns untersuchte Dimension erfasst die in den öffentlichen Diskursen transportierten Vorstellungen gemeinsamer Identifikation. Der erste Indikator bezieht sich allein darauf, inwieweit ‚die Europäer' als Kollektiv überhaupt in den nationalen Öffentlichkeiten vorhanden sind – schließlich kann die öffentliche Anerkennung seiner Existenz als eine erste Voraussetzung für die Identifikation mit einem sozialen Kollektiv angesehen werden. Wenn über bestimmte Kollektive gar nicht öffentlich gesprochen wird, so sind Identifikationsprozesse zumindest stark erschwert. Dabei gehen wir an dieser Stelle nicht auf die Bewertung des Kollektivs ‚die Europäer'[19] ein, zentral erscheint zunächst nur, inwieweit eine Auseinandersetzung damit stattfindet.

Fasst man alle Länder zusammen, so zeigt sich durchaus ein Europäisierungstrend: Der Anteil ‚der Europäer' an allen Kollektiven steigt von 2,6 Prozent im Jahr 1982 auf 5,7 Prozent im Jahr 2003, um sich dann 2008 zu stabilisieren. Damit übertrifft das europäische Kollektiv seit Beginn dieses Jahrtausends auch die Bedeutung des Kollektivs ‚Der Westen', das zu Beginn des Untersuchungszeitraums noch eine größere Rolle gespielt hat. Die kollektive Identität der europäischen Vergemeinschaftung ist also zumindest im öffentlichen Diskurs präsent.

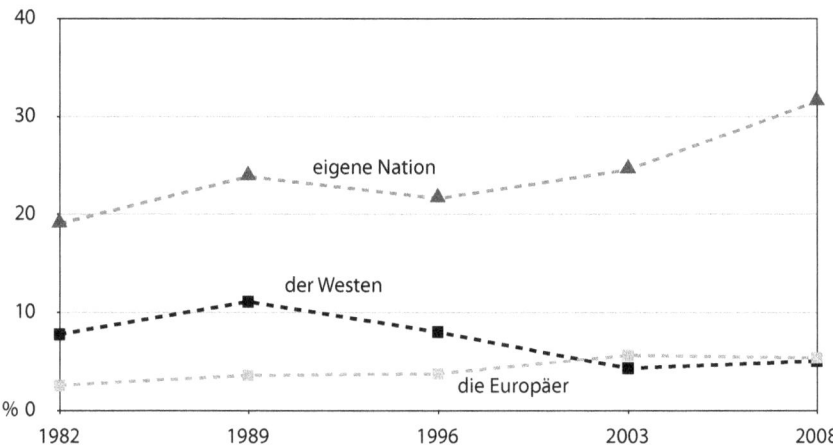

Abb. 11 Anteil der Verweise auf verschiedene Kollektive
Quelle: repräsentative Stichprobe der Kollektive in *FAZ, Le Monde, The Times, Die Presse, Politiken, Gazeta Wyborcza, Bild, Le Parisien/Aujourd'hui, The Sun, Kronen Zeitung, Ekstra Bladet, Super Express* für die Jahre 1982, 1989, 1996, 2003 und 2008 (N = 4.678)

Betrachtet man die Länder einzeln, wird deutlich, dass der Europäisierungstrend sehr unterschiedlich stark ausgeprägt ist. Am deutlichsten ist er in Frankreich, wo ‚die Europäer' im Jahr 2008 sogar 12 Prozent der Kollektive in *Le Monde* ausmachen, und in *Le Parisien* noch sieben Prozent. In Deutschland ist der Trend etwas wechselhafter: In der Qualitätszeitung ist der Anteil der Europäer von neun Prozent im Jahr 1982 auf 16 Prozent in 2003 angestiegen, um dann allerdings 2008 wieder leicht zurückzufallen. Im deutschen Boulevardblatt treten Bezüge auf kollektive Identifikationen dagegen generell so selten auf, dass sich der Anteil der Europäer nicht sinnvoll bewerten lässt. Wie bereits bei der Bedeutung europäischer Institutionen ist in Großbritannien der Höhepunkt der Auseinandersetzung mit ‚den Europäern' bereits im Jahr 1996 erreicht, in Dänemark schwankt die Bedeutung ‚der Europäer' auf sehr niedrigem Niveau. In Polen taucht das Kollektiv ‚die Europäer' sogar noch seltener auf, auch wenn wir zuvor die Andeutung eines Europäisierungstrends bis 2003 identifiziert hatten (Kleinen-von Königslöw/Möller 2009), fällt die Aufmerksamkeit für ‚die Europäer' wieder auf ein kaum wahrnehmbares Niveau ab. Das Kollektiv ‚Die Osteuropäer' spielte im Übrigen in Polen zur Zeit des politischen Umbruchs eine recht große Rolle (knapp sechs Prozent), aber parallel zur Auflösung der politischen Blöcke verschwindet Osteuropa als Kollektiv in Polen in der Bedeutungslosigkeit.

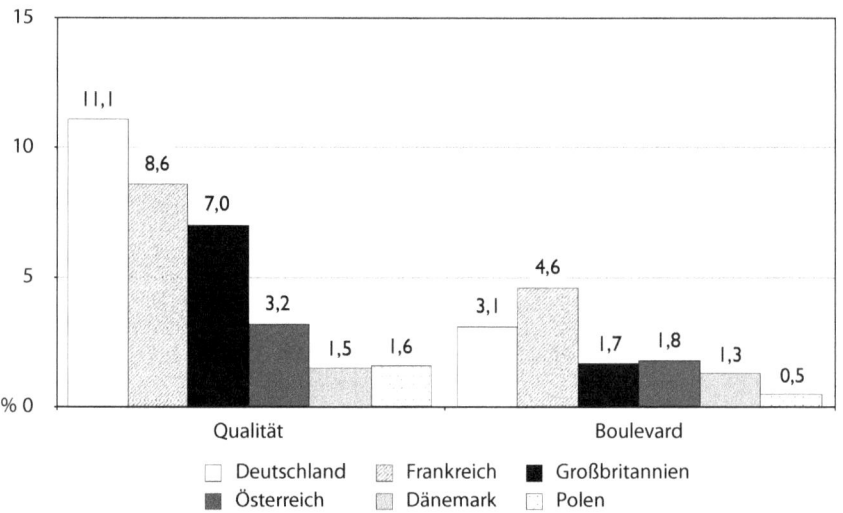

Abb. 12 Anteil des Kollektivs „Die Europäer" an allen Kollektiven
Quelle: repräsentative Stichprobe der Kollektive in *FAZ, Le Monde, The Times, Die Presse, Politiken, Gazeta Wyborcza, Bild, Le Parisien/Aujourd'hui, The Sun, Kronen Zeitung, Ekstra Bladet, Super Express* für die Jahre 1982, 1989, 1996, 2003 und 2008 (N = 4.678)

Zwar besteht ein deutlicher Niveauunterschied in der Verwendung des Kollektivs ‚Die Europäer' zwischen den beiden Zeitungstypen, der jedoch auch damit zusammenhängt, dass Phrasen wie ‚die Europäer' oder aber auch ‚die Deutschen' generell deutlich seltener in Boulevardzeitungen verwendet werden. Anscheinend liegt hier eine weitere Besonderheit der zeitungstypspezifischen Berichterstattung vor; derartige Phrasen passen nicht in den Berichterstattungs- und Diskussionsstil der Boulevardmedien – in ihnen wurden weniger als drei Kollektive (jedweder Ausdehnung) pro Ausgabe kodiert. Entsprechend vorsichtig sind die Ergebnisse hier zu interpretieren.

Der zweite Indikator der Dimension kollektive Identität erfasst eine wesentlich aktivere Form der Identifikation mit Europa, nämlich die Verwendung der Phrase ‚Wir Europäer' (oder auch ‚uns Europäer'). Durch diesen Ausdruck identifizieren sich Sprecher zum einen selbst öffentlich mit dem sozialen Raum Europa, zum anderen adressieren sie ihr Publikum als Teil der europäischen ‚Wir'-Gemeinschaft. Diese explizite Form der Identifikation findet sich 7.597 Mal in der gesamten Stichprobe, Europa erreicht dabei nur einen Anteil von anderthalb Prozent aller Wir-Bezüge. Dennoch ist über die Zeit ein leichter Trend zu mehr europäischen Wir-Bezügen auszumachen. Lag deren Anteil 1982 noch unter einem Prozent, erreicht er 2003 zweieinhalb Prozent. Wie schon in der ersten Dimension bedeutet das Krisenjahr 2008 auch für die europäischen Wir-Bezüge eine gewisse Abnahme oder zumindest die Stagnation der Europäisierung.

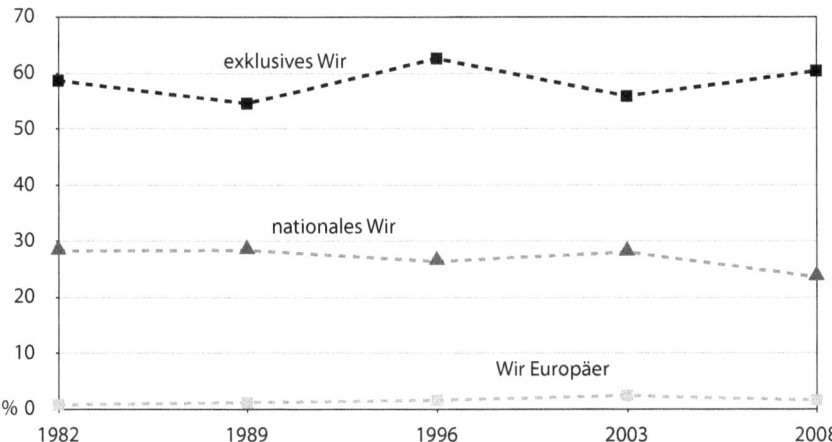

Abb. 13 Anteil der Wir-Bezüge unterschiedlicher Ausdehnung
Quelle: repräsentative Stichprobe der Wir-Bezüge in *FAZ, Le Monde, The Times, Die Presse, Politiken, Gazeta Wyborcza, Bild, Le Parisien/Aujourd'hui, The Sun, Kronen Zeitung, Ekstra Bladet, Super Express* für die Jahre 1982, 1989, 1996, 2003 und 2008 (N = 7.597)

Die Identifikation mit der Nation spielt eine wesentlich größere Rolle (ein Viertel der Wir-Bezüge), aber vor allem finden sich viele exklusive Wir-Bezüge der öffentlichen Sprecher wie z. B. ‚Wir Gewerkschafter' (58 Prozent). Überraschenderweise schlägt sich die für die meisten anderen Indikatoren festgestellte Re-Nationalisierung der Öffentlichkeiten im Jahr 2008 nicht bei den Wir Bezügen nieder, 2008 gehen die Appelle an das nationale ‚Wir' in fast allen Ländern zurück, mit Ausnahme von Polen. Wir haben es anscheinend nach wie vor mit einer ‚europäisierten Re-Nationalisierung zu tun.

In der expliziten Identifikation mit Europa liegt Deutschland klar an erster Stelle. Nachdem das ‚Wir Europa' in den 1980er Jahren im öffentlichen Diskurs noch kaum wahrnehmbar war, erreicht dieser Wert 2003 in der *FAZ* einen Anteil von über zehn Prozent (2008 allerdings nur neun Prozent). In der *Bild* finden sich dagegen so wenige europäische Wir-Bezüge (insgesamt vier verteilt auf die fünf Erhebungszeitpunkte), dass von einer kollektiven Identifikation mit Europa unterhalb jeder Wahrnehmungsschwelle auszugehen ist. In Österreich, Großbritannien und Frankreich haben europäische Wir-Bezüge noch eine vergleichsweise große Bedeutung. Allerdings liegt der Höhepunkt in der österreichischen Qualitätszeitung *Die Presse* bereits im Jahr 1996, d. h. ein Jahr nach der offiziellen Aufnahme des Landes in die Europäische Union war die explizite Identifikation mit Europa besonders stark. In der für ihre Anti-EU-Kampagne berühmten *Kronen Zeitung* (Arendt 2009) findet sich dagegen nur einziger Appell an das europäische ‚Wir‘, und zwar im Jahr 1982.[20]

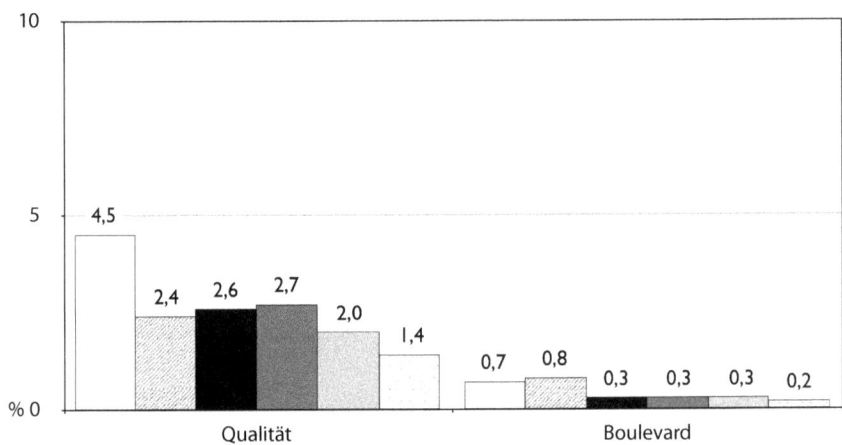

Abb. 14 Anteil der europäischen Wir-Bezüge
Quelle: repräsentative Stichprobe der Wir-Bezüge in *FAZ, Le Monde, The Times, Die Presse, Politiken, Gazeta Wyborcza, Bild, Le Parisien/Aujourd'hui, The Sun, Kronen Zeitung, Ekstra Bladet, Super Express* für die Jahre 1982, 1989, 1996, 2003 und 2008 (N = 7.597)

Wie bereits bei den meisten anderen Indikatoren ist das Europäisierungsniveau in den Boulevardzeitungen deutlich niedriger als in der Qualitätspresse – für die europäischen Wir-Bezüge ist es allerdings so niedrig, dass deren Anteil letztlich nicht interpretierbar ist, weil er unter der Wahrnehmungsschwelle der Leser liegen dürfte. Es wäre aber falsch, deswegen zu vermuten, dass der öffentliche Diskurs der Boulevardzeitungen systematisch ‚nationaler‘ ist als der der Qualitätspresse. Obwohl die Boulevardpresse bisweilen als Triebkraft der nationalen Identifikation angesehen wird (Conboy 2006), spielt das nationale ‚Wir‘ in der Qualitätspresse eine deutlich größere Rolle (36 Prozent der Wir-Bezüge gegenüber 21 Prozent in den Boulevardzeitungen). Dies hängt mit einem unterschiedlichen Stil der Berichterstattung zusammen: Qualitätszeitungen diskutieren mehr politische Themen, mehr Auslandsnachrichten und zitieren mehr nationale Politiker. Hier bieten sich mehr Gelegenheiten zur Herstellung einer kollektiven Identifikation, die alle Leser mit einschließt, wie eben beispielsweise ‚Wir Deutsche' oder ‚Wir Europäer'. In der Diskussion der ‚weichen' Themen, die die Boulevardpresse bevorzugt, kommen eher Normalbürger oder Firmen-Manager und Prominente zu Wort, deren ‚Wir' wahrscheinlich nicht die Boulevardleser mit einschließt und diesen entsprechend keine Gelegenheit zur Identifikation mit einer (politischen) Gemeinschaft bietet. Diese ‚exklusiven' Wir-Bezüge sind besonders verbreitet in *Ekstra Bladet* und *Le Parisien* (84 und 83 Prozent aller Wir-Bezüge) und etwas seltener in den deutschsprachigen Blättern (59 Prozent in der *Kronen Zeitung*, 63 Prozent in der *Bild*). Aber in allen Boulevardzeitungen dominieren sie die Debatte, während in der Qualitätspresse nur 45 Prozent der Wir-Bezüge ‚exklusiv' sind. Falls die Boulevardpresse tatsächlich stark zur nationalen Identitätskonstruktion beiträgt, dann durch andere Mittel als Phrasen wie ‚Wir Deutsche'.

4.4 Die fragile Stabilität der Mehrfachsegmentierung

Eine Ergebnisbeschreibung für zwölf Zeitungen, fünf Untersuchungszeitpunkte und drei Dimensionen erhoben über jeweils zwei Indikatoren ist notwendigerweise recht komplex. Um die zentralen, aus der Inhaltsanalyse ableitbaren Erkenntnisse deutlich herauszuarbeiten, wollen wir im Folgenden die Ergebnisse für die beiden wichtigsten Dimensionen – die Beobachtung des Regierens (vertikale Europäisierung) und die diskursive Integration (horizontale Europäisierung) – nochmals zusammenfassen. Auf diese Weise wird das Muster der Mehrfachsegmentierung der europäischen Öffentlichkeit – so unsere Hoffnung – greifbar.

Mithilfe von Abbildung 15 lassen sich die zwei wichtigsten Ergebnisse unserer Inhaltsanalyse visualisieren: Erstens unterscheiden sich Qualitäts- und Boulevardzeitungen eindeutig im Hinblick auf ihr jeweiliges Niveau an vertikaler Europäisierung. In den Qualitätszeitungen liegt das Interesse an EU-Institutionen und -Politik jeweils deutlich über dem Durchschnitt. Die französische *Le Monde* erreicht den mit Abstand höchsten Wert, gefolgt von der österreichischen *Die Presse* und schließlich den verbleibenden vier Qualitätszeitungen aus Deutschland, Großbritannien, Dänemark und Polen. Die Boulevardzeitungen zeigen dagegen durchgehend ein geringeres Interesse für EU-Institutionen und –Politik. Der höchste Wert findet sich hier noch bei der polnischen *Super Express* (4,8 Prozent unter dem Durchschnitt), während die Leser der deutschen *Bild* am wenigsten Informationen zur EU erhalten (6,4 Prozent unter dem Durchschnitt).

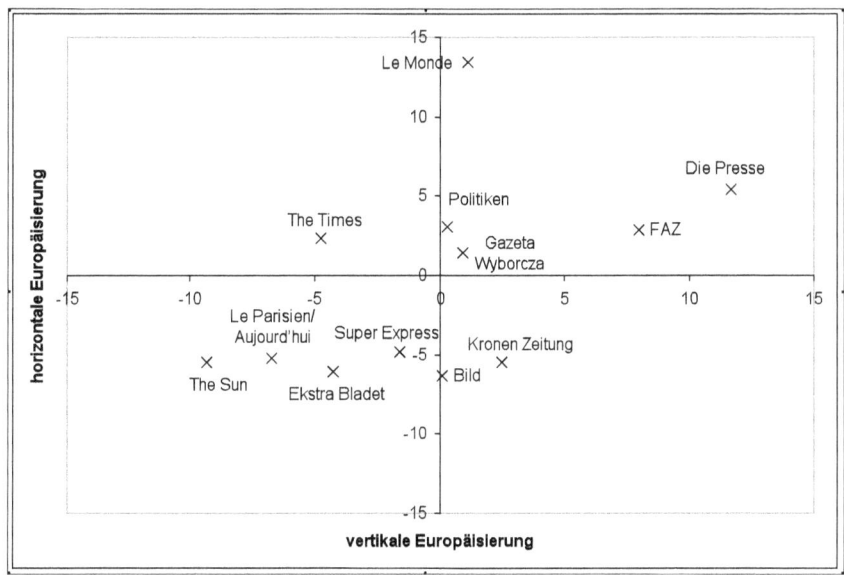

Abb. 15 Niveau der vertikalen und horizontalen Europäisierung in Qualitäts- und Boulevardzeitungen, Basis: durchschnittliche Abweichung vom Mittelwert für beide Indikatoren der Beobachtung des Regierens (vertikale Europäisierung: Sichtbarkeit der EU-Institution/EU-Politik als Thema) oder der diskursiven Integration (horizontale Europäisierung: geografische Bezüge auf andere europäische Länder/Zitate von Sprechern aus anderen europäischen Ländern)

Zweitens zeigen sich insbesondere auf der Dimension der horizontalen Europäisierung *starke Ähnlichkeiten zwischen der Qualitäts- und Boulevardpresse eines Landes*. Beispielsweise sind österreichische Zeitungen besonders interessiert an ihren europäischen Nachbarn. So enthält die österreichische *Die Presse* im Vergleich zu den anderen Qualitätszeitungen die meisten Artikel über die europäischen Nachbarn und zitiert am häufigsten Sprecher aus anderen europäischen Ländern. Dasselbe gilt für die österreichische *Kronen Zeitung* im Vergleich zu den anderen Boulevardblättern. Die *Kronen Zeitung* erreicht sogar ein höheres Niveau der horizontalen Europäisierung als die dänischen, französischen, polnischen und britischen Qualitätszeitungen. Für beide Zeitungstypen stehen die deutschen Zeitungen, *Frankfurter Allgemeine Zeitung* und *Bild* an zweiter Stelle, deren Interesse an Politik und Meinungen aus anderen europäischen Ländern sowohl die anderen Boulevardzeitungen als auch die *Times* übertrifft. Am anderen Ende der Skala ist nicht nur die britische *Times* die isolierteste aller Qualitätszeitungen (vgl. auch Brüggemann/Kleinen-von Königslöw 2009), sondern das britische Tabloid

The Sun interessiert sich auch am wenigsten für seine europäischen Nachbarn. Allein in Frankreich unterscheiden sich die beiden Zeitungen in Bezug auf den Grad der horizontalen Europäisierung: Während *Le Monde* vergleichsweise offen für Geschichten und Zitate aus anderen europäischen Ländern ist, ist *Le Parisien/Aujourd'hui* fast ebenso verschlossen gegenüber dem restlichen Europa wie die *Sun*. Was sich auf diese Weise deutlich zeigt, ist die *Mehrfachsegmentierung der europäischen Öffentlichkeit*.

Ein erstes Moment der Mehrfachsegmentierung ist die bereits von uns anhand der Qualitätspresse herausgearbeitete (Wessler et al. 2008: 31) *nationale Segmentierung*: Der Prozess der europäischen Integration hat zwar das Interesse an der EU in allen analysierten Öffentlichkeitsarenen wachsen lassen. Gleichzeitig bleiben die Öffentlichkeiten aber getrennt voneinander. Sie zeigen keinerlei Anzeichen, dass sie sich mehr füreinander interessieren oder sich gar ein gemeinsamer europäischer Diskurs entwickeln würde. Für die Boulevardpresse konnten wir ein sehr ähnliches Muster erkennen: Es finden sich Anzeichen einer vertikalen Europäisierung, zumindest in Form einer wachsenden Aufmerksamkeit gegenüber EU-Institutionen, aber der Austausch zwischen den Ländern bleibt stabil. Diese nationale Segmentierung greift insbesondere bei der diskursiven Integration oder der horizontalen Europäisierung, wobei hier weitere nationale Unterschiede deutlich werden. So sind die deutschsprachigen Öffentlichkeiten Deutschlands und Österreichs deutlich offener gegenüber den Belangen und Positionen ihrer europäischen Nachbarn, während Großbritannien sich am stärksten abgrenzt. Bei der vertikalen Europäisierung fällt auf, dass in Frankreich ein besonders großes Interesse an der EU und ihrer Politik besteht.

Ein zweites Moment der Mehrfachsegmentierung europäischer Öffentlichkeit ist die *zeitungstypenspezifische Segmentierung*, die in unserer Inhaltsanalyse über die einzelnen Länder hinweg als markanter Unterschied zwischen Qualitäts- und Boulevardpresse greifbar wird. So nehmen Leser von Qualitätszeitungen eine zunehmende Repräsentation europäischer Identifikation wahr (auch wenn deren Wachstum im Jahr 2008 stagniert). In den Boulevardzeitungen finden sich dagegen keine nennenswerten Verweise auf eine gemeinsame europäische Identität. Greifbar werden Differenzen einer solchen zeitungstypenspezifischen Segmentierung am stärksten in Bezug auf die *vertikale Europäisierung* oder die Beobachtung des Regierens: Boulevardzeitungen sehen sich anders als die Qualitätspresse nicht in der Pflicht, ihre Lesenden intensiv über die EU und ihre Politik zu informieren. Bei den EU-Institutionen ist durchaus ein Europäisierungstrend zu verzeichnen. Dieser setzt sich sogar fort, als die Entwicklung in der Qualitätspresse bereits stagniert oder zurückgeht. Aber die EU-Politik wird selten in den Blick genommen; die Aufmerksamkeit der Boulevardpresse wirkt sprunghaft und inkonsequent.

Allerdings offenbart der Blick auf die verschiedenen Zeitungstypen auch, dass mitunter einzelne Zeitungen herausfallen: So weicht beispielsweise *Le Parisien* in der Dimension kollektive Identifikation deutlich von den anderen Boulevardblättern ab, indem sie als einzige Zeitung Bezügen zur europäischen Identität Raum gibt. Möglicherweise spielt hier eine Rolle, dass *Le Parisien* versucht hat, sich im Untersuchungszeitraum als Regionalzeitung zu repositionieren und sich Regionalzeitungen vielleicht gerade in der Identitätskonstruktion von der Boulevardpresse unterscheiden. Gleichzeitig entsprechen die beiden Qualitätszeitungen *Politiken* und *Gazeta Wyborcza* in der Herstellung kollektiver europäischer Identifikation eher dem Muster der Boulevardpresse. Dies spricht dafür, dass auf Ebene der Zeitungstypen zusätzliche Differenzierungen sinnvoll sind, die den Bezugsraum der hier zusammengefassten Zeitungen besser abbilden als die klassische Dichotomie von Qualität und Boulevard – ein Punkt, den wir im nächsten Kapitel nochmals aufgreifen werden.

Fassen wir die Ergebnisse unserer Inhaltsanalysen zusammen, so können wir dies vielleicht am klarsten in folgender Formulierung tun: *Die europäische Öffentlichkeit hat sich in ihrer Mehrfachsegmentierung fragil stabilisiert*. Nach dem kontinuierlichen Anstieg der Aufmerksamkeit gegenüber europäischer Politik in den 1980er und 1990er Jahren stabilisiert sich die Beobachtung Brüssels mit dem Krisenjahr 2008. Es zeigt sich somit, dass Europäisierung kein ‚Prozess ins Unendliche' ist. Ein Plateau scheint erreicht zu sein. Gleichzeitig bleibt der Grad der horizontalen Europäisierung jahrzehntelang recht stabil, grundlegende Veränderungen im Interesse an und der Offenheit gegenüber den europäischen Nachbarn sind nicht zu beobachten. Ebenso erweisen sich die aufgezeigten länderübergreifenden, zeitungstypenspezifischen Unterschiede überwiegend als konstant.

Auch wenn sich die Europäisierung nationaler Öffentlichkeiten momentan auf einem solchen Plateau stabilisiert zu haben scheint, verdeutlicht der Begriff der Fragilität darüber hinaus, dass wir weiterhin mit einer dynamischen Entwicklung konfrontiert sind. Europäische Öffentlichkeit konkretisiert sich im *Prozess* der Europäisierung nationaler Öffentlichkeiten. Dieser Prozess ist alles andere als abgeschlossen und dessen weiterer Verlauf durch verschiedene Unsicherheiten gekennzeichnet. Zu solchen dynamischen Momenten tragen unter anderem die neuen EU-Länder wie Polen bei, dessen politische Öffentlichkeit sich deutlich beweglicher zeigt als die der langjährigen EU-Mitglieder. So setzt sich in Polen die vertikale Europäisierung im Jahr 2008 weiter fort und in der horizontalen Europäisierung war noch innerhalb der letzten Jahre ein Anpassungsprozess und damit ein Anstieg des Interesse am (west-)europäischen Ausland zu beobachten. Ein weiteres dynamisches Element sind die Boulevardzeitungen, in denen die vertikale Europäisierung ein Prozess mit offenem Ausgang zu sein scheint.

4.4 Die fragile Stabilität der Mehrfachsegmentierung

Das von uns beschriebene Muster der Mehrfachsegmentierung wirft demnach Fragen auf, die die Diskussion um die „prekäre Legitimation" (Nullmeier et al. 2010) der EU weiter zuspitzt: Welche Konsequenzen hat die Mehrfachsegmentierung der europäischen Öffentlichkeit? Inwieweit kann eine Öffentlichkeit politisches Handeln legitimieren, wenn sie sich für die betroffenen Bürger so sehr unterscheidet, je nachdem ob diese über eine Qualitäts- oder eine Boulevardzeitung, in diesem oder jenem Land an ihr teilnehmen? Wie sollen die europäischen Bürger zu gemeinsamen politischen Entscheidungen kommen, wenn sich ihr Kenntnisstand durch die unterschiedlichen Europäisierungsniveaus in den von ihnen genutzten Öffentlichkeitszugängen so sehr differiert? Insbesondere das Fehlen fast jeglicher europäischer Identifikation in den Boulevardzeitungen mag unter Umständen auf die wachsende Unzufriedenheit der breiten Bevölkerung mit ‚ihrer' EU verweisen. Die Bürgerinnen und Bürger erhalten zwar mehr und mehr Informationen über die EU und ihre Institutionen, dies geschieht jedoch nicht in einer Teilnehmerperspektive, sondern im Gegensatz zwischen ‚nationalem Wir' und ‚denen in Brüssel'.

Alle an dieser Stelle aufgeworfenen Punkte betreffen Fragen, die hoch relevant für eine zukünftige Einschätzung einer europäischen Öffentlichkeit sind. Eine solche Einschätzung ist unseres Erachtens aber erst dann möglich, wenn wir uns genauere Gedanken dazu gemacht haben, warum die europäische Öffentlichkeit auf diese Weise mehrfach segmentiert ist – wir also deren Mehrfachsegmentierung erklärt haben. Hiermit möchten wir uns in den folgenden drei Kapiteln auseinandersetzen.

5 Doing Nation: Die journalistischen Praktiken der Nationalisierung Europas

Wie wir bereits ausführlich dargelegt haben, erscheint uns ein Ansetzen bei politischen Diskurskulturen zur Erklärung der Mehrfachsegmentierung europäischer Öffentlichkeit ein angemessenes Vorgehen. So können wir sagen, dass Unterschiede in der Europa- und Auslandsberichterstattung der von uns untersuchten Zeitungen für unterschiedliche Kulturen des politischen Diskurses stehen. Um hier einige Beispiele zu nennen: Die größere Offenheit gegenüber den Belangen und Positionen ihrer europäischen Nachbarn in Deutschland und Österreich im Vergleich zum sich stärker abgrenzenden Großbritannien sind als Ausdruck einer bestimmten politischen Diskurskultur verstehbar. Ähnliches gilt für das besonders große Interesse an der EU und ihrer Politik in Frankreich. Und ebenso können wir länderübergreifend eine gewisse politische Diskurskultur von Qualitäts- und Boulevardzeitungen vermuten, wenn letztere – wie wir gezeigt haben – sich anders als die Qualitätspresse nicht in der Pflicht sehen, ihre Leserinnen und Leser intensiv über die EU bzw. ihre Politik zu informieren und die EU-Politik eher bezogen auf einzelne herausgehobene Themen und situationsbezogen unterschiedlich behandeln. *Gemäß unserem Begriff von politischer Diskurskultur können wir also die Ergebnisse unserer Inhaltsanalysen als Manifestation von Diskurskultur auf Ebene der Repräsentation deuten.*

Die Erklärungskraft einer solchen Deutung der *Inhalte* bleibt allerdings beschränkt, handelt es sich hier doch um eine Re-Interpretation der selbst zu erklärenden Daten. Die Frage, die wir im Hinblick auf eine Erklärung der Mehrfachsegmentierung zu behandeln haben, ist tiefer gehend: Wie kommt es dazu, dass sich einerseits in der Mehrfachsegmentierung europäischer Öffentlichkeit der fortlaufende Bestand nationaler politischer Diskurskulturen zeigt, andererseits aber im Hinblick auf unterschiedliche Typen von Zeitungen länderübergreifend neue Formen der Kultur eines bestimmten politischen Diskurses abzeichnen? Stellt man die zu beantwortende Frage in dieser Form, wird deutlich, warum wir bei der Untersuchung der *Produktion* von politischer Diskurskultur – beim Handeln der Journalistinnen und Journalisten – angesetzt haben: Es ist deren Praxis, in der sich der Bestand nationaler politischer Diskurskulturen fortlaufend artikuliert. Dabei können wir uns nationale politische Diskurskulturen nicht als etwas Statisches vorstellen. Vielmehr sind sie ein sich selbst wandelndes – wie wir argumentieren wollen: sich europäisierendes – Phänomen. Gleichzeitig müsste sich im journalistischen Handeln ebenso das Entstehen transnationaler politischer Diskurskulturen zeigen, vor allem solcher, die sich auf bestimmte Typen von Medien beziehen.

Diese beiden Linien sind es, die wir in diesem und dem folgenden Kapitel verfolgen wollen. Zuerst einmal befassen wir uns mit der Re-Artikulation nationaler politischer Diskurskulturen im Handeln der Journalistinnen und Journalisten in den von uns untersuchten Zeitungsredaktionen der Länder Dänemark, Deutschland, Frankreich, Großbritannien, Österreich und Polen.[21] Unser Blickwinkel ist dabei, dass nationale politische Diskurskulturen nicht einfach ‚da' sind, sondern im Handeln der Journalistinnen und Journalisten fortlaufend hervorgebracht werden müssen. Es geht uns also darum, durch unsere „ethnografischen Miniaturen" das journalistische Doing Nation in der Europaberichterstattung der Redaktionen herauszuarbeiten, durch das eine *nationale* politische Diskurskultur erst Bestand hat.

Hiermit schließen wir an andere, insbesondere an qualitative und ethnografische Studien zur Arbeitspraxis (europäischer) Auslandskorrespondenten und -redaktionen an, die wiederholt den wichtigen Moment der *Nationalisierung als Produktionspraxis* herausgearbeitet haben.[22] Unter den verschiedenen Untersuchungen in diesem Feld erscheinen uns einige im Weiteren diskutierte Forschungsergebnisse als ein wichtiger Bezugspunkt unserer eigenen Untersuchung, weil sie ein Grundverständnis für Prozesse der Nationalisierung bieten. So geht Ulf Hannerz (2004) in seiner Untersuchung zu den Lebenswelten und Arbeitspraktiken von Auslandskorrespondenten in verschiedenen großen Städten der Welt u. a. der Frage nach, wie Korrespondenten mit ihrem Heimatland sowie den Bedürfnissen ihrer nationalen Leser verbunden bleiben. Er stellt fest, dass an politisch oder ökonomisch ‚wichtigen' Orten der Welt insbesondere festangestellte Korrespondenten arbeiten, die zumeist nur wenige Jahre vor Ort bleiben und dann an einen anderen Ort versetzt werden, um einen ‚frischen Blick' auf das Gastland zu behalten und mit ihrem Schreiben anschlussfähig für die nationale Leserschaft zu bleiben (Hannerz 2004: 84ff.).

Um Momente von Nationalisierung geht es ebenfalls in Angela Dreßlers Untersuchung „Nachrichtenwelten", einer Ethnografie der Arbeit von 25 festen Auslandskorrespondenten und Pauschalisten unterschiedlicher, vor allem deutscher Fernsehanstalten und Zeitungen. An verschiedenen Stellen zeigt die Studie, dass ein grundlegender Horizont des Handelns der Journalistinnen und Journalisten

5.1 Nationale Rückbezüge

verschiedene Vorstellungen nationaler Erwartungen in Deutschland sind. Dies trifft insbesondere auf die USA-Korrespondenten zu, deren Praxis „weniger auf die politische Meinung in den USA [referiert], sondern auf die im bundesdeutschen Inland" (Dreßler 2008: 164). Angela Dreßler zeichnet hier nach, wie sich so eine „transatlantische Sphäre" (Dreßler 2008: 165) konstituiert, die gleichwohl das Nationale re-artikuliert. Dabei charakterisiert Dreßler diese Sphäre der Auslandsberichterstattungspraxis mit Bezug auf Paul Gilroys (1993) Konzept des „Black Atlantic" der schwarzafrikanischen Diaspora leicht ironisierend als „Kraut Atlantik" und beschreibt sie wie folgt:

> „Ebenso wie in der Darstellung Gilroys erhält die Auslandsberichterstattung ihre ‚Identität' nicht aus dem geometrisch fassbaren Raum, sondern aus den transatlantischen Bewegungen. Diese Bewegungen verweisen auf konstitutionelle und charakteristische Elemente territorial definierter Nationalstaaten und erneuern [deren] kulturelle Integrität kontinuierlich." (Dreßler 2008: 165)

Der Punkt, der für unsere eigene Untersuchung relevant wird, ist dieser Gedanke der „kontinuierlichen Erneuerung" von territorialer Nationalität, etwas, das wir in unserem eigenen Material, wenn auch in anderer Form, wiederfinden.

Die Arbeit von EU-Korrespondenten wiederum wurde innerhalb des AIM-Projekts untersucht, das sich mit einem „Adäquaten Informations-Management in Europa" befasste (siehe überblickend AIM Research Consortium 2006). Auch in diesem Projekt standen Auslandskorrespondenten im Fokus der Untersuchung, in diesem Fall jedoch die in Brüssel arbeitenden EU-Korrespondenten. Über die Vielzahl der Einzelergebnisse hinweg zeigen diese Befragungen zwar gewisse Tendenzen einer einheitlichen Professionalisierung der Berichterstattung (siehe dazu auch Gleissner/de Vreese 2005 und Offerhaus 2010), im). Im Kern jedoch ist die journalistische Praxis – wie es Oliver Hahn, Ronald Schröder und Stefan Dietrich (2008: 8) zuspitzen – durch deutliche nationale Abgrenzungen gekennzeichnet, „die wiederum als divergierende Kräfte in der Entstehung einer europäischen journalistischen Kultur gewertet werden können". Im Rahmen unserer eigenen Untersuchung können wir solche Ergebnisse als Hinweis darauf werten, dass auch da, wo Europa der primäre Bezug ist – bei der journalistischen Arbeit in Brüssel – die Re-Artikulation des Nationalen ein Horizont bleibt.

Ein anderes Großprojekt der letzten Jahre, das sich mit dem „making" (Statham 2010: 125) europäischer Nachrichten in der journalistischen Praxis befasste, war das Europub-Projekt.[23] In diesem wurden u. a. 110 Chef-Redakteure, EU-Korrespondenten und Journalisten der Themengebiete Landwirtschaft und Immigration befragt, jeweils bei vier Zeitungen der Länder Deutschland, Frankreich, Großbritannien, Italien, den Niederlanden, der Schweiz und Spanien sowie zusätzlich bei vier transnational orientierten Zeitungen.[24] Eines der zentralen Ergebnisse war, dass die befragten Journalistinnen und Journalisten Europa als ein schwieriges Berichterstattungsthema empfanden, das es in ihrer täglichen Praxis „innerhalb etablierter Nachrichtenwerte und Normen [zu] rahmen" (Statham 2010: 149) gilt. Die Werte und Normen waren dabei zumeist national eingefärbt (Statham 2010: 132). Diese Forschung liefert für uns den Hinweis darauf, in welchem Maße von den Journalistinnen und Journalisten ‚das Etablierte' gerne als National gedacht wird.

Solche Ergebnisse anderer Forscherinnen und Forscher führen uns vor Augen, welchen Stellenwert innerhalb der journalistischen Praxis *Nationalisierung* im Allgemeinen und die *Nationalisierung von Europa* im Speziellen hat. Während so dieses wichtige Thema bereits in verschiedener Hinsicht untersucht wurde, erscheinen uns im Zusammenhang unserer Fragestellung doch drei Punkte wichtig, an denen es notwendig ist, über bestehende Forschung hinauszugehen.

Erstens wollen wir nicht einfach nur Redaktionen für sich betrachten, sondern einen Blick darauf werfen, welche nationalen Gemeinsamkeiten in den Redaktionen unserer Untersuchungsländer bestehen, geht es uns doch um die Rekonstruktion *nationaler Spezifika* insgesamt, ohne dass wir Nation als etwas Homogenes begreifen. Deswegen sind die Aussagen der Journalistinnen und Journalisten in den ‚Heimatredaktionen' besonders zu gewichten, weil sie es sind, die letztlich die Korrespondenten-Artikel für den Druck aufbereiten.[25]

Zweitens wollen wir einen sehr genauen Blick auf das Handeln der Journalistinnen und Journalisten werfen, d. h. uns interessiert in einer mitunter fast mikroskopischen Auseinandersetzung, wie sich das Doing Nation in der journalistischen Alltagspraxis sowie deren Reflexion durch die Handelnden konkretisiert. Entsprechend werden auf den folgenden Seiten keine Aussagen zu Medieninhalten als Manifestation nationaler politischer Diskurskultur gemacht, sondern wir bewegen uns ausschließlich auf Ebene ihrer Herstellung im journalistischen Handeln. Wenn sich Aussagen zu Zeitungsinhalten finden, geben diese Reflexionen der Journalistinnen und Journalisten selbst wider.

Und drittens begreifen wir nationale politische Diskurskulturen nicht als etwas Statisches, sondern als ein sich selbst wandelndes Phänomen. Ein wichtiger Aspekt der Wandlung ist dabei die Europäisierung nationaler politischer Diskurskulturen. Wir sind also damit konfrontiert, dass im Doing Nation der Journalistinnen und Journalisten selbst Europa ‚einsickert' – oder begrifflich genauer: sich veralltäglicht. Auch auf dieser Ebene haben wir es also mit dem von Saskia Sassen (2008) so bezeichneten „Paradox des Nationalen" zu tun: Das Nationale der journalistischen Herstellung von Öffentlichkeit ist in seinem Bestand als solches zunehmend nicht nur globalisiert, sondern auch europäisiert.

Greifbar werden solche Zusammenhänge des Doing Nation durch die weitere Analyse der von uns über unserer Untersuchungsländer hinweg typisierten journalistischen Praktiken und deren Handlungshorizonte: die *nationalen Rückbezüge* und *transnationalen Kontextbezüge* im Handeln der Journalistinnen und Journalisten, die *Hierarchisierung ihrer Arbeitspraxis*, die *nationale Veralltäglichung* Europas in ihrem Tun und den *Horizonten ihrer Informationssuche*. Durch deren Analyse können wir das Doing Nation der Journalistinnen und Journalisten greifbar machen, in dem sich die nationalen politischen Diskurskulturen von Dänemark, Deutschland, Frankreich, Großbritannien, Österreich und Polen manifestieren.

5.1 Nationale Rückbezüge

Mit nationalen Rückbezügen bezeichnen wir die journalistische Praxis, Europa und die Welt auf jeweils nationale Gegebenheiten bzw. nationale Relevanzen zu beziehen. Dies umfasst beispielsweise das Herausarbeiten der Folgen und Auswirkungen eines europäischen Geschehens für die eigene Nation – etwa mit Blick auf politische, soziale oder wirtschaftliche Entwicklungen – oder die Verbindung des Auslandsgeschehens mit nationalen Geschehnissen. Die Journalistinnen und Journalisten stellen also im Prozess der Nachrichtenproduktion, der sowohl Themenfindung als auch -aufbereitung umfasst, einen Zusammenhang zwischen EU- bzw. europäischen Auslandsnachrichten und der ‚eigenen' Nation her. Entscheidend ist, dass die Praxis der Herstellung nationaler Rückbezüge in allen sechs von uns untersuchten europäischen Ländern eine Selbstverständlichkeit journalistischen Alltagshandelns ist. Hierbei lassen sich direkte Rückbezüge von *indirekten Rückbezügen* unterscheiden. In beiden Fällen meint Rückbezug allerdings nicht die von den Journalistinnen und Journalisten beschriebene Referenz auf die Nation in einem einzelnen Zeitungsartikel. Vielmehr geht es um die Rekonstruktion der Journalistensicht auf das nationale Rückbeziehen als Teil ihrer Arbeit.

Bei *direkten Rückbezügen* hat das EU- oder auslandsbezogene Thema aus Sicht der Journalistinnen und Journalisten eine sich aus der Nachricht ergebende Relevanz für die Nation, beispielsweise im Hinblick auf innenpolitische und gesellschaftliche Handlungskontexte. Der Bezug zur eigenen Nation liegt aus Journalistenperspektive ‚in der Nachricht als solcher' und wird im journalistischen Produktionsprozess entsprechend dargestellt, erläutert und in den Vordergrund gerückt. Nicht selten stellt die Möglichkeit der Herstellung eines nationalen Rückbezugs dabei ein wichtiges Kriterium der Auswahl von Auslands- und EU-Ereignissen für die Berichterstattung dar. Journalistinnen und Journalisten sprechen hier von einem „Österreich-Bezug" (EU-Redakteur, *Die Presse*, A), vom Thema, das mit „dem Leben der Leute unmittelbar zu tun hat" (Außenpolitik-Redakteur, *Dziennik Zachodni*, PL) oder von einem für den „deutschen Normalbürger" aus „nachvollziehbarem Grund" (Politik-Redakteur, *Bild*, D) relevanten Geschehen. Bei direkten Rückbezügen wird demnach die Verknüpfung von Auslands- und Inlandsgeschehen von den Journalistinnen und Journalisten in den Vordergrund ihres Handelns gerückt und dient bisweilen gar als Aufhänger für den Bericht. Dabei geht es dann darum, den Rückbezug von Europa auf nationales Geschehen zu erklären:

> „Wir sind uns bewusst, dass europäische Angelegenheiten einen direkten Einfluss auf die französische Innenpolitik und die Entwicklungen der Gesellschaft haben. Jeder weiß, dass 60 bis 80 Prozent der französischen Gesetze durch EU-Richtlinien beeinflusst sind. Und es ist unsere Aufgabe, zu erklären, wie dieser Einfluss funktioniert." (EU-Redakteur, *Le Monde*, F)

Das Zitat verdeutlicht einen Aspekt, der für alle unsere Untersuchungsländer zutrifft: Direkte Rückbezüge dominieren auffallend häufig bei EU-bezogenen Themen bzw. der Reflexion über dieselben, und damit bei Themen, die das politische Entscheidungshandeln der EU als Institution zum Gegenstand haben.

In Abgrenzung hierzu fassen wir mit *indirekten Rückbezügen* solche nationalen Rückbezüge, die sich für die Journalistinnen und Journalisten nicht unmittelbar aus dem berichteten Geschehen ergeben, sondern die in einem wesentlich weitergehenden Prozess der Kontextualisierung erst hergestellt werden. Indirekte Rückbezüge erfordern somit ein vergleichsweise höheres ‚Kreativitätspotenzial' von den Journalistinnen und Journalisten: Sie grübeln, wie sie den nationalen Bezug herstellen können. Auch von nationalen Gegebenheiten stark losgelöste Ereignisse und Geschehnisse der EU bzw. des europäischen Auslands werden von ihnen als relevant in nationale Zusammenhänge eingeordnet und für die Sinn- und Wissenshorizonte der nationalen Leserschaft anschlussfähig gemacht. Beispielsweise werden indirekte Rückbezüge dadurch hergestellt, dass das Auslandsereignis in einen historischen Zusammenhang mit ähnlichen Vorfällen oder Entwicklungen im eigenen Land gebracht wird. Exemplarisch lässt sich hierfür die Aussage einer Außenpolitik-Redakteurin des *Dziennik Zachodni* anführen, die nach längerem Abwägen unter der Überschrift „Pro-russischer Politiker will deutscher Bundeskanzler werden" die Kanzlerkandidatur Frank-Walter Steinmeiers im Herbst 2008 dadurch auf den polnischen Kontext rückbezieht, dass sie die Freundschaft Steinmeiers zum – wie die Journalistin es in der Selbstbeschreibung ihres Handelns fasst – „pro-russische[n]" Gerhard Schröder, der in Polen durch seine enge Freundschaft zu Wladimir Putin bekannt ist, zum Aufhänger ihres

5.1 Nationale Rückbezüge

Themas macht. Eine andere Form des indirekten Rückbezugs ist es, Menschen der eigenen Nation vor Ort im Ausland zu interviewen, wodurch das Thema über ein nationales Identifikationsmoment zugänglich gemacht wird. Man spricht beispielsweise „mit einem dänischen Polizisten […], der in Kabul arbeitet" (Chefredakteur, *Politiken*, DK), um die europäische Afghanistanpolitik im nationalen Kontext vorstellbar zu machen.

Betrachtet man die von uns untersuchten Länder insgesamt, wird deutlich, dass die journalistische Praxis, EU- und Auslandsereignisse auf nationale Kontexte rückzubeziehen, ein Grundmoment jeglicher von uns beobachteten journalistischen Tätigkeit ist. Gleichwohl unterscheidet sich das spezifische *Wie* der Herstellung nationaler Rückbezüge von politischer Diskurskultur zu politischer Diskurskultur – und zwar insbesondere bei indirekten Rückbezügen. Vor allem in der Praxis, nationale Rückbezüge vermittelt über den kulturell tradierten Identitäts- und Erfahrungsraum der eigenen Nation herzustellen, konkretisieren sich Differenzen nationaler politischer Diskurskulturen und damit des Doing Nation, das die von uns inhaltsanalytisch untersuchte nationale Segmentierung europäischer Öffentlichkeit erklärt. Dies wird an einer Betrachtung der sechs Untersuchungsländer konkret.

Beginnt man mit *Österreich*, so zeigt sich die Bedeutung, die Journalistinnen und Journalisten der Möglichkeit einer Herstellung nationaler Rückbezüge bei EU- und europäischen Auslandsthemen beimessen, darin, dass man auch in Zeiten finanzieller Engpässe und rigider Sparmaßnahmen einen „eigenen" Brüssel-Korrespondenten hat. Selbst die regionale *Kleine Zeitung* war nicht nur „eine der ersten Zeitungen, die in Brüssel Korrespondenten" hatte, sondern sie will diese auch „nicht aufgeben […], obwohl das natürlich Geld sparen würde" (Chefredakteur, *Kleine Zeitung*, A). Der Grund hierfür ist, wie es an der weiteren Formulierung des Chefredakteurs deutlich wird, die Ressourcen dafür zu haben, den nationalen Rückbezug zum Zentrum der journalistischen Tätigkeit zu machen: „Weil einfach zu vieles in Brüssel entschieden wird, was uns sehr unmittelbar betrifft."

Mit Blick auf die konkreten Praktiken der Herstellung nationaler Rückbezüge lassen sich zwei typische Ausprägungen für Österreich ausmachen. Erstens werden Auslandsereignisse historisch bzw. ökonomisch kontextualisierend national rückbezogen. Dies manifestiert sich insbesondere bei der Produktion von Nachrichten über die ost- bzw. südosteuropäischen Nachbarländer wie etwa Tschechien, Ungarn und die Balkanstaaten. Nachrichten aus diesen Ländern interessieren laut interviewter Journalistinnen und Journalisten aufgrund einer gemeinsamen Vergangenheit, die eine politische und kulturelle Nähe begründet, wie auch aufgrund der engen Wirtschaftsverbindungen der Gegenwart und der Tatsache, dass viele Migranten aus (Süd-)Osteuropa in Österreich leben. Es geht somit um den

Rückbezug auf einen bestimmten, historisch geprägten Raum, der eng mit der Geschichte der österreichischen Nation verbunden und so als Teilaspekt von Nationalität aufrechterhalten wird.

Der Stellenwert, den solche Formen historischer und ökonomisch kontextualisierender nationaler Rückbezüge in der journalistischen Praxis haben, schlägt sich bei den Zeitungen *Die Presse* und *Kleine Zeitung* in der Zeitungs- und Redaktionsorganisation nieder. So unterhält *Die Presse* im Wirtschaftsteil einen „eigenen *East Economist*", d. h. eine spezielle Unterrubrik für die Behandlung von Wirtschaftsnachrichten aus Osteuropa, was ein Redakteur damit begründet, „dass [Osteuropa] von Wien aus doch nach wie vor als Wirtschaftsgebiet wahnsinnig interessant ist" (EU-Redakteur, *Die Presse*, A). Oder eine Politik-Redakteurin der *Kleinen Zeitung* begreift den festen Korrespondenten in Zagreb als „eine Tradition, weil der osteuropäische Raum für uns immer wichtiger wird" (Politik-Redakteurin, *Kleine Zeitung*, A).

Der zweite Österreich-spezifische Aspekt der Herstellung nationaler Rückbezüge ist, dass immer wieder nicht nur die österreichische Nation insgesamt Referenz ist, sondern zusätzlich einzelne Regionen Österreichs. In der Alltagspraxis österreichischer Journalistinnen und Journalisten treten demnach – weit mehr als in den anderen von uns untersuchten Ländern[26] – regionale Rückbezüge neben nationale. Laut unseren Interview-Partnerinnen und -Partnern lässt sich dies vor allem auf die starke Konkurrenzsituation des österreichischen Zeitungsmarkts mit dem deutschen Zeitungsmarkt zurückführen, „der dieselbe Sprache spricht und zugleich zehnmal größer ist" (Chefredakteur, *Die Presse*, A). Wir sehen hier, wie politische und ökonomische Regulationen nationale politischer Diskurskulturen prägen können.

In *Deutschland* haben nach unserer Beobachtung und Darstellung der Journalistinnen und Journalisten im Produktionsprozess vor allem direkte nationale Rückbezüge in der EU-Berichterstattung einen großen Stellenwert. Diese werden besonders stark von Journalistinnen und Journalisten der *Bild* betont, was sich ebenfalls in redaktionellen Zuständigkeiten manifestiert. So ist bei der *Bild* der nationale Rückbezug der Europaberichterstattung dadurch fest institutionalisiert, dass die EU und europäische Auslandsberichterstattung in den Verantwortlichkeiten der nationalen Politik-Redakteure liegt. Begründet wird dies damit, dass „EU-Themen ganz stark aus dem Kanzleramt bearbeitet werden […] [oder durch] das Außenministerium und den Außenminister" (Politik-Redakteur, *Bild*, D).

Mit Blick auf die ‚Intensität' dieser nationalen Rückbezüge zeigt sich, dass diese für Mitarbeiterinnen und Mitarbeiter der Redaktionen in Brüssel einerseits und Journalistinnen und Journalisten in den ‚Heimatredaktionen' andererseits einen unterschiedlichen Stellenwert haben: Für die Korrespondentinnen und

5.1 Nationale Rückbezüge

Korrespondenten in Brüssel hat die Berichterstattung über Europa eine viel größere Bedeutung als für die Mitglieder der ‚Heimatredaktionen'. Einiges an Konfliktpotenzial steckt dabei sogar aus Sicht der in Deutschland Arbeitenden in der Nicht-Berücksichtigung nationaler Rückbezüge in der Arbeitspraxis der Brüsseler Korrespondentinnen und Korrespondenten.[27] Pointiert fasst ein Redakteur der *FAZ* diese „Kluft zwischen den Brüssel-Korrespondenten und den Heimatredaktionen" in folgender Formulierung zusammen: „Verständnis und Geduld mit EU bei den Korrespondenten und Unverständnis und Ferne der Redaktion bezüglich der EU" (Wirtschaftsredakteur, *FAZ*, D). Und auch für einen Redakteur der *SZ* hat „die Welt in Brüssel […] eine Eigenlogik […], was Themen und deren Platzierung betrifft" (Außenpolitik-Redakteur, *SZ*, D).

Die Spezifika der nationalen Rückbezüge in Deutschland können also darin gesehen werden, dass diese – durchaus im Gegensatz zu den (nicht selten einflussreichen) Brüsseler Korrespondenten – eher direkt und stärker für das tagespolitische Geschehen erfolgen. Eine historisch-nationale, indirekte Kontextualisierung hat einen eher untergeordneten Stellenwert und greift aus Sicht der Journalistinnen und Journalisten nur dann, wenn eine Beziehung zum Zweiten Weltkrieg und der nationalsozialistischen Vergangenheit Deutschlands im Raum steht. Der Konflikt zwischen den Redaktionen ihrer EU-Korrespondentinnen und Korrespondenten verdeutlicht aber auch, dass indirekte Rückbezüge auf der Ebene der Arbeitspraktiken in den Heimatredaktionen weiterhin eine wichtige Rolle spielen.

Die politische Diskurskultur *Dänemarks* wird im Gespräch mit den von uns Interviewten als durch ein nur geringes Interesse an EU- und Auslandsberichterstattung gekennzeichnet beschrieben. Dies geht Hand in Hand mit einer starken Ausprägung von direkten und indirekten nationalen Rückbezügen. Journalistinnen und Journalisten berichten unter anderem, dass sie aktuelle Ereignisse von vornherein auf ihre thematisch-inhaltliche Anschlussfähigkeit hin ‚sieben'. Auf diese Weise werden nur solche europäischen Ereignisse Teil des dänischen Zeitungsdiskurses, die einen offensichtlichen Rückbezug zum aktuellen nationalen politischen Geschehen Dänemarks direkt erkennen lassen. Einer der von uns interviewten Journalisten geht sogar so weit, von einer „Art Selbst-Zensur" zu sprechen:

> „Mit Blick auf die EU oder europäische Perspektive gibt es vielleicht so eine Art Selbst-Zensur. Als Journalist weiß ich, dass die internationale Agenda dem Leser nicht einfach zu vermitteln ist. Sie wollen in der Regel etwas Konkretes im Zusammenhang mit innenpolitischen Alltagsthemen. […] In diesem Sinne vermeide ich die internationale Perspektive – vielleicht ein Dilemma" (Außenpolitik-Redakteur, *Berlingske Tidende*, DK).

Während die Journalistinnen und Journalisten in den weiteren von uns untersuchten europäischen Ländern die innenpolitische Bedeutung von EU-Entscheidungen *voraussetzen*, ist für die dänische politische Diskurskultur eine andere Orientierung prägend: Dänische Journalistinnen und Journalisten sehen es in wesentlich stärkerem Maße als ihre *Aufgabe* an, durch breite indirekte nationale Rückbezüge die innenpolitische Relevanz der EU erst herzustellen, was von ihnen selbstkritisch reflektiert wird. So stellt der Außenpolitik-Redakteur von *Politiken* im Interview fest, dass dänische Journalistinnen und Journalisten sich „in der Regel zu sehr darauf [konzentrieren], ihre Geschichte in einer nationalen Perspektive zu präsentieren" (Außenpolitik-Redakteur, *Politiken*, DK). Und ein anderer Redakteur des *Ekstra Bladet* formuliert für seine Zeitung, „Argumente von EU-Referenten der unterschiedlichen dänischen Parteien haben […] mehr Bedeutung als das, was im Europäischen Parlament gesagt wird" (Politik-Redakteur, *Ekstra Bladet*, DK). Pointiert formuliert kann man also sagen, „wenn dänische Zeitungen endlich über EU-Themen schreiben, dann immer aus einer innenpolitischen Perspektive" (Gastautorin, EU-Parlamentsmitglied, *Jydske Vestkysten*, DK).

Andere Momente wiederum kennzeichnen die politische Diskurskultur *Frankreichs*. Die von uns bei den verschiedenen französischen Zeitungen interviewten Journalistinnen und Journalisten sind sich mit Blick auf EU-Themen sehr bewusst, dass europapolitische Entscheidungen direkte Konsequenzen für die französische Innenpolitik und die Alltagsrealität der französischen Bürgerinnen und Bürger haben. Ebendiese Konsequenzen gelte es, in der Berichterstattung auszuleuchten und zu erklären sowie direkt auf das tagespolitische Geschehen rückzubeziehen. Reflektierende Formulierungen, die die Journalistinnen und Journalisten zur Beschreibung ihres Handelns diesbezüglich finden, lauten etwa: „Offensichtlich ist die Europäische Union etwas immer Wichtigeres oder Zentrales geworden. Es gibt eine direkte Linie zur französischen Innenpolitik" (EU-Redakteur, *Le Monde*, F). Oder es ginge im eigenen Schreiben darum, „die Bedeutung der EU für die alltägliche Realität der Menschen zu beleuchten" (Politik-Redakteur, *Ouest France*, F). Solche reflektierenden Äußerungen decken sich mit unseren Beobachtungen der Arbeitspraxis der Journalistinnen und Journalisten.

Gleichwohl kann dies nicht nur durch direkte Rückbezüge geschehen, sondern bedarf auch einer indirekten Bezugnahme. Besonders deutlich wird dies an unseren Beobachtungen der zum Teil ausführlichen Berichterstattung über innenpolitische Entwicklungen im EU-Ausland. Die französischen Journalistinnen und Journalisten legitimieren ihre Reportagen über die Entwicklungen von Links-Parteien oder einzelner Parlamentswahlen in den EU-Nachbarländern – die für sie eigentlich keinen Wert an sich haben – indem sie argumentieren, dass sich aus

5.1 Nationale Rückbezüge

solchen Entwicklungen im Ausland mittelfristig immer auch Folgen für die französische Innenpolitik ableiten lassen. Im Grunde, so der EU-Redakteur von *Le Monde*, stelle französische Innenpolitik zunehmend eine Reaktion darauf dar, was in anderen Ländern diskutiert und entschieden wird, „ein Echo dessen, was bei den Skandinaviern, in Deutschland und in den anderen Ländern passiert" (EU-Redakteur, *Le Monde*, F).

Daneben zeichnet sich das Handeln in den von uns untersuchten französischen Redaktionen durch spezifische Formen historisch kontextualisierender Rückbezüge aus. Die französischen Journalistinnen und Journalisten stellen indirekte Bezüge insbesondere mit Blick auf solche Themen und Ereignisse her, die die französischen Ex-Kolonialstaaten bzw. das nördliche Afrika betreffen. Dass die Berichterstattung über Nordafrika und die dortige politische Entwicklung ein besonderes Anliegen in Frankreich ist, gründet laut der von uns interviewten Journalistinnen und Journalisten einerseits in der breiten Verankerung nordafrikanischer Migrantinnen und Migranten in Frankreich sowie andererseits in einem gewissen historischen Verantwortungsgefühl. Und auch für Europa werde Afrika als eine „Region [...] in voller Entwicklung und in voller Transformation" (Chefredakteur, *Le Monde*, F) begriffen, die deshalb einer Berücksichtigung in der Berichterstattung bedarf. Die koloniale Vergangenheit wird so in die gegenwärtige politische Diskurskultur eingeschrieben.

Eine weitere Besonderheit der politischen Diskurskultur in Frankreich ist, dass der nationale Rückbezug der Journalistinnen und Journalisten stark vergleichend ist. Ihnen geht es darum, Frankreich in die Reihe anderer europäischer Nationen zu stellen. Entsprechend nehmen französische Journalistinnen und Journalisten bestimmte Auslandsereignisse zum Anlass, um diese mit einem aktuellen nationalen Problem zu vergleichen bzw. ein nationales innenpolitisches Problem mit Alternativlösungen aus dem Ausland zu konfrontieren. Für den Chefredakteur der Boulevardzeitung *Le Parisien* ist die Frage, ob ein Auslandsereignis ein interessantes Vergleichsmoment für Frankreich darstellen kann, sogar ein entscheidendes Selektionskriterium für die Berichterstattung. Es geht ihm darum, „ein ausländisches Beispiel zu geben, das den Franzosen zum Nachdenken dienen kann" (Chefredakteur, *Le Parisien*, F). Und selbst bei eher ‚globalen' Themenkomplexen wie der Finanzkrise und der Klimaerwärmung rücken französische Journalistinnen und Journalisten im Vergleich zu den anderen untersuchten Ländern wesentlich ausgeprägter die *Vielfalt* der jeweils nationalen Problemlösungen als Lernbeispiel für die *eigenen* innenpolitischen Entscheidungen in den Fokus der Berichterstattung. Gerade im Ermöglichen eines solchen auf verschiedene Nationen bezogenen Vergleichshorizonts sehen die EU-Redakteure in den von uns erforschten französischen Zeitungen ihre Aufgabe: „Unsere Rolle besteht ein bisschen darin, deutlich zu machen, welche Kompromiss-Möglichkeiten es gibt" (EU-Redakteur, *Le Monde*, F).

In *Großbritannien* wird in Bezug auf die EU und das europäische Ausland eine politische Diskurskultur der nationalen Ambivalenz greifbar. Die andauernde kontroverse Debatte um eine mögliche Euro-Einführung wird gerne zum Anlass genommen, den europäischen Einigungsprozess für eine spezifische ‚nationale Leserschaft' aufzubereiten. Es geht in einer kritisch auf das Nationale bezogenen Berichterstattung – wie es ein Journalist der Times formuliert – um die „großen Themen: Wird Großbritannien den Euro einführen? Ist das vom Tisch? Sind wir besorgt darum?" (Außenpolitik-Redakteur, *The Times*, GB).

Spezifisch für die Produktionspraxis der britischen Journalistinnen und Journalisten sind vor allem zwei Aspekte. Erstens eignen sich in ihrer Sicht eher Geschehnisse in den USA bzw. Nordamerika für nationale Rückbezüge als solche in Europa. So charakterisieren britische Journalistinnen und Journalisten weniger das Geschehen in der EU denn das in den Vereinigten Staaten als unmittelbar relevant für Großbritannien. Dementsprechend sehen sie die politische Institution EU nur als einen ‚Globalakteur', einer „von vielen wichtigen Playern auf der Weltbühne" (Chefredakteur, *Financial Times*, GB) an. Das Argument ist, dass „in Zeiten unipolarer Machtgefüge, [...] das, was in den USA passiert, jedermann [betrifft]" (Außenpolitik-Redakteur, *The Times*, GB).

Zweitens stellen Journalistinnen und Journalisten in Großbritannien indirekte Rückbezüge häufig auf humorvoll-satirische Weise her, die schon in der eigenen Arbeit eine Quelle des Amüsements darstellen. Dies kommt insbesondere im Rahmen der Produktion von Nachrichten über die EU-Nachbarländer zum Tragen. Das europäische Ausland dient den Journalistinnen und Journalisten als Ressource für absurde und humorvolle Geschichten, die im journalistischen Produktionsprozess sodann bewusst und unter Konstruktion eines eher zynischen ‚britischen' Humors mit dem nationalen Selbstbild wie auch mit der britisch distanzierten Haltung gegenüber dem Rest der EU in Zusammenhang gebracht werden. Es geht darum, „jeden Tag etwas [zu] haben, das leicht ist" (Chefredakteur, *The Times*, GB) und Europa wird dafür als profunde Quelle angesehen.

Wie bereits angeklungen, sind nationale Rückbezüge in *Polen* ebenfalls ein ausgeprägtes Moment der journalistischen Praxis. Im Einzelfall können hier Praktiken des Rückbeziehens bestehen, in deren Rahmen Themen der EU bzw. des europäischen Auslands ihren inter- bzw. transnationalen Charakter gänzlich verlieren und eher als ‚innenpolitisches Geschehen' erscheinen. So ist es durchaus üblich, Konflikte zwischen Polen und der EU sehr ausgeprägt vor dem Gegensatz der unterschiedlichen polnischen Interessengruppen zu verhandeln. Bezogen auf einen EU-Gipfel im Jahr 2008 spricht eine der von uns interviewten Journalistinnen und Journalisten sogar davon, dass „alle Medien, gewollt oder ungewollt, [...] Sklaven der polnischen Innenpolitik geworden [sind]" (Gastautorin, TV-Korrespondentin, *Fakt*, PL), indem sie über diesen Gipfel ausschließlich in der Rahmung des Konflikts zwischen dem polnischen Premier und Präsidenten berichtet haben. Auch wenn ein solcher Extremfall die Ausnahme bildet, steht er doch exemplarisch für die ausgeprägte Nationalisierungspraxis der polnischen Journalistinnen und Journalisten, die die nationale Innenpolitik zum Hauptreferenzpunkt der Auslandsberichterstattung machen.

Von den polnischen Journalistinnen und Journalisten werden – ähnlich wie in Frankreich – nationale Rückbezüge in der EU- und (europäischen) Auslandsberichterstattung insbesondere über Vergleiche hergestellt. Bezogen auf den west-, mittel- und osteuropäischen Raum sind aus dieser Sicht Vergleiche zwischen eigener nationaler und ausländischer Realität ein plausibles Instrument, um außenpolitische Berichterstattung auf die Agenden zu setzen und zu gestalten. So beispielsweise im Fall der Berichterstattung über die Parlamentswahlen in Tschechien. Die Ähnlichkeit mit der Wahlsituation kurz zuvor in Polen machte das Thema für die Journalistinnen und Journalisten relevant, wobei es darum ging, die Ergebnisse als „eine vergleichbare Situation wie in Polen" (Außenpolitik-Redakteurin, *Rzeczpospolita*, PL) zu behandeln.

Bereits dieses Beispiel verweist auf eine spezifische polnische Praxis des nationalen Rückbezugs durch eine entsprechende Historisierung. Hier geht es insbesondere um die Herstellung von Bezügen zwischen aktuellem europäischen Geschehen und der Vorstellung der eigenen Geschichte als Nation, beispielsweise im Hinblick auf die Vertriebenen- und Entschädigungsproblematik, die Besetzung Polens während der Naziherrschaft, die Unterdrückung während des Kommunismus oder mit all dem einhergehend territoriale und statusmäßige Verluste. Solche (möglichen) Horizonte von historischen Rückbezügen prägen bereits die Themenwahl der Journalistinnen und Journalisten, die insbesondere auch das östliche Europa jenseits der EU einschließt. Am Beispiel von Weißrussland formuliert einer der interviewten Journalistinnen und Journalisten, dass „Themen, die Weißrussland angehen, [...] interessant für Polen [sind], da eine historische Verbindung besteht: Teile Weißrusslands sind einmal Teil Polens gewesen" (Außenpolitik-Redakteur, *Gazeta Wyborcza*, PL).

Versucht man, ausgehend von solchen Analysen ein erstes Zwischenergebnis im Hinblick auf die Praxis des nationalen Rückbezugs in den sechs Untersuchungsländern zu ziehen, so ist dies entlang von drei Punkten möglich.

Erstens werden die nationalen politischen Diskurskulturen aller sechs Länder dadurch im Handeln der Journalistinnen und Journalisten re-artikuliert, dass direkte und indirekte nationale Rückbezüge fortlaufend die journalistische

Praxis durchziehen. Das heißt, die EU und ihr politisches Entscheidungshandeln wie auch das europäische Ausland werden als in unterschiedlichen Graden relevant *für die jeweils eigene Nation* kontextualisiert. Nationale Rückbezüge sind das selbstverständliche Fundament des Doing Nation in der journalistischen Praxis.

Zweitens ist die journalistische Praxis, nationale Rückbezüge in der Europaberichterstattung herzustellen, besonders stark in den politischen Diskurskulturen Dänemarks und Polens ausgeprägt. Dort haben diese Rückbezüge teilweise solche Ausprägungen, dass Europa als ursprünglicher Anlass der Berichterstattung in der journalistischen Tätigkeit nahezu verloren geht. Darüber hinaus wird die Möglichkeit der Konstruktion eines nationalen Rückbezugs bisweilen gar zum entscheidenden Selektionskriterium für die entsprechende Nachricht.

Drittens haben unsere Analysen verdeutlicht, dass die spezifischen Ausprägungen nationaler politischer Diskurskulturen vor allem in der *Art der historischen und gegenwärtigen Kontextualisierung* durch indirekte nationale Rückbezüge greifbar werden – also über indirekte nationale Rückbezüge. Dies verweist auf einen charakteristischen, je nationalen Zugang zur EU bzw. zum europäischen Ausland, durch den der national-historisierende politische Diskurs als solcher hergestellt wird. So wird bei der Diskussion von Europathemen beispielsweise in Polen auf den Kommunismus und Nationalsozialismus verwiesen, während die Journalistinnen und Journalisten in Frankreich über die Afrikaberichterstattung Bezüge zum Kolonialismus herstellen. In Österreich dagegen konkretisieren sich nationale Rückbezüge insbesondere in Form von Rückbezügen auf das historische Habsburg und die Region. Und während in Großbritannien die Herstellung humorvoller Bezüge ebenso wie die distanzierte Europa-Einstellung im Rahmen der Berichterstattung über das europäische Ausland zum Tragen kommt, fällt in Deutschland schließlich eine Kontextualisierung stark in Bezug auf die Gegenwart auf. In all diesen Ländern geschieht also ein ausgeprägtes Doing Nation in der journalistischen Praxis mit einer je unterschiedlichen Definition dessen, was „Nation" ist.

5.2 Transnationale Kontextbezüge

Die in gewissem Sinne spiegelbildliche Praxis zu nationalen Rückbezügen sind *transnationale Kontextbezüge*. Hiermit bezeichnen wir die journalistische Praxis, die Nation im Transnationalen zu kontextualisieren. Ähnlich wie auch im Hinblick auf unsere Inhaltsanalysen der Transnationalisierung von Öffentlichkeit in Kapitel 4, operieren wir an dieser Stelle mit einem breiten Begriff des Transnationalen. Versteht man unter Transnationalisierung allgemein die „extension of so-

5.2 Transnationale Kontextbezüge

cial spaces, which are constituted by dense transactions, beyond national borders without necessarily being global in scope" (Zürn 2000: 197)[28] und fügt hinzu, dass bei Prozessen der Transnationalisierung ‚Nation' als (wenn auch durchschrittene) Referenzgröße bestehen bleibt, so können wir transnationale Kontextbezüge in der journalistischen Praxis weiter wie folgt konkretisieren: Letztlich handelt es sich dabei um all solche Bezugnahmen auf politische Handlungsräume, die jenseits des Nationalen liegen, wofür Europa im Kontext unserer Analysen das zentrale Beispiel ist.[29] Transnationale Kontextbezüge zielen darauf ab, nationale Ereignisse und Entwicklungen vor einem transnationalen Hintergrund zu berichten, in diesem Rahmen zu verorten und damit *das Nationale selbst* verständlicher zu machen. Im Unterschied zu den im vorherigen Abschnitt beschriebenen nationalen Rückbezügen geht es also um die Berichterstattung des Nationalen in einem im geographischen Sinne weitergehenden politischen Raum (der EU, der Nato, etc.).

Mit *Kontext des Transnationalen* bezeichnen wir somit neben der EU bzw. den europäischen Ländern auch weitere Länder und Regionen der Welt, wobei wir stets die Relation dieser weiteren Länder und Regionen zu Europa reflektieren. Mit *Europa* fassen wir sowohl die EU als auch das europäische Ausland, was begrifflich dem entspricht, dass die Journalistinnen und Journalisten in ihrer Alltagssprache und -praxis die EU und das europäische Ausland als ein Gesamt behandeln.[30] Die Journalistinnen und Journalisten ordnen sich dabei selbst, ihr journalistisches Handeln und ebenso nationale Ereignisse bzw. Entwicklungen in diesen sozialräumlich weiterreichenden Kontext ein. Es wird nicht gefragt, wie eine EU- oder auslandsbezogene Nachricht im nationalen Zusammenhang relevant sein kann. Sondern umgekehrt: Wie sind wir als Nation im Rahmen bestimmter Ereignisse und Konstellationen in einem transnationalen Zusammenhang zu verorten?

Wiederum realisieren Journalistinnen und Journalisten transnationale Kontextbezüge auf zweierlei Arten, nämlich direkt und indirekt. Bei *direkten transnationalen Kontextbezügen* wird die eigene Nation explizit in einen Zusammenhang mit transnationalen Ereignissen und Entwicklungen gestellt. Bei *indirekten transnationalen Kontextbezügen* wird das Transnationale ohne einen explizit vollzogenen Bezug auf die jeweilige Nation behandelt. Das heißt, der Aspekt der Nationalisierung tritt gleichsam in den Hintergrund, oder anders formuliert: Die wahrgenommene Relevanz des Transnationalen für die Nation manifestiert sich *beiläufig* in der Tatsache, dass Journalistinnen und Journalisten über transnationale Zusammenhänge im nationalen politischen Diskurs berichten.

Diese Überlegungen sollten bereits verdeutlichen, dass beide Formen transnationaler Kontextbezüge – direkte oder indirekte – auf eine journalistische Verortung der jeweiligen Nation im transnationalen Zusammenhang verweisen und damit auf die Konstruktion transnationaler Räume. Auch da, wo es um die Behandlung des Transnationalen als solches zu gehen scheint, bleibt für die Journalistinnen und Journalisten in ihrer täglichen Praxis aber das Nationale der entscheidende Referenzpunkt. Insofern sind – wenn auch nicht immer auf explizite Weise – transnationale *Kontext*bezüge ebenfalls Teil des journalistischen Doing Nation.

So finden sich in den Produktionspraktiken der Journalistinnen und Journalisten in *Österreich* transnationale Kontextbezüge häufig ohne expliziten Nationalbezug, also in Form indirekter Kontextualisierung. Das heißt, Ereignisse und Entwicklungen im transnationalen Raum werden – so unsere Beobachtungen und die Selbstdarstellungen der Journalistinnen und Journalisten in den Interviews – ausgeleuchtet, analysiert und berichtet. Jedoch stehen dabei weder eine explizite Positionierung Österreichs im transnationalen Gefüge noch der Verweis auf transnationale Zusammenhänge im Rahmen innenpolitischer Berichterstattung im Vordergrund. Entsprechend charakterisiert der für Europa zuständige Redakteur der Tageszeitung *Die Presse* den inner- und außereuropäischen Raum als Horizont von „Themen, die klar immer interessant sind" (EU-Redakteur, *Die Presse*, A).

Insbesondere mit Blick auf die EU sowie den europäischen Integrationsprozess treffen wir dagegen aber immer wieder auf indirekte transnationale Kontextbezüge im Rahmen der österreichischen Berichterstattungspraxis. So stellte beispielsweise für einen von uns befragten Journalisten das ablehnende Referendum der irischen Bevölkerung über den EU-Reformvertrag im Herbst 2008 einen willkommenen Anknüpfungspunkt für Hintergrundberichte und Analysen zur Zukunft des europäischen Einigungsprozesses als solchen und unabhängig von Österreich dar, um „die Hintergründe aufzubereiten oder auch die Frage zu stellen, […] welchen Einfluss […]die USA auf diese Entwicklung [hat]" (EU-Redakteur, *Die Presse*, A). In vergleichbarer Weise kann die Einschätzung einer Journalistin gewertet werden, die die Vermittlung von für sich stehenden transnationalen Ereignissen und Zusammenhängen als eine grundlegende journalistische Aufgabe ansieht, wenn sie formuliert: „es ist wichtig, den Menschen ein Bild übers Ausland zu vermitteln […] [,] ein Beitrag zur Völkerverständigung" (Außenpolitik-Redakteurin, *Kleine Zeitung*, A).

Ähnlich haben für Journalistinnen und Journalisten in *Deutschland* indirekte transnationale Kontextbezüge einen höheren Stellenwert als direkte. Exemplarisch wird dies am Handeln der Redakteure der *FAZ* greifbar. Die selbstverständliche Selbsteinordnung im Transnationalen (oder gar Globalen) mit Blick auf die eigene Tätigkeit als Journalistinnen und Journalisten zeigt sich in der Europa- und weiteren Auslandsberichterstattung sowie in ihrem Bezug zum Publikum. Wichtig aus Perspektive der Journalistinnen und Journalisten ist die *Einordnung* von europäischen Ereignissen oder Nachrichten, als deren Teil man sich bzw. die eigene Nation versteht, *in* einen transnationalen Zusammenhang und damit die Konstruktion desselben. Gerade beim „Gang der Dinge in Europa oder in der Welt" besteht bei einzelnen Redakteuren der *FAZ* auch die Bereitschaft, das, was man in einer gewissen „elitären Überheblichkeit für wichtig" (Außenpolitik-Redakteur, *FAZ*, D) hält, den Lesenden zuzumuten. Europa wird der eigenen Arbeitsauffassung nach selbstverständlich in einem transnationalen Zusammenhang eingeordnet und steht damit gleichermaßen auf den journalistischen Agenden wie andere transnational relevante Themenbereiche, bspw. die Weltwirtschaftskrise. Aber nicht nur bei der *FAZ*, sondern auch bei der *Bild* wird der transnationale Kontextbezug ohne expliziten nationalen Rückbezug verhandelt. Allerdings interessieren im Fall der Boulevardzeitung weniger globale Entwicklungen als solche, sondern mehr durch diese veursachte Betroffenheit des ‚kleinen Mannes'. Im Gespräch mit deutschen Journalistinnen und Journalisten wird ersichtlich, wie aufmerksam Entwicklungen jenseits des Nationalen beobachtet werden und das Transnationale so hergestellt wird. Statements wie „wenn Europa was macht, dann guckt man sich das an, ist das relevant, ist es nicht" (Feuilleton-Redakteur, *FAZ*, D) stehen für eine solche Orientierung der journalistischen Handlungspraxis.

Journalistinnen und Journalisten in *Dänemark* stellen transnationale Kontextbezüge auf den ersten Blick in ganz ähnlicher Weise wie ihre deutschen und österreichischen Kollegen her – d. h. es dominieren indirekte transnationale Kontextbezüge ohne expliziten nationalen Rückbezug. Die nähere Auseinandersetzung mit den Produktionspraktiken der Journalistinnen und Journalisten verdeutlicht gleichwohl, dass die Gründe für diese Ausprägung auf einer anderen Ebene als im deutschen Fall zu verorten sind. Während in Deutschland und Österreich eine zunehmende transnationale Orientierung der Journalistinnen und Journalisten für diesen Effekt verantwortlich scheint, haben wir es im dänischen Fall eher mit einer Distanzierungstendenz gegenüber der Europäischen Union zu tun. Transnationale Kontextbezüge werden deshalb ohne expliziten Nationalbezug hergestellt, um sich so gegenüber dem Transnationalen abzugrenzen bzw. die eigene Nation bewusst aus solchen Zusammenhängen herauszunehmen. Das Transnationale wird von den Journalistinnen und Journalisten als ein Bereich wahrgenommen und berichtet, zu dem der man sich positionieren und verhalten kann, bei dem der man aber nicht unbedingt selbstverständlich dazu gehört. Das zeigt sich beispielsweise an der Klimadebatte, die durch die Veranstaltung der UN-Klimakonferenz 2009 in Kopenhagen verstärkt Gegenstand der journalistischen Aufmerksamkeit in Dänemark geworden ist. Aussagen wie die eines Brüssel-Korrespondenten der Zeitung *Politiken* verdeutlichen, dass die Klimadebatte zwar Themen berührt, die auch in Dänemark als wichtig erachtet werden, doch steht die Verortung Dänemarks als Teilnehmer oder Akteur in dieser Debatte eher im Hintergrund.

In *Frankreich* manifestiert sich die Haltung der Journalistinnen und Journalisten, dass das Transnationale zunehmend relevant für die eigene Nation ist und herausragender Gegenstand der Berichterstattung sein sollte, strukturell auf Ebene der Redaktionsorganisation. So wurde etwa bei *Le Monde* das Europa-Ressort im Nachgang der europäischen Verfassungsdebatte (und des gescheiterten französischen Referendums), in deren Verlauf es eine enge Zusammenarbeit zwischen außen- und innenpolitischem Ressort gegeben hatte, aus dem außenpolitischen Ressort herausgelöst und in das innenpolitische Ressort hinein verlagert. Das auf diese Weise neu entstandene Ressort „Europe-France" (EU-Redakteur, *Le Monde*, F) behandelt fortan sowohl die französische Innenpolitik als auch europapolitische Angelegenheiten. Damit soll die Verknüpfung beider Themenbereiche besser handhabbar gemacht sowie außerdem Synergieeffekte im Rahmen des Produktionsprozesses besser genutzt werden.

Transnationale Kontextbezüge werden von den französischen Journalistinnen und Journalisten weit über Europa hinaus hergestellt; sie sind in einer ‚globalen' Orientierung wichtig für die von uns interviewten französischen Journalistinnen und Journalisten. So verstehen es diese als ihre Aufgabe, ‚die Globalisierung' – in deren Prozessverlauf Frankreich als ‚globaler' Akteur verstanden wird – samt ihrer gesellschaftlichen und sozialen Folgen zu beleuchten, zu analysieren und der nationalen Leserschaft zugänglich zu machen. Es geht darum, „die Entwicklungen darzustellen, die den Zustand des Planeten Erde beeinflussen: die humanen Entwicklungen wie z. B. die großen Migrationsströme, die wissenschaftlichen Entwicklungen, die medizinischen Entwicklungen, die umweltbezogenen Entwicklungen – also das Klima, die Entwicklungen in der Rohstoff-Forschung. Kurzum alles, was den Zustand des Planeten verändert" (Chefredakteur, *Le Monde*, F). In einzelnen Momenten journalistischer Praxis werden aus ‚transnationalen' gar ‚globale' Kontextbezüge, d. h. solche, in denen die zunehmende globale Konnektivität ins Zentrum gerückt wird. Tendenziell dominant bleiben in der französischen politischen Diskurskultur jedoch direkte transnationale Kontextbezüge: Die Journalistinnen und Journalisten stellen nach unserer Beobachtung und der Selbstreflexion in den Interviews die eigene Nation nicht nur als Teil einer europäischen oder globalen Ordnung dar, sondern darüber hinaus betonen sie, dass das Nationale ohne den Bezug auf das Transnationale mittlerweile nicht mehr verstehbar sei.

In den Arbeitspraktiken der Journalistinnen und Journalisten in *Großbritannien* treten transnationale Kontextbezüge ebenso wie in Dänemark vorwiegend

5.2 Transnationale Kontextbezüge

in indirekter Form auf. Das heißt, Bezugnahmen auf das Transnationale und damit kommunikative Konstruktionen desselben werden meist ohne expliziten Nationalbezug hergestellt. Die Beweggründe der Journalistinnen und Journalisten sind allerdings differenziert zu betrachten. So stellen Bezugnahmen auf das Transnationale aus Sicht von Redakteuren der Zeitung *The Times* eine Art Qualitätsmerkmal der Berichterstattung dar, die den britischen Leserinnen und Lesern zudem das Gefühl vermitteln können, Mitglied einer transnationalen Vergemeinschaftung zu sein, gleichwohl in einem ‚britischen Blick' auf die Weltgeschichte mit einer Tradition von „200 Jahren [...] gute Auslandsberichte bei der Times" (Außenpolitik-Redakteur, *The Times*, GB).

Charakteristisch für Journalistinnen und Journalisten aus *Polen* sind transnationale Kontextbezüge mit starker Referenz auf die eigene Nation. In den Interviews werden überwiegend direkte transnationale Kontextbezüge als typische Form journalistischer Praxis beschrieben. In der Eindeutigkeit dieses Befunds stehen die polnischen Journalistinnen und Journalisten im europäischen Vergleich weitestgehend allein da. Ein Beispiel, das diesen Zusammenhang illustriert, ist die Darstellung des EU-Außenpolitik-Projekts der ‚Östlichen Partnerschaft': Aus dem Ziel, den Nachbarn im Osten der EU eine besondere Möglichkeit der Kooperation zu geben, entwickelte sich das außenpolitische Konzept, das von Polen initiiert und von Schweden unterstützt wurde. Bemerkenswert ist die Sicht der Journalistinnen und Journalisten hierauf, für die es bei der transnationalen Referenz weniger um die „EU-Beziehungen" im Allgemeinen geht, sondern um „die Ostpartnerschaft für Polen [, die] aus strategischen Gründen wichtig" (Brüssel-Korrespondentin, *Rzeczpospolita*, PL) erscheint.

Für polnische Journalistinnen und Journalisten ist es also entscheidend, explizit die Rolle ihrer eigenen Nation in den transnationalen Kontext einordnen – oder umgekehrt: zu klären, welchen Stellenwert das Transnationale oder gar das Globale für Polen hat. So betont ein Journalist, wie wichtig es für polnische Journalisten ist, transnationale Zusammenhänge aus ihrer nationalen Perspektive im Blick zu behalten, wobei hier im Kern die USA als Weltmacht-Nation interessiert. Die Begründung ist, dass „das Schicksal Polens [...] davon abhängig [ist], wer in Washington regiert, und die Tatsache, wer in Holland regiert, beeinflusst allerhöchstens das Schicksal von Polen, die dort arbeiten" (EU-Redakteur, *Gazeta Wyborcza*, PL).

Das Transnationale als ein eigenständig zu behandelndes Phänomen setzt sich in der Arbeitspraxis polnischer Journalistinnen und Journalisten aber allenfalls durch, wenn es um herausgehobene Einzelereignisse geht wie beispielsweise die Stimmungslage unter Europäern zur Finanzkrise. In solchen Momenten ist es möglich, dass sie Polen als Teil eines ‚europäischen Wir' sehen, in dem insgesamt für „die Europäer [...] die Finanzkrise [...] großen Einfluss auf unser alltägliches Leben" (Redakteurin, *Rzeczpospolita*, PL) hat.

Wie können wir nun diese Analysen vorläufig zusammenfassen? Zu Beginn dieses Abschnitts haben wir argumentiert, dass die Unterscheidung transnationaler Kontextbezüge in direkt und indirekt einen weiteren Zugang zur Differenz nationaler politischer Diskurskulturen eröffnet. In der Zusammenschau der sechs untersuchten Länder konkretisiert sich dies. Insbesondere der Fall Dänemark zeigt, dass – auch wenn Journalistinnen und Journalisten transnationale Kontextbezüge ohne nationale Referenz herstellen und so in ihrer Berufspraxis einen transnationalen Raum konstruieren – dies nicht unbedingt mit einer transnationalen Orientierung oder Offenheit gleichzusetzen ist. Im Gespräch mit diesen wird deutlich, dass sie Dänemark eher aus dem transnationalen Kontext herauslösen, indem sie politische Problemlagen zu Ungunsten der EU ‚ex-', oder vielleicht konkreter ‚re-territorialisieren'. In Ländern wie Österreich oder Deutschland dagegen haben wir es neben transnationalen Kontextualisierungen mit journalistischen Praktiken zu tun, die einen ganz anderen Charakter aufweisen: Die befragten Journalistinnen und Journalisten sehen sich eher als Analysten staatenübergreifender Entwicklungen und sehen sich als privilegiert, diese als solche beobachten und deuten zu können.

Zu den Ländern, in denen Journalistinnen und Journalisten transnationale Kontextbezüge vorrangig als expliziten Einordnungsrahmen für nationale Ereignisse oder Konstellationen herstellen, gehören Dänemark, Frankreich und Polen. Zugleich aber zeigt sich mit Blick auf die jeweiligen nationalen politischen Diskurskulturen, dass die Herstellung dieser Bezüge unterschiedlich geschieht. Während französische Journalistinnen und Journalisten auf die Einordnung ihrer Nation als Teil einer internationalen und europäischen Ordnung abzielen, geht es in Polen eher darum, die spezifisch polnische Rolle im transnationalen und europäischen Handlungsraum herauszustellen. In Dänemark wird gerade in der Herstellung transnationaler Kontextbezüge ohne expliziten nationalen Rückbezug deutlich, wie die Journalistinnen und Journalisten die eigene Nation von transnationalen Zusammenhängen lösen. Journalistinnen und Journalisten in Österreich, Deutschland und Großbritannien zeigen schließlich eine Bereitschaft, den transnationalen Kontext stärker als eigenständig zu behandeln. Dahinter steht der Anspruch, globale und europäische Entwicklungen in ihrer Spezifik zu beleuchten. Gleichwohl gilt: Ob direkte oder indirekte Bezugnahme, das Transnationale bleibt der Kontext von Nation als selbstverständlicher (impliziter) Referenzpunkt, der so durch journalistisches Handeln mit hergestellt wird. Insofern zählt auch dies zu einem journalistischen Doing Nation.

5.3 Hierarchisierung

Mit *Hierarchisierung* fassen wir die journalistische Praxis, das Nationale gegenüber Europa und der Welt zu gewichten und seine Relevanz aus Perspektive der Journalistinnen und Journalisten zu bestimmen. Hierarchisierungen werden dabei sowohl in der individuellen journalistischen Relevanzstruktur als auch in der Relevanzstruktur der täglichen Redaktionsarbeit insgesamt manifestiert. Die von den Journalistinnen und Journalisten vorgenommene und realisierte Gewichtung von Inlands-, Auslands- und EU-Berichterstattung im Verhältnis zueinander hebt somit nicht auf quantitative Verhältnisse, also die Anzahl der Artikel zum jeweiligen Thema ab, sondern vielmehr geht es um den eingeräumten Stellenwert seitens der befragten und beobachteten Journalistinnen und Journalisten in deren Alltagspraxis. Im Rahmen der alltäglichen Arbeit muss ein Journalist immer wieder intuitiv entscheiden, welche Themen für seine jeweilige Redaktion und damit die Lesenden in seinem Land wichtig sind und welche im Vergleich weniger wichtig.

Die Nachrichtenwertforschung versucht in diesem Zusammenhang, Kriterien für die Auswahl von Themen und Artikeln zu bestimmen, die erklären, welche ihren Weg in die Zeitung finden und welche nicht.[31] Während die Nachrichtenwertforschung allerdings die Konstruktion von ‚Wertigkeiten' einer Nachricht in der journalistischen Praxis untersucht (siehe zu solchen Zusammenhängen, wenn auch in einem anderen Blickwinkel, unsere Analysen in Kapitel 7), geht es uns hier um etwas anderes: Im Weiteren soll insbesondere die Frage behandelt werden, welchen ‚Stellenwert' das Nationale in der Hierarchiesetzung der journalistischen Arbeitspraxis hat.

Zunächst ergibt sich aus dem empirischen Material die wenig überraschende Erkenntnis, dass Hierarchisierungen durch einen deutlichen Schwerpunkt auf nationale Themenzusammenhänge gekennzeichnet sind. Mit anderen Worten: Wenn Journalistinnen und Journalisten in den sechs Untersuchungsländern nationale, europäische und weitere Auslandsthemen mit Blick auf ihre Relevanz und damit der aufzubringenden Arbeitszeit gegeneinander abwägen, dominieren tendenziell solche mit einem deutlich erkennbaren Nationalbezug – das freilich von Land zu Land in unterschiedlicher Intensität. Während dänische Journalistinnen und Journalisten in ihrer Berufspraxis beispielsweise nationalen eine deutliche Vorreiterstellung gegenüber inter- und transnationalen Inhalten zuschreiben („nationale [nehmen] deutlich mehr Raum ein als internationale Nachrichten"; Chefredakteur, *Ekstra Bladet*, DK), sind diese in Österreich oder Deutschland annähernd vergleichbar stark gewichtet („nationale Themen etwa 50 Prozent und internationale Themen 50 Prozent"; Brüssel-Korrespondentin, *SZ*, D). Generell lässt sich aber in der Abwägung von Nation, Europa und der restlichen Welt von einer deutlichen *nationalen Priorisierung* in der Alltagspraxis aller von uns interviewten Journalistinnen und Journalisten sprechen.

Relevant im Hinblick auf unsere Fragestellung ist darüber hinaus, was in der Hierarchisierung der Journalistinnen und Journalisten an zweiter Stelle folgt. Hier gibt es zum Teil erhebliche Unterschiede zwischen den Untersuchungsländern, ob dies Europa oder eine andere Region der Welt ist. Eine Relevanzsetzung Europas mit nur geringer Abstufung zur Nation lässt sich vor allem bei Journalistinnen und Journalisten in Österreich und teilweise in Deutschland ausmachen. Unter diesen dominiert sowohl der Eindruck, dass sich nationale und internationale Berichterstattung in ihrer Redaktionsarbeit die Waage halten als auch der, dass es sich dabei um eine angemessene Gewichtung handelt, die vor allem Europa betrifft.[32] Bei solchen Analysen gilt es gleichwohl, den Fokus auf den Alltag der Medienberichterstattung zu lenken: In Zeiten herausragender transnationaler (Medien-)Ereignisse wie beispielsweise EU-Gipfeln oder die Präsidentschaftswahlen in den USA wird die sonst dominante nationale Priorisierung für einen begrenzten Zeitraum außer Kraft gesetzt.[33]

In der politischen Diskurskultur *Österreichs* ist die nationale Priorisierung im Vergleich zu allen anderen Ländern am geringsten ausgeprägt. Wie die befragten Journalistinnen und Journalisten im Gespräch betonen, sehen sie Auslandsnachrichten in ihrer Redaktionspraxis als nahezu gleichwertig mit nationalen Nachrichten an. Ihrer Einschätzung nach wird das auch in ihrer redaktionellen Umgebung deutlich. „Die internationale Berichterstattung hat", wie es eine Korrespondentin des *Standards* in Bezug auf ihre Redaktionsarbeit ausdrückt, „einen sehr großen Stellenwert im Vergleich zur nationalen Berichterstattung" (Deutschland-Korrespondentin, *Standard*, A). Ähnlich formuliert – wie bereits zitiert – ein Außenpolitik-Redakteur der Tageszeitung *Die Presse*, seine Arbeit sei „ungefähr 50 zu 50 [gewichtet], mit einem leichten Überhang für Internationales dann letztlich" (Außenpolitik-Redakteur, *Die Presse*, A).

Etwas abweichend verhält es sich bei der Regionalzeitung *Kleine Zeitung*. Hier werden Auslands- und insbesondere EU-Themen von den Journalistinnen und Journalisten zwar als sehr wichtig bewertet, doch in der täglichen Praxis können sie ihre eigene Relevanzpräferenz ob der regionalen Ausrichtung sowie des begrenzten Platzangebots ihrer Zeitung nicht unmittelbar umsetzen. Bemerkenswerterweise scheint gleichwohl Europa bei einer solchen tendenziell nationalen Priorisierung einen hohen Stellenwert zu haben, indem die Journalisten „in der täglichen Berichterstattung [...] Brüssel [...] nicht als Außenpolitik rechne[n], sondern als Verlängerung der Innenpolitik" (Chefredakteur, *Kleine Zeitung*, A). Stärker dominiert die nationale Priorisierung bei den Journalistinnen und Journalisten der Boulevardpresse, wie das Beispiel der *Kronen Zeitung* verdeutlicht.

5.3 Hierarchisierung

Hier werden Auslandsthemen in der Redaktionspraxis üblicherweise hinter nationale Themen eingeordnet und nur dann als wichtig und berichtenswert erachtet, wenn sie unmittelbar relevant für die nationale Leserschaft sind oder wenn etwas Außergewöhnliches geschieht: „Wenn außerhalb des Landes Ruhe herrscht, dann hat die Innenpolitik Vorrang" (Außenpolitik-Redakteur, *Kronen Zeitung*, A).

Für *Deutschland* zeigen sich Ähnlichkeiten wie auch Differenzen zur Hierarchisierung der Journalistinnen und Journalisten in Österreich. Zwar verweisen die Befragten ebenfalls auf eine geringe nationale Priorisierung, doch zeigen sich hier größere Unterschiede zwischen den Zeitungen. Während *FAZ*- und *SZ*-Journalisten in der Redaktionsarbeit das Verhältnis von nationaler und inter- bzw. transnationaler Berichterstattung als beinahe gleichwertig beschreiben, haben *WAZ*-Journalisten bereits eine erkennbare Tendenz, nationale Themen in ihrer Arbeit als präsenter anzusehen. *Bild*-Journalisten unterstreichen schließlich die unangefochtene Bedeutung nationaler Themen für die Zeitung: „Innenpolitische Themen haben einfach eine höhere Relevanz für den Leser" (Parlamentsredakteur, *Bild*, D).

Als charakteristisch für Deutschland kann angesehen werden, dass aus Sicht der Journalistinnen und Journalisten die EU-Berichterstattung im Gesamtfeld der Auslandsberichterstattung die höchste Priorität hat und sie diesen Stellenwert Europa auch in ihrer Arbeitspraxis einräumen (können): Die einzige Ausnahme bilden hier die Äußerungen der von uns interviewten EU-Korrespondentin der *SZ*, bei denen der Eindruck vorherrscht, „dass EU-Themen es schwer haben im Vergleich zu nationalen, auch im Vergleich zu internationalen Themen, weil es ja um konkrete Länder geht und nicht um die EU, die immer als eine Art Konstrukt auftaucht" (Brüssel-Korrespondentin, *SZ*, D).[34]

In *Dänemark* bestätigt sich erneut die Tendenz zu einer sehr expliziten Nationalisierung. Dass Journalistinnen und Journalisten uneingeschränkt dem Relevanzmuster der nationalen Priorisierung folgen, belegen Äußerungen wie „der Filter, durch den diese Dinge [politische Krisen] gesehen werden, ist ein dänischer Filter, und dann ein europäischer und dann ein westlicher" (Chefredakteur, *Politiken*, DK). Die Hierarchisierung, die in diesem Zitat zur Geltung kommt (Dänemark, Europa, der ‚Westen'), ist allerdings eine Ausnahme. In der Regel dominieren Aussagen, in denen Journalistinnen und Journalisten, die die EU gegenüber der Welt zurückstellen, wie das folgende Zitat zeigt: „Je internationaler, desto weniger EU-Berichterstattung – über die letzten sechs Jahre gesehen" (Chefredakteur, *Ekstra Bladet*, DK). Auffallend ist dabei, dass diese starke nationale Priorisierung von dänischen Journalistinnen und Journalisten nicht als problematisch wahrgenommen wird. So bestätigt ein Außenpolitik-Redakteur der konservativen *Berlingske Tidende*, dass er mit dem bestehenden Verhältnis zwischen nationaler und internationaler Berichterstattung in der Redaktionsarbeit zufrieden sei. Und selbst der Chefredakteur der eher pro-europäischen *Politiken* äußert, dass für ihn die Priorität der nationalen Berichterstattung nicht infrage stehe.

In *Frankreich* kommen nationale Priorisierungen aus journalistischer Perspektive sowohl in der eigenen Relevanzsetzung wie auch in der redaktionellen Relevanzstruktur zum Tragen. Dabei ist die nationale Priorisierung im Vergleich zu Dänemark oder Polen geringer ausgeprägt. Gleichwohl ist in der Arbeitspraxis das Inter- und Transnationale dem Nationalen deutlich nachgeordnet. In diesem Sinne formuliert der Chefredakteur der Boulevardzeitung *Le Parisien*, „wir berichten vor allem über Frankreich […] danach, wenn wir das Gefühl haben, dass wir auch ins Ausland schauen müssen, dann gehen wir ins Ausland" (Chefredakteur, *Le Parisien*, F), wobei er damit vor allem das europäische Ausland meint. Dem entspricht, dass das Ressort „Politique" bei *Le Parisien* – wie bereits erwähnt – sowohl für die französische Innenpolitik als auch für EU- und sonstige Auslandsnachrichten zuständig ist. Allerdings stehen dafür jeden Tag lediglich drei Seiten Platz zur Verfügung, sodass EU- und Auslandsnachrichten gegenüber innenpolitischen Nachrichten entsprechend häufig den Kürzeren ziehen und – so zeigen unsere Redaktionsbeobachtungen und die Entscheidungsprozesse in den Redaktionskonferenzen – durch innenpolitische Nachrichten verdrängt werden.

Schwächer ausgeprägt, aber gleichwohl vorhanden, ist die Priorisierung des Nationalen in der Arbeit der Journalistinnen und Journalisten bei *Le Monde*. Da es in der Zeitung einen abgesicherten Platz für inter- und transnationale Nachrichten gibt, wird die nationale Priorisierung nicht durch ein begrenztes Platzangebot forciert oder gar befördert. Vielmehr kann es durchaus vorkommen, so erläutert die Deutschland-Korrespondentin, dass EU-bezogene gegenüber innenpolitischen Berichten Überhand gewinnen, je nach „Themenlage". Insgesamt gilt aber, dass „natürlich die Frankreich-Berichterstattung weiterentwickelt [ist] als die internationale Berichterstattung" (Deutschland-Korrespondentin, *Le Monde*, F).

Solche Perspektiven auf nationale Priorisierungen können durchaus Gegenstand von Redaktionskonflikten sein. Beim *Le Figaro* beispielsweise nehmen die von uns interviewten Journalistinnen und Journalisten seit einem Direktorenwechsel im Jahr 2007 Einflussnahme in Richtung einer stärkeren nationalen Priorisierung wahr, mit der sie nicht konform gehen. So bemängeln sie, dass nationale Berichte seit dem Wechsel auf der Führungsebene im Verhältnis zu EU- und Auslandsberichten deutlich an Umfang und Gewicht gewonnen hätten, was sich nicht zuletzt auch daran zeige, dass die Rubrik „Frankreich" in der Zeitung vor die Rubrik „Internationales" gerückt sei.

5.3 Hierarchisierung

„Die neue Direktorin [findet] die französische Politik wichtiger [...] als die internationale Politik. [...] [Sie ist] außerdem der Meinung, dass die Leser vor allem an den Geschichten interessiert sind, die sie wirklich direkt betreffen – also wirtschaftliche und nationalpolitische Fragen" (Außenpolitik-Redakteur, *Le Figaro*, F).

Eine interessante Ausnahme in Frankreich bildet die Regionalzeitung *Ouest France*. Hier sind nämlich nationale Priorisierungen in der Relevanzsetzung der Journalistinnen und Journalisten nur sehr schwach ausgeprägt. Diese legen stattdessen großes Gewicht auf inter- und transnationale, insbesondere europapolitische Nachrichten. Dies zeigt sich auch darin, dass „alle Journalisten, die [...] [man dort] ausbilde[t], für ein Praktikum von zwei Wochen nach Brüssel geschickt [werden], um ein bisschen sensibler für EU-Themen zu werden" (Politik-Redakteur, *Ouest France*, F).

In *Großbritannien* finden wir in der journalistischen Praxis eine sehr starke nationale Priorisierung. Besonders deutlich zeigt sich dies bei der Boulevardzeitung *Daily Express*. Ganz explizit und positiv geteilt tragen hier die Journalistinnen und Journalisten „die Entscheidung des Herausgebers, [...] dass der Fokus des *Daily Express* auf Heimatgeschichten gerichtet ist, auf persönliche Lebensgeschichten der Menschen in Großbritannien" mit (Redakteurin, *Daily Express*, GB).

Etwas weniger stark ausgeprägt, gleichwohl aber noch dominant, ist die nationale Priorisierung bei der Qualitätszeitung *The Times*. Die Dominanz nationaler Prioritätensetzung zeigt sich selbst im dortigen Außenpolitik-Ressort. Einer der Redakteure betont, dass die Auslandsberichterstattung nicht zuletzt der Befriedigung des Bedürfnisses der den nationalen Lesenden dient und dass das Nationale die eigentliche Praktik bestimmt: „Auslandsnachrichten geben den Leuten das gute Gefühl, [...] dass sie in einer globalen Gemeinschaft leben und dass sie etwas lernen können von dem, was anderswo geschieht" (Außenpolitik-Redakteur, *The Times*, GB).

Auffällig für die politische Diskurskultur Großbritanniens, wie sie im journalistischen Handeln artikuliert wird, ist, dass viele Journalistinnen und Journalisten – im Gegensatz zu deutschen oder französischen – in ihrer Hierarchie-Setzung die Welt, und dabei insbesondere die USA, vor Europa einordnen. Das heißt, der Blick über den Atlantik gen Westen hat in der täglichen Praxis häufig Vorrang gegenüber Nachrichten aus Brüssel oder den EU-Nachbarländern. Die Berichterstattung über das außereuropäische Ausland steht in Großbritannien somit an dritter Stelle nach den Inlandsberichten und nach den USA.

Auch in *Polen* sind nationale Priorisierungen im journalistischen Handeln klar vorhanden. Mit Ausnahme der dezidiert pro-europäischen *Gazeta Wyborcza* wird dabei die Auslandsberichterstattung sowohl über die USA als auch über

Russland und mit diesen politisch verbundenen Ländern als prioritär für die eigene Redaktionspraxis eingeschätzt. Hierzu bekennen sich die von uns interviewten Journalistinnen und Journalisten sehr offen mit Feststellungen wie der folgenden: „am interessantesten ist also das, was im Inland passiert" (Außenpolitik-Redakteur, *Rzeczpospolita*, PL) oder: „Die größte Bedeutung hat insgesamt eindeutig die nationale Berichterstattung" (Außenpolitik-Redakteur, *Dziennik Zachodni*, PL).

Zugleich weisen viele der von uns interviewten polnischen Journalistinnen und Journalisten darauf hin, dass EU-Berichterstattung großteils einfach langweilig sei und es daher schwer habe, sich gegen interessantere Themen auf der Agenda ihrer täglichen Arbeitspraxis durchzusetzen. So berichtet eine Redakteurin der *Rzeczpospolita* von wiederkehrenden redaktionsinternen Diskussionen über die Frage, ob dieses oder jenes EU-Thema wichtig genug sei, trotz uninteressanter Fakten in der Zeitung zu landen. Ähnlich argumentiert ein Mitglied der Warschauer Redaktion der Regionalzeitung *Dziennik Zachodni*, über „die EU lohnt es sich [nur] zu schreiben, wenn etwas Lustiges oder etwas außergewöhnlich Wichtiges passiert, sonst ist es eher schwer, ein Thema unterzubringen" (Außenpolitik-Redakteur, *Dziennik Zachodni*, PL). So wird zwar einerseits begründet, dass aus Sicht der Journalistinnen und Journalisten die Berichterstattung nicht der tatsächlichen Bedeutung der EU entspricht. Andererseits wird die Tatsache, dass es EU-Themen in der eigenen Medienpraxis schwer haben, weitestgehend akzeptiert.

Auch hier wollen wir uns die Kernpunkte unserer Analysen nochmals vergegenwärtigen. Macht man dies, so lassen sich für unsere Untersuchungsländer folgende drei Punkte festhalten.

Erstens wird deutlich, dass die nationale Priorisierung in unterschiedlichen Graden für alle politischen Diskurskulturen kennzeichnend ist. Es handelt sich dabei um ein weiteres Grundmoment des journalistischen Doing Nation. Journalistinnen und Journalisten erachten mit Blick auf ihre jeweilige Redaktionspraxis die Berichterstattung über nationale Politik gegenüber der Berichterstattung zu EU- und Auslandsthemen als relevanter. Themen mit einem nationalen Bezug haben damit eine durchweg hohe Bedeutung in der täglichen Arbeit. Ausnahmen mit einer ausgewogenen Priorisierung bilden allenfalls einzelne Zeitungen in Österreich (*Presse, Standard*) und Deutschland (*FAZ*). Im Kern hat damit das Hervorbringen eines nationalen Diskurses im journalistischen Tun eine größere „Kulturbedeutung" (Weber 1972) als das Hervorbringen anderer Diskurse.

Zweitens wird die Europaberichterstattung in der Hierarchisierung der Redaktionsarbeit der von uns interviewten und beobachteten Journalistinnen und Journalisten im Vergleich zur sonstigen Auslandsberichterstattung tendenziell als wichtiger bewertet und entsprechend an zweiter Stelle priorisiert. Diese Tendenz, ‚Europa' wichtiger als ‚die Welt' einzuschätzen, findet sich sowohl in Deutschland als auch

5.3 Hierarchisierung

in Frankreich und in Österreich. In Dänemark und Polen greift diese Hierarchisierung hingegen nur bedingt, als die Journalistinnen und Journalisten insbesondere die USA und Russland vor Europa einordnen. In Großbritannien schließlich wird vor allem das Geschehen in den USA als durchwegs wichtiger bewertet denn dasjenige in Europa.

Drittens hilft die Unterscheidung von Relevanzstrukturen der Journalistinnen und Journalisten einerseits und Relevanzstrukturen in der organisationellen Redaktionsarbeit andererseits bei der weiteren Einordnung von länderspezifischen Hierarchisierungen – und zwar gerade dann, wenn es darum geht, Transnationalisierungs- oder Nationalisierungstendenzen in politischen Diskurskulturen auszumachen. In einigen Ländern kann eine klare Kongruenz beider Relevanzstrukturen ausgemacht werden. Journalistinnen und Journalisten tendieren in solchen Fällen dazu, ihre eigene Gewichtung der Bedeutung von EU- und Auslandsberichterstattung nicht in einem Kontrast oder Konflikt zu der Berichterstattungslinie ihrer Zeitung und damit ihrer redaktionellen Praxis zu sehen. In den Ländern Österreich, Dänemark und Großbritannien konnte eine solche Übereinstimmung weitestgehend gezeigt werden. Durch eine solche individuell-organisationelle Homologie kann in diesen Ländern von einer ‚größeren Stabilität' der Hierarchisierungen ausgegangen werden – wenn auch in Dänemark und Großbritannien einerseits sowie in Österreich andererseits unter ganz unterschiedlichen Voraussetzungen: In Dänemark und Großbritannien haben wir es mit politischen Diskurskulturen zu tun, in denen Journalistinnen und Journalisten sich mit Blick auf eine eindeutige nationale Priorisierung nicht im Konflikt mit ihrem redaktionellen Umfeld sehen. Entgegengesetzt liegt der Fall in Österreich: Hier gibt es zwar ebenfalls eine Homologie von Relevanzstrukturen der Redakteure wie auch der Redaktionsarbeit, aber nicht im Sinne einer weitreichenden nationalen Priorisierung, sondern vielmehr als Ansatz einer Tendenz zum Ausgleich der Gewichtung von nationalen und internationalen Nachrichten, und damit im Sinne einer Transnationalisierung.

Stärkere Konflikte bestehen in solchen Ländern, in denen die Relevanzstrukturen von Redakteuren und Redaktionsumfeld auseinanderfallen, wo wir deswegen von einer ‚geringeren Stabilität' der Hierarchisierungen ausgehen. Hier ist für jedes Land die entscheidende Frage, in welche Richtung die Widersprüche zwischen individueller und organisationeller Handlungsorientierung hindeuten. In Frankreich finden sich bei den Journalistinnen und Journalisten zwar häufig national ausgerichtete Relevanzmuster, diese sind jedoch auf der Ebene des redaktionellen Umfeldes unterschiedlich stark ausgeprägt, sodass es in der Berichterstattungspraxis mitunter zu einem Ausgleich der Gewichtung von nationalen und internationalen Nachrichten kommen kann. Ähnlich verhält es sich in Polen, wo die eigene Nation in der Relevanzsetzung der Journalistinnen und Journalisten deutlich priorisiert wird, sich aber ob der Relevanzstruktur im redaktionellen Umfeld unterschiedlich stark in der Praxis durchsetzt. Noch stärker als in Frankreich ergibt sich schließlich in unserer deutschen Länderstudie das Bild einer politischen Diskurskultur, in der außenpolitische Themen insgesamt ähnlich wie innenpolitische gewichtet werden. Gleichwohl bestehen dabei Differenzen zwischen den Orientierungen der Journalistinnen und Journalisten und den verschiedenen von uns untersuchten Redaktionen, in denen sie arbeiten. Dies verweist darauf, dass die Journalistinnen und Journalisten für den Bereich der EU-Berichterstattung eine Diskrepanz zwischen der politischen Bedeutung der EU einerseits und der Berichterstattung in ihren Blättern andererseits sehen.

5.4 Nationale Veralltäglichung

Mit *nationaler Veralltäglichung* fassen wir das zunehmende Aufgehen Europas bzw. des europäischen Auslands in der Praxis der nationalen Berichterstattung. Wir gebrauchen den Begriff der Veralltäglichung also ganz im Sinne Max Webers (1972: 142f.), der damit in seiner Analyse des Charismatischen die dauerhafte ideelle und materielle Einbettung des Außeralltäglichen in den Alltag bezeichnet. Gehen wir mit Alfred Schütz (1979: 27) davon aus, dass die Alltagswelt die fraglos hingenommene Sozial- und Kulturwelt eines Menschen ist, so geht mit Veralltäglichung nicht nur ein Verlust des ‚Besonderen' einher, sondern in gewissem Sinne auch des ‚Problematischen'. Bezogen auf unser Forschungsfeld haben wir es hier mit einem paradoxen Moment der Nationalisierung zu tun: Einerseits steht die nationale Veralltäglichung dafür, dass Europa – die EU oder das europäische Ausland – breit in die journalistische Tätigkeit integriert werden, und zwar dort, wo man es zuerst einmal nicht erwartet: Beim Schreiben von Artikeln über Gesundheitsthemen, bei Berichten über örtliche Kulturereignisse etc. Andererseits bleibt dies *insofern* eine Praxis der Nationalisierung, als Europa dann nicht mehr in einem Eigenwert interessiert, sondern als (selbstverständlicher) Bestandteil der Berichterstattung über nationales (oder regionales) Geschehen.

Mit nationaler Veralltäglichung beschreiben wir somit keinen quantitativen Bedeutungszuwachs Europas in der Berichterstattung, sondern vielmehr *qualitativ* einen Prozess des Selbstverständlich-Werdens Europas in journalistischer Praxis und damit beispielsweise auch in den verschiedenen Ressorts der Zeitung. Europa wird zusehends zu einem Moment des alltagsweltlichen Sinnhorizonts der Journalistinnen und Journalisten, was sich schließlich in einer Verbreitung von Europa-Bezügen in allen Themenbereichen niederschlägt. Dies kann zur Folge haben, dass sich die journalistische Praxis nationaler politischer Diskurskultur wandelt – ob nun in Richtung einer Transnationalisierung bzw. stärkeren Öffnung für Europa oder aber in Richtung einer stärkeren nationalen Eigenprofilierung, muss zunächst einmal als offen gelten.

Aus unserem Datenmaterial geht zunächst einmal hervor, dass von nationaler Veralltäglichung nicht mit Blick auf jedwedes Auslandsthema, sondern fast ausschließlich mit Blick auf Europathemen gesprochen werden kann. Deutlich wird dies etwa im Gespräch mit dem Chefredakteur der französischen Zeitung *Le Monde*, der betont, dass die Berichterstattung über die europäischen Nachbarländer ebenso wie über die EU ein so selbstverständlicher Bestandteil der alltäglichen „Aktualität der Nähe" geworden sei, dass er diese gar nicht mehr gesondert wahrnehme: „Westeuropa, das Europa der Europäischen Union [...] darüber reden wir jeden Tag. Also, ich denke gar nicht mehr daran, weil sich das der französischen Aktualität annähert, das ist Teil einer Aktualität der Nähe" (Chefredakteur, *Le Monde*, F).

Über die Untersuchungsländer hinweg finden wir eine unterschiedlich weit reichende nationale Veralltäglichung Europas. Darüber hinaus zeigen sich im Detail – etwa in der entsprechenden Handhabung im Sinne einer Verbreitung von Europathemen über Ressort-Grenzen hinweg – weitere länderspezifische Unterschiede.

In *Österreich* konkretisiert sich die nationale Veralltäglichung Europas in der redaktionellen Handhabung entsprechender Nachrichten über verschiedene Ressorts darin, dass die befragten Journalistinnen und Journalisten EU-Angelegenheiten ebenso wie politische oder gesellschaftliche Entwicklungen in den europäischen Nachbarländern selbstverständlich als relevant für ihre Leserschaft halten und entsprechend verarbeiten. In diesem Sinne weist der Chefredakteur von *Die Presse* darauf hin, dass zumeist gar nicht diskutiert wird, ob ein Europa-Thema berichtet wird oder nicht, sondern vielmehr, durch *welches* Ressort es bearbeitet bzw. *in welchem Teil* der Zeitung es untergebracht werden soll. Es geht darum, ob „man ein Thema im Wirtschaftsteil oder auf der EU-Seite [bringt], aber nicht [um] die Frage, ob man das Thema überhaupt macht" (EU-Redakteur, *Die Presse*, A).

Dagegen stellt sich die Situation in *Dänemark* deutlich anders dar. Hier kann im engeren Sinne *nicht* von einer unproblematischen Veralltäglichung Europas gesprochen werden. Gerade im Interview mit Journalistinnen und Journalisten der pro-europäischen Tageszeitung *Politiken* stellt sich heraus, dass es im dänischen Kontext nicht selbstverständlich ist, Europa in allen Bereichen der journalistischen Praxis zu behandeln. So sehen sich die Journalisten von *Politiken* in der Rolle, der eher europafernen dänischen Gesellschaft die europäische Perspektive näher zu bringen, woraus sich der Bedarf einer expliziten Behandlung als zu integrierender Fremdfaktor ableitet. Und auch für die journalistische Arbeit bei *Berlingske Tidende* gilt: „Viele EU-Sachen machen wir nur, weil wir dazu verpflichtet sind – als eine Qualitätszeitung" (GB-Korrespondentin, *Berlingske Tidende*, DK).

Diese und vergleichbare Äußerungen zeigen deutlich, dass zwar ein Bedeutungszuwachs Europas wahrgenommen wird, dies aber nicht unbedingt zu einer Veralltäglichung von EU-Themen führt. Bei *Ekstra Bladet* wird sogar eine problematische Rahmung Europas noch forciert. Die Journalistinnen und Journalisten der Boulevardzeitung sind sich einerseits bewusst, welche Bedeutung die EU für ihre politische Realität hat, diese Zusammenhänge passen aber andererseits nicht in das Konzept der Zeitung, den Lesenden im nationalen Alltag relevante Informationen nahezubringen. So gibt es zwar auch bei *Ekstra Bladet* EU-Berichterstattung, dies allerdings selten und in der Regel aus einer skeptischen Perspektive, beispielsweise in der separaten Serie „EU-gakgak", in der die EU mit ihrem negativen Einfluss auf das Alltagsleben der Dänen präsentiert wird (siehe auch Kapitel 7).

Auch in der Ressortstruktur dänischer Zeitungen zeigt sich, bezogen auf die Veralltäglichung Europas, ein ambivalentes Bild. Während im Gespräch mit Redakteuren von *Politiken* deutlich wird, dass man sich EU-Themen in jedem Ressort zumindest vorstellen kann, ist dies im Kontext der restlichen Zeitungen anders, indem Europathemen dort klar der Auslandsberichterstattung zugewiesen sind. Bei *Berlingske Tidende* führt die strikte Trennung der Ressorts sogar dazu, dass Europa-Nachrichten teils unter den Tisch fallen, wenn die Druckseiten des Auslandressorts bereits mit außereuropäischen Themen gefüllt sind. Die journalistische Praxis ist durch ein Entweder-Oder gekennzeichnet und damit das Gegenteil der Veralltäglichung Europas. Diese Problematik wird in folgendem längeren Zitat greifbar:

> „Und die in Brüssel machen die ganz großen politischen Geschichten, und wir sitzen hier in Kopenhagen und dann müssen wir entscheiden: Inland oder Ausland. Und dann gibt es da eine Art Leerraum dazwischen. Das führt dazu, dass EU-Themen sozusagen dazwischen liegen. [...] Die machen die ganz Großen, wir machen die ganz Kleinen. Und dann liegt da was dazwischen, da könnte man da manchmal noch mehr machen. Und da ist das dann manchmal, dass EU-Themen in so eine Art Leerraum fallen." (Außenpolitik-Redakteur, *Politiken*, DK)

Im Gespräch mit dänischen Journalistinnen und Journalisten wird deutlich, dass diese zwar einerseits die Bedeutung Europas bzw. konkret der EU anerkennen. Andererseits behandeln sie Europa und insbesondere die EU jedoch wie einen Fremdkörper. Dieses Befremden zeigt sich – mit Ausnahme von *Politiken* – auch auf Ebene der vergleichsweise undurchlässigen bzw. starren Ressortgrenzen.

Bei Journalistinnen und Journalisten aus *Deutschland* sind nationale Veralltäglichungsprozesse mit Blick auf Europa dagegen deutlich erkennbar. Charakteristisch dafür ist das Statement eines *FAZ*-Redakteurs, der betont, dass man gar nicht „zählen" könne, ob es mehr nationale oder mehr Europaberichterstattung gebe, da beides kaum voneinander zu trennen sei. Alle von uns in Deutschland interviewten Journalistinnen und Journalisten nehmen die Bedeutungszunahme Europas wahr und behandeln diese als unproblematisch. Europa und Innenpolitik gehen aus ihrer Sicht ineinander über. Selbst bei der *Bild* wird die EU-Berichterstattung „als innenpolitische Berichterstattung" (Parlamentsredakteur, *Bild*, D) begriffen.

Nimmt man dabei die *FAZ* einerseits und die *Bild* andererseits als Pole des deutschen Pressemarkts in den Blick, so wird jedoch deutlich, dass Veralltäglichungsprozesse von den Journalistinnen und Journalisten mit ganz unterschiedlichen Schwerpunkten realisiert werden. Während *FAZ*-Redakteure auf die Veralltäglichung von politischen Inhalten, also die Verknüpfung innen- oder wirtschaftspolitischer Themen mit EU-Inhalten verweisen, konstatieren *Bild*-Mitarbeiterinnen und -Mitarbeiter für ihre Zeitung eher die Präsentation eines europäischen Lebensgefühls quer durch die Berichterstattung. Es gehe um den „kleinen Mann", der „sehr viel für den europäischen Gedanken übrig hat", dies allerdings weniger aus wirtschaftspolitischen oder anderen Gründen: „Der will mit seinen Nachbarn in Frieden leben, der will auch überall hinreisen, der will möglichst wenig den Pass vorzeigen müssen, 'ne 'ne einheitliche Währung macht ihm auch Spaß" (Europa-Redakteur, *Bild*, D).

Wiederum anders konkretisiert sich die nationale Veralltäglichung in der politischen Diskurskultur *Frankreichs*. Wie der Chefredakteur von *Le Monde* verdeutlicht, vergeht kein Tag mehr, an dem nicht völlig selbstverständlich über die EU und die europäischen Nachbarländer berichtet wird, sei es nun im Politik-, Wirtschafts- oder Gesellschaftsteil der Zeitung. Ähnlich wie schon in Österreich oder Deutschland steht dabei oftmals nicht die Frage im Vordergrund, *ob* ein Europathema berichtet wird, sondern *wo* es in der Zeitung gedruckt werden soll: „Es gibt keine spezielle Sektion für Europa" (Brüssel-Korrespondent, *Le Figaro*, F). Dies betrifft auch die Arbeit von Journalistinnen und Journalisten in stärker Boulevard-orientierten Zeitungen wie *Le Parisien*. Gerade weil *Le Parisien* nur begrenzt Platz für Innen-, Außen- und Europapolitik hat, nämlich zusammengenommen drei Seiten pro Tag, werden europabezogene Nachrichten ganz selbstverständlich ebenfalls im Wirtschafts- oder Reportageteil der Zeitung untergebracht: „*Le Parisien* bietet keinen speziellen Platz für EU-Themen, diese Themen finden sich also in ganz verschiedenen Sektionen, in der Politik, in der Ökonomie usw." (Politik-Redakteur, *Le Parisien*, F). Platzmäßige Beschränkungen scheinen damit eher zu einer Veralltäglichung Europas in der weiteren nationalen Berichterstattungspraxis beizutragen, statt diese zu hemmen.

Einmal mehr ist die politische Diskurskultur *Großbritanniens* mit Blick auf die nationale Veralltäglichung Europas ein Sonderfall. In unserem Datenmaterial finden sich kaum Hinweise auf ein unproblematisches Behandeln Europas in der Arbeitspraxis der Journalistinnen und Journalisten. Das Gegenteil ist der Fall: Ist Europa gerade nicht gut genug für einen Scherz, so müssen Europathemen regelrecht erkämpft werden, was exemplarisch die Aussagen des Chefredakteurs der Zeitung *The Times* dokumentieren. Dieser geht so weit, sich als „politische[en] Aktivist[en] für das Auslandsressort" (Chefredakteur, *The Times*, GB) zu begreifen, insofern er sich mit einer anderen Redaktionspraxis konfrontiert sieht.

Indem britische Journalistinnen und Journalisten – wie wir gesehen haben – dazu tendieren, in ihrer Arbeit die europäischen Nachbarländer als Quelle für Humorgeschichten zu nutzen, bleibt Europa in ihrem journalistischen Handeln das ‚Abweichende'. Wenn man nach „leichten[n] und humorvolle[n] Geschichten" (Außenpolitik-Redakteur, *The Times*, GB) sucht, für die „Sarkozy und all dieses antike Gehabe und die Spielchen, die er um sich herum organisiert" (Frankreich-Korrespondent, *The Times*, GB) eine von vielen beliebten Quellen ist, kann Europa kaum zum selbstverständlichen Teil der Arbeit an einer nationalen Berichterstattung werden.

In *Polen* findet sich zumindest ansatzweise eine nationale Veralltäglichung Europas in der Form, dass Europa dasjenige ist, was man *auch* – aber nicht zuvorderst – in der nationalen Berichterstattung behandelt. Journalistinnen und Journalisten aller von uns untersuchten Redaktionen verdeutlichen uns gegenüber, dass aus ihrer Sicht europäische und innenpolitische Themen unmittelbar miteinander verbunden sind. Wie es der Mitarbeiter einer Regionalzeitung formuliert: „Die Europaberichterstattung ist wichtig, auch für die Regionalzeitungen und immer mehr mit der lokalen und nationalen Berichterstattung verknüpft" (Außenpolitik-Redakteur, *Dziennik Zachodni*, PL). Ebenso finden sich bei unseren Redaktionsbeobachtungen zahlreiche Hinweise auf eine ansatzweise nationale Veralltäglichung. So zeigte sich beispielsweise bei der *Gazeta Wyborcza*, dass der zuständige EU-Redakteur in Fällen von Platzmangel Artikel mit EU-Bezügen an die Wirtschaftsredaktion weiterreicht, die diese, nach seiner Auskunft, in der Regel auch akzeptieren. Anders als in den anderen Ländern beschreiben polnische Journalistinnen und Journalisten solche zunehmenden Veralltäglichungen aber nicht als statischen Befund, sondern als eine Entwicklung. Vor dem Hintergrund der vergleichsweise jungen Mitgliedschaft des Landes in der EU, aber auch der Ergebnisse unserer Inhaltsanalyse, ist das durchaus nachvollziehbar.

5.4 Nationale Veralltäglichung

Eine gewisse Ausnahme stellt die auflagenstärkste polnische Boulevardzeitung *Fakt* dar. Während in deren Meinungsressort (Seiten 2 und 3 der Zeitung) europäische Themen regelmäßig auch durch Gastautoren mehr oder weniger selbstverständlich präsent sind, ist das im Politikressort unüblich. Hier werden Europathemen nur in Form nationaler Rückbezüge aufgegriffen – eine Veralltäglichung findet nicht statt. Entsprechend widersprüchlich ist auch die Wahrnehmung unter den Mitarbeitenden der Zeitung. Als dominante Tendenz bleibt für die journalistische Praxis bestehen, dass „für die gesamte Zeitung [...] europäische Themen nur dann wichtig [sind], wenn sie die Leute in ihrem alltäglichen Leben unmittelbar berühren" (Kommentator, *Fakt*, PL).

Zusammenfassend lassen sich die Befunde zur nationalen Veralltäglichung wie folgt darstellen. *Zunächst einmal ist offensichtlich, dass Prozesse der Veralltäglichung Europas in verschiedenen politischen Diskurskulturen unterschiedlich ausgeprägt sind.* Journalistinnen und Journalisten in Österreich, Deutschland und Frankreich etwa nehmen die EU ebenso wie das EU-Ausland als selbstverständlichen und damit unproblematischen Bestandteil ihrer Arbeitspraxis wahr. Sie beobachten darüber hinaus eine zunehmende Verbreitung von Europathemen in die verschiedenen Ressorts ihrer Zeitungen bzw. eine zunehmende Bearbeitung von europabezogenen Themen in ganz verschiedenen Ressorts. In der österreichischen, deutschen und französischen politischen Diskurskultur ist die nationale Veralltäglichung Europas also recht weit fortgeschritten.

Gegenläufig zeigt sich die politische Diskurskultur Großbritanniens. Hier finden sich in unseren Daten kaum Hinweise auf eine nationale Veralltäglichung Europas. Europa bleibt das Abweichende, indem britische Journalistinnen und Journalisten das europäische Ausland vorwiegend als Quelle für in unterschiedlichen Graden zynische Humorgeschichten nutzen. Etwas differenzierter verhält es sich mit den politischen Diskurskulturen Polens und Dänemarks. So ist in Polen eine nationale Veralltäglichung Europas ansatzweise vorhanden. Von einer selbstverständlichen Präsenz Europas in der journalistischen Produktionspraxis über die gesamte Länderstudie hinweg kann jedoch nur eingeschränkt die Rede sein. In Dänemark nehmen Journalistinnen und Journalisten Europa zwar durchaus als relevant wahr, aber ein Unproblematisch-Werden in der Alltagspraxis kann dabei nicht attestiert werden. Auch erleben dänische Journalistinnen und Journalisten die Ressortgrenzen ihrer Zeitungen im Hinblick auf Europathemen als relativ starr bzw. undurchlässig, d. h. Europathemen werden vornehmlich durch Redakteure im Außenpolitik-Ressort behandelt und in anderen Ressorts wie etwa Wirtschaft, Kultur oder Gesellschaft nur sehr vereinzelt aufgegriffen.

5.5 Horizonte der Informationssuche

Ein weiteres Bündel von Handlungsformen, in denen sich das Doing Nation der von uns untersuchten politischen Diskurskulturen konkretisiert, können wir als Praktiken der journalistischen Informationssuche bezeichnen. Es geht hier beispielsweise um das fortlaufende Beobachten von anderen Medien für eine allgemeine Hintergrundinformation, aber auch um konkretes Recherchieren für bestimmte Artikel. Relevant im Hinblick auf unsere Fragestellung ist, dass diese Praktiken vor dem Horizont unterschiedlicher *Rechercheblicke* und *Recherchenetzwerke* realisiert werden. Beide verbinden, dass sie national begrenzt oder transnational entgrenzt sein können.

5.5.1 Rechercheblicke

Mit der Kategorie *Rechercheblicke* fassen wir die Gesamtorientierung der Journalistinnen und Journalisten bei ihren Tätigkeiten des Suchens und der Aufbereitung von Information in anderen Medien.[35] Geht der Blick der Journalistinnen und Journalisten eher in die Welt, nach Europa, oder werden Informationen auf nationaler Ebene gesammelt?

Zunächst bringt der Vergleich der von uns untersuchten Länder zutage, dass politische Diskurskulturen durch unterschiedliche Schwerpunkte journalistischer Blickrichtung gekennzeichnet sind. Während dänische Journalistinnen und Journalisten ihren Fokus vor allem auf die USA, Großbritannien und die EU richten, sieht dies in Polen ganz anders aus. Hier haben die von uns Interviewten und Beobachteten neben den USA immer auch Russland und die ehemaligen Sowjetstaaten im Blick. Zudem spielen die EU und Nordeuropa bzw. als eine spezifische Kontextualisierung die direkten Nachbarstaaten wie Deutschland und die Ukraine eine wichtige Rolle.

Solche Rechercheblicke konkretisieren sich in drei journalistischen Praktiken, erstens dem Lesen, zweitens dem Beobachten und drittens dem Recherchieren. Als *Lesen* bezeichnen wir die tägliche, intensive Lektüre bestimmter Organe als Teil eines mehr oder wenig festgelegten „Informationsrepertoires" (Hasebrink/Domeyer 2010). Das *Beobachten* ist eine Tätigkeit, die auf das oberflächliche Verfolgen eines weitergehenden Informationshorizontes abzielt. Dabei greifen Journalistinnen und Journalisten auf ein deutlich breiteres Medienangebot als beim Lesen zurück. Beim Beobachten geht es darum, einen Überblick über die gegenwärtige nationale und internationale Nachrichtenlage zu bekommen. Beim *Recherchieren* handelt es sich um die gezielte Praxis der Informationssuche und Lektüre mit dem instrumentellen Ziel des Verfassens eines bestimmten Artikels.

Dass Journalistinnen und Journalisten, die in einem internationalen Ressort tätig sind, auch entsprechende Medien permanent im Blick haben, erscheint zunächst intuitiv selbstverständlich. Einen Journalisten, der sich bei einem inter- oder transnationalen Thema *ausschließlich* auf nationale Quellen stützt, würde man wohl eher als Ausnahme begreifen. Unser Material zeigt diesbezüglich zwar, dass die Journalistinnen und Journalisten in den Auslandsredaktionen häufig recht gut wahrnehmen, was jenseits ihrer Landesgrenzen passiert. Ein Beleg dafür sind – wie unsere Beobachtungsstudien zeigen – die Themen, die sie in ihren Besprechungen und Konferenzen diskutieren. Dies gilt ebenfalls für ‚kleinere' Auslandsgeschichten und nicht nur für ‚große' politische Ereignisse. So gab es zum Zeitpunkt unserer Redaktionsstudien kein Land, in dem nicht mindestens eine Zeitung über die Vermarktung einer Vodoo-Puppe mit dem Konterfei des französischen Staatspräsidenten Nicolas Sarkozy berichtet hätte (vgl. auch Kapitel 7). Leicht ironisierend fasst einer der von uns interviewten Korrespondenten den Zweck eines solchen ständigen Beobachtens, wenn er formuliert: „Journalisten sind wie eine Kuhherde. Sie berichten alle zusammen und kopieren voneinander" (Dänemark-Korrespondent, *FAZ*, DK).

Gleichwohl zeigt sich bei näherem Hinsehen, dass diese vermeintlich geteilten Rechercheblicke der Journalistinnen und Journalisten wesentlich nationaler ausgerichtet sind als es in einem ersten Zugang den Anschein haben mag. Insgesamt erweisen sich nationale Medien vor allem beim *täglichen Lesen* als entscheidend. Besonders bei Auslandsredakteuren und -korrespondenten überrascht es, wie wichtig bei ihnen die tägliche Lektüre der nationalen Tageszeitungen ist. Internationale Zeitungen finden sich hierunter eher vereinzelt. Diese Konzentration auf das Nationale gilt auch für konkrete *Recherchetätigkeiten*. Ganz anders beim *Beobachten* der Medienlandschaft auf Aktuelles hin: Hier bewegt sich die Mehrzahl der von uns befragten und beobachteten Journalistinnen und Journalisten über das Internet ganz selbstverständlich in einem transnationalen Bezugsraum.[36] Darin, wie sich dieser Bezugsraum des Beobachtens genau konkretisiert, zeigen sich die größten Unterschiede zwischen den Untersuchungsländern.

Der (beobachtende) Rechercheblick von Journalistinnen und Journalisten in *Österreich* ist tendenziell transnational ausgerichtet. So geben die von uns Interviewten an, eine ganze Palette internationaler Zeitungen und Nachrichtenagenturen abonniert zu haben, die sie routinemäßig jeden Tag durchsehen. Eine bestimmte geografische Ausrichtung lässt sich für den österreichischen Rechercheblick insofern ausmachen, als er auf Europa und Nordamerika gerichtet ist und Deutschland hierbei eine besondere Stellung hat. Wie ein solches täglich gelesenes Informationsrepertoire aussehen kann, zeigt folgendes Zitat:

> „*FAZ*, die *Süddeutsche Zeitung*, *Die Welt*, *Die Zeit*, den *Spiegel*, den *Guardian* […]. Wir haben noch immer den *Observer*, wir haben *Foreign Affairs* […]. Wir haben *Foreign Policy*, wir haben *Atlantic Monthly*, das ist auch eine amerikanische Zeitschrift. Wir haben *Newsweek*, wir haben *Time*, ein Kollege scannt auch so afrikanische Zeitungen durch, da hat dann jeder so seine Steckenpferde. […] Auch die *Züricher* les' ich jeden Tag. Ich les' auch jeden Tag die *Herald Tribune*, die hab' ich jetzt nicht erwähnt. Die schau' ich mir schon im Internet an, ebenso wie die Homepage von der *New York Times*. […]. Man schaut sich online dann auch immer an *Spiegel*-Online, halt ich auch für relativ einflussreich. Fernseher schalten wir ein, wenn Aktuelles los ist, wenn irgendein Terroranschlag wäre, dann würden wir auf *CNN* gehen und uns das dort anschauen." (Außenpolitik-Redakteur, *Die Presse*, A)

Wesentlich stärker national fokussiert ist das Recherchieren für spezifische Artikel. Hier zeigt sich in den Journalisten-Interviews wie auch den Redaktionsbeobachtungen, dass die jeweils anderen österreichischen Medien die zentrale Quelle darstellen. Für Österreich lässt sich also sagen, dass der Rechercheblick der Journalistinnen und Journalisten beim allgemeinen Beobachten transnational ausgerichtet ist, wobei eine besondere Akzentsetzung auf Europa und Deutschland besteht. Geht es aber um gezielte Rechercheaktivitäten, wird der Rechercheblick wesentlich nationaler.

Besonders auffällig in *Dänemark* ist ein stark fokussierter Rechercheblick, neben der eigenen Nation, vorrangig auf die USA und Großbritannien. Diese Konzentration auf das angelsächsische Ausland wird bei den Journalistinnen und Journalisten durchaus kritisch gesehen, wenn sie – wie im Folgenden ein EU-Korrespondent – konstatieren, „dass die dänische Presse eine Tendenz hat, zu sehr auf Großbritannien und die USA fokussiert zu sein" (Brüssel-Korrespondent, *Politiken*, DK). Dieser spezifisch dänische Rechercheblick tritt besonders beim Beobachten zutage. Während unseres Redaktionsaufenthaltes bei *Politiken* wird deutlich, dass die Journalistinnen und Journalisten – neben den nationalen – fast ausschließlich englischsprachige Medien verfolgen. Daneben beschäftigt *Politiken* eine Gruppe von Übersetzern, die Inhalte von Kooperationspartnern übersetzen, teils aber auch an der Themenfindung beteiligt sind. Die englischsprachige Orientierung ist dabei ebenfalls offensichtlich: *Politiken* hat Vereinbarungen für den Austausch von Inhalten mit der *New York Times*, *Los Angeles Times*, *The Guardian*, *Washington Post* und als einzigem nicht-englischsprachigen Organ dem *Spiegel*.

Über diesen angelsächsischen Fokus hinaus haben Boulevardzeitungen anderer skandinavischer Länder eine Relevanz als Ideengeber für eigene Artikel. Hier scheint sich der etwas zynische Kommentar des *FAZ*-Korrespondenten in

5.5 Horizonte der Informationssuche

Dänemark zu bestätigen: Nur wenn es um das Kopieren von Nachrichten und Informationen gehe, dann seien auch dänische Journalisten ganz international. Oder aus der Innenperspektive betrachtet:

> „Wir benutzen viele ausländische Medien. Es ist einfach, so Geschichten zu finden, indem man verschiedene Seiten checkt. Aber dänische Geschichten haben immer einen höheren Stellenwert" (Online-Redakteurin, *Ekstra Bladet*, DK).

Dieses Zitat deutet bereits an, dass beim täglichen Lesen auch für dänische Journalistinnen und Journalisten nationale Medien von hoher Bedeutung sind. Das gilt sowohl für diejenigen der Boulevardzeitung *Ekstra Bladet*, die teils auch nach Skandinavien schauen, als auch für die der anderen Zeitungen. Verfolgt werden die nationalen „Radiomeldungen, [...] die Nachrichten auf *TV2*, [...] die Morgenzeitungen – die drei großen, *Jyllands-Posten*, *Berlingske Tidende*, *Politiken*, [...] die schwedischen und norwegischen Boulevardzeitungen und [...] Ritzau" (Politik-Redakteurin, *Ekstra Bladet*, DK).

Anders als ihre dänischen Kollegen ist die Arbeit der Journalistinnen und Journalisten in *Deutschland* nicht durch einen solcherart festgelegten geografischen Rechercheblick gekennzeichnet, auch wenn Sprachkompetenzen ebenfalls Grenzen des Beobachtens bestimmen. Für den Fall, dass Medien aus dem Ausland verfolgt werden, sind diese meistens aus dem englisch-, deutsch- und vereinzelt französischsprachigen Raum. Das wird deutlich, wenn uns die Journalistinnen und Journalisten aus dem Bereich EU- und Auslandsberichterstattung von ihrem täglichen Beobachten berichten. So berücksichtigen sie *BBC World*, *CNN*, die *Financial Times*, das *Wallstreet-Journal* und die *Herald Tribune*. Insgesamt dominiert aber ein deutsches Medienportfolio. Typische Zeitungen, die im Falle eines Wirtschaftsredakteurs als „Standard-Repertoire" (Wirtschaftsredakteurin, *FAZ*, D) genannt werden, sind *Süddeutsche Zeitung*, *Bild*, *NZZ*, *Zeit*, *Spiegel*, *Focus*, die *Börsenzeitung*, *Financial Times Deutschland*, *Financial Times*, das *Wallstreet-Journal*, die *Herald Tribune* und *Le Monde*.

Einen solchen Eindruck untermauern die Interviews mit den deutschen Auslandskorrespondentinnen und -korrespondenten. Intensiv lesen diese jeweils in ihrem Zuständigkeitsbereich (bspw. Mittel- und Osteuropa) sowie gleichzeitig bezogen auf ihr Heimatland, wie der Dänemark-Korrespondent der *FAZ* und der Polen-Korrespondent der *dpa* bestätigen. Vergleichbar mit ihren Kolleginnen und Kollegen in den anderen Untersuchungsländern ist aber auch hier wieder bemerkenswert, in welchem Maße beim konkreten Recherchieren nationale Quellen genutzt werden.

In *Frankreich* zeigt sich, dass der Rechercheblick der Journalistinnen und Journalisten national bis europäisch ausgerichtet ist. So sind in den französischen Redaktionen, neben der ganzen Palette nationaler Tageszeitungen und Magazine, sämtliche großen europäischen Zeitungen sowie inner- und außereuropäische Nachrichtenagenturen abonniert. Im Gespräch betonen die von uns Interviewten darüber hinaus, dass sie neben diesen Print-Ausgaben die entsprechenden Online-Ausgaben nationaler und europäischer Medienorgane verfolgen, ebenso wie sie die Websites der EU-Institutionen, der französischen Regierung und anderer nationaler Institutionen regelmäßig beobachten. Beim eher allgemeinen Beobachten werden also, neben französischen, auch zahlreiche europäische Titel und Websites durchgesehen – hier verstanden als Angebote anderer europäischer Länder. Versucht man in diesem Gesamt eine länderspezifische Schwerpunktsetzung auszumachen, so geht es „vor allem [um] die englische und deutsche Presse" (Politik-Redakteurin, *Le Figaro*, F). Dieselbe Redakteurin führt aus, andere Zeitungen interessierten eher aus spezifischen Anlässen, beispielsweise „eine tschechische Zeitung auf Englisch" im Rahmen der Arbeit an der Berichterstattung über die tschechische EU-Ratspräsidentschaft.

Bei gezielten Rechercheaktivitäten und bei der intensiveren Zeitungslektüre zeigt sich jedoch einmal mehr, dass der Rechercheblick französischer Journalistinnen und Journalisten eher national zentriert ist. Um sich Hintergrundwissen anzulesen, um über aktuelle Entwicklungen tiefgehender zu informieren und um gezielt nach Informationen für bestimmte Artikelvorhaben zu suchen, greifen französische Journalistinnen und Journalisten zumeist auf französische Zeitungen und französische Websites zurück. So verbrachte der leitende Politik-Redakteur bei *Le Parisien* während unserer Redaktionsbeobachtung recht viel Zeit am Tag mit der ausführlichen Lektüre der französischen Satire-Zeitung *Le Canard*. Daneben – wenngleich nicht ganz so ausgiebig – las er intensiv die Zeitungen *Le Monde* und *Libération*. Bei Auslands-Redakteuren kommt zumeist noch ein fremdsprachiges Organ hinzu. Der für Europa zuständige Redakteur von *Le Monde* liest beispielsweise jeden Tag die Ausgabe seiner eigenen Zeitung, die Zeitungen *Libération* und *Les Echos* sowie die Website des deutschsprachigen *Spiegels*. Entscheidend hierfür ist sicherlich und nicht zuletzt seine langjährige Tätigkeit als Korrespondent in Berlin wie auch seine entsprechende Sprachkompetenz.

Großbritannien zeichnet sich, ähnlich wie Dänemark, durch eine starke Ausrichtung des Rechercheblicks in Richtung Westen aus, vor allem in Richtung der USA. Daneben beobachten die interviewten und beobachteten Journalistinnen und Journalisten häufig auch den Mittleren Osten und Russland. Erst in weiterer Unterordnung beobachten sie die Medienangebote ihrer europäischen Nachbarländer. Entsprechend ist das Portfolio der Zeitungen ausgerichtet, die in den Auslandsressorts britischer Zeitungen verfügbar sind. Die amerikanische Ausrichtung des Rechercheblicks manifestiert sich in den von uns durchgeführten Interviews, indem die Befragten als wichtigste beobachtete Medienorgane zunächst amerikanische Zeitungen wie die *New York Times*, die *Washington Post* und amerikanische Fernseh-Nachrichtenkanäle nennen. Anschließend folgen *CNN-International* und *BBC Worldwide* sowie *Al Jazeera* als bevorzugte Informationsmedien. Das nachstehende Zitat, in dem ein Auslands-Redakteur bei *The Times* seinen Tagesablauf beschreibt, macht diese Blickrichtung exemplarisch greifbar:

> „Also ich komme rein zwischen 8.30 und 9.00 Uhr, lese die Agenturnachrichten der vergangenen Nacht: Reuters, AP, AFP. Schaue, ob da besondere Geschichten in der Nacht hereingekommen sind. Dann lese ich durch eine Auswahl von internationalen Zeitungen. Vor allem aus den USA, auch aus Frankreich, aus dem Mittleren Osten, Russland. Alle [Auslands-Redakteure] haben Spezialisierungen, aber ich lese vielleicht 15–20 Zeitungen online, klicke durch unsere Konkurrenten […], schaue, wie sie unsere Geschichten abgedeckt haben." (Außenpolitik-Redakteur, *The Times*, GB)

Was das konkrete Recherchieren anbelangt, zeigt sich ein anderes Bild. Während das eher offene Beobachten tendenziell inter- und transnational ausgerichtet ist, zentriert sich die Blickrichtung im Rahmen konkreter Recherchearbeiten vornehmlich britisch-national. Hier unterscheidet sich Großbritannien also nicht von den anderen Untersuchungsländern.

Betrachtet man den Rechercheblick der Journalistinnen und Journalisten in *Polen*, fällt auch hier auf, dass diese beim alltäglichen Lesen vor allem national orientiert sind. Im Gespräch mit den polnischen Interviewten zeigt sich, dass sie vornehmlich ihre ‚eigenen' Zeitungen lesen bzw. im Falle von Auslandskorrespondenten die ihres ‚Arbeitslands'. Anders sieht es dagegen aus, wenn es um das Beobachten unterschiedlicher Medien geht oder darum, bei internationalen Ereignissen auf dem aktuellen Stand zu bleiben. Hier zeigen unsere Beobachtungen bei der *Gazeta Wyborcza* wie auch bei der Boulevardzeitung *Fakt*, dass die Redakteure intensiv und regelmäßig unterschiedliche nationale und europäische Websites wahrnehmen, insbesondere die der *BBC*, *Financial Times*, *International Herald Tribune*, des *Wall Street Journals* sowie französische und skandinavische Websites oder euroactiv.com. Dieser eher inter- und transnationale Beobachtungsblick ist auch relevant, wenn es um die Recherche eines bestimmten Themas geht. Hier profitieren die Journalistinnen und Journalisten durchgehend von den Internet-Angeboten der jeweiligen Zeitungen und machen selbstverständlich und regelmäßig davon Gebrauch – sie werden als „Hauptinformationsquellen für die Journalisten" (Redakteur Ressort ‚Welt', *Fakt*, PL) begriffen.

Betrachtet man die Rechercheblicke der Journalistinnen und Journalisten in den verschiedenen von uns untersuchten Ländern insgesamt, so ist es erstaunlich, wie deutlich sich ein länderübergreifendes Muster abzeichnet: Während das allgemeine Lesen und das konkrete Recherchieren stark von nationalen Medien bestimmt sind, beobachten nahezu alle die europäische (und auch US-amerikanische) Medienlandschaft inter- und transnational. Es ist augenfällig, dass dieses Beobachten vor allem eine Ideengeberfunktion übernimmt. Über das Internet und abonnierte Zeitungen informieren sich Journalistinnen und Journalisten fortlaufend über Tendenzen des politischen Gesamtdiskurses in Europa und darüber hinaus, um damit Anregungen für die thematische Agenda der eigenen Arbeit zu bekommen bzw. um zu vermeiden, ein wichtiges politisches Ereignis zu übersehen. Das Beobachten hat aber einen eher flüchtigen Charakter. Zum Teil sind es große Mengen an Seiten, Zeitungen und Portalen, die regelmäßig verfolgt werden, für eine intensive Lektüre bleibt keine Zeit.

Eine intensive Lektüre ist den nationalen Medien vorbehalten. Es konkretisiert sich ein Doing Nation also auch im Rechercheblick. Einige Journalistinnen und Journalisten haben im Gespräch verdeutlicht, dass beim Lesen nicht ausschließlich die Information über ein Geschehen im Vordergrund steht, sondern das *Wie* der Präsentation und damit die Einordnung eines bestimmten Ereignisses in einen nationalen politischen Diskurs. Das gilt nicht nur für die ohnehin scheinbar stärker national zentrierten politischen Diskurskulturen wie diejenigen Dänemarks oder Großbritanniens. Auch in Ländern, in denen Journalistinnen und Journalisten ihr Handeln eher an transnationalen Perspektiven ausrichten, ist es genauso zentral, EU- und auslandsbezogene Inhalte mit nationalen Argumentationsmustern abzugleichen und sich relevante Kontextualisierungen anzulesen. Gehören in das Informationsrepertoire in Ausnahmefällen dennoch ausländische Zeitungen, dann sind es in der Regel gleichsprachige. So werden in Österreich auch deutschsprachige Medien gelesen und in Großbritannien berücksichtigen Journalistinnen und Journalisten Zeitungen aus den USA. Nationale Medien und Quellen sind darüber hinaus vor allem dann zentral, wenn es um die Suche nach konkreten Informationen im Rahmen einer Artikelrecherche geht.

5.5.2 Recherchenetzwerke

Mit *Recherchenetzwerk* fassen wir das Netzwerk der Personen, die Journalistinnen und Journalisten in ihrer Arbeitspraxis regelmäßig kontaktieren. Um diese Kontakte aufrechtzuerhalten, ist unabhängig von konkreten Rechercheaktivitäten eine fortlaufende Beziehungsarbeit notwendig, die fester Bestandteil der journalistischen Praxis ist. Das Recherchenetzwerk ist gewissermaßen das ‚menschliche Pendant' zudem auf die Angebote anderer Medienorgane ausgerichteten Rechercheblick. Ähnlich wie bei diesem interessiert uns die Frage, ob das Recherchenetzwerk in den untersuchten Ländern eher national zentriert oder transnational geöffnet ist. Basis unserer Analyse sind dabei – neben den bisher bereits mehrfach zitierten Interviews und Redaktionsbeobachtungen – Netzwerkkarten, die die befragten und beobachteten Journalistinnen und Journalisten mit Blick auf ihre beruflichen Kontakte anfertigten.

Um das Recherchenetzwerk angemessen zu fassen, ist es notwendig, mehrfache Unterscheidungen zu treffen. Dies ist erstens die Unterscheidung zwischen eher unpersönlichen Recherchekontakten zu Ansprechpartnern in Behörden, Verbänden oder Ministerien einerseits sowie persönlichen Recherchekontakten andererseits. Zweitens ist dies die Unterscheidung zwischen redaktionellen Recherchekontakten sowie den Recherchekontakten einzelner Journalistinnen und Journalisten. Während redaktionelle Kontakte qua Mitgliedschaft in einer Redaktion zur Verfügung stehen, werden die persönlichen Recherchekontakte durch eigenes Engagement aufgebaut und müssen aktiv gepflegt werden. Redaktionelle Recherchekontakte sind grundlegend erst einmal nicht bezogen auf die eigene Person, können aber bei längerer Tätigkeit in der Redaktion in diesem Sinne persönlich werden. Die Recherchekontakte der von uns interviewten und beobachteten Journalistinnen und Journalisten sind fast durchweg persönlich. Wichtig ist damit insgesamt die Praxis des professionellen „Netzwerkens" (Wittel 2006: 164) und Kontakt-Haltens, die ein französischer EU-Redakteur wie folgt beschreibt:

> „Also ich bin der Korrespondent der Korrespondenten. Ich stehe permanent in Kontakt mit den Korrespondenten in den anderen Ländern und in Brüssel. Manchmal muss ich sie fragen, was in ihrem – da, wo sind – passiert, und zugleich muss ich sie manchmal bitten, auf Entwicklungen in der Politik oder Gesellschaft in Frankreich zu reagieren; ich muss sie fragen, ob es Vergleiche gibt, was man machen kann; manchmal muss ich sie bitten, über die Auswirkungen zu schreiben, die bestimmte französische Entscheidungen in den anderen Ländern haben können oder umgekehrt. Schließlich geht es auch darum, zu sehen, welche Einflüsse das Geschehen in den anderen Ländern auf dasjenige in Frankreich hat." (EU-Redakteur, *Le Monde*, F)

Die Recherchenetzwerke der Journalistinnen und Journalisten aller größeren, von uns erforschten Zeitungsredaktionen sind durch rege Kommunikationsbeziehungen zu mitunter sehr zahlreichen und geografisch weit verstreuten Korrespondenten der Zeitung geprägt, sodass diese Recherchenetzwerke auf einen ersten Blick überaus transnational erscheinen. Die Netzwerke von Journalistinnen und Journalisten kleinerer Zeitungen hingegen, die über nur sehr wenige oder gar keine redaktionellen Korrespondenten im Ausland verfügen, sind in der Regel sehr viel weniger transnational, was jedoch im Einzelfall durch persönliche Kontakte kompensiert werden kann. Um das jeweils charakteristische Recherchenetzwerk zu erfassen, ist es demnach notwendig, nicht nur dessen nationale bzw. transnationale Ausrichtung im Blick zu haben, sondern auch die Art des Netzwerks, d. h. seinen Charakter als primär redaktionelles bzw. primär auf die Journalistinnen und Journalisten bezogenes Netzwerk.

Insgesamt zeigt sich in allen sechs untersuchten europäischen Ländern, dass die persönlichen Recherchenetzwerke vornehmlich national zentriert sind. Das heißt, Journalistinnen und Journalisten pflegen berufliche bzw. Recherche-orientierte Kontakte vor allem zu solchen Personen, die in ihrem eigenen Land leben oder ihrer eigenen Nationalität angehören. Dies können z. B. Wissenschaftler oder sonstige Experten einzelner Fachrichtungen sein, die mit Blick auf bestimmte Fragen und Artikelvorhaben kontaktiert werden, ebenso wie Redakteure anderer (nationaler) Zeitungen. Auch wenn es um eher unpersönliche Kontakte zu Ministerien oder Behörden auf europäischer sowie inter- und transnationaler Ebene geht, setzt sich das Muster einer nationalen Zentrierung fort. Hier wenden sich die Journalistinnen und Journalisten nämlich zumeist an Vertreter ihres eigenen Landes – wie etwa politische Abgeordnete der eigenen Nation oder aber nationale Kontaktstellen von z. B. der EU-Kommission oder dem EU-Parlament. In diesem Sinne betont der Europa-Redakteur der polnischen Zeitung *Gazeta Wyborcza*, dass seine Recherchekontakte in Brüssel vor allem polnische Landsleute sind:

> „Quellen in der europäischen Kommission – Polen und Nicht-Polen. Natürlich spielen diese Nicht-Polen nicht so eine wichtige Rolle, weil die Europäische Kommission – obwohl sie supranational ist – sehr national ist. Und es ist eine Regel, dass Journalisten sich an die Sprecher ihrer eigenen Nationalität halten. Und es ist üblich. Und es war immer so und es wird immer so sein." (Außenpolitik-Redakteur, *Gazeta Wyborcza*, PL)

Gestützt wird die These einer eher nationalen Zentrierung journalistischer Recherchenetzwerke zusätzlich dadurch, dass die befragten europäischen Auslandskorrespondentinnen und -korrespondenten, die gleichsam am ‚anderen Ende' des zuvor als redaktionelle Recherchenetzwerke bezeichneten Kontaktgefüges agieren, ihre eigenen Recherche-orientierten Kontakte vornehmlich in Richtung Heimatland pflegen. In der Regel stehen die von uns interviewten Auslandskorrespondenten in keinem engen beruflichen Kontakt zu Journalistenkolleginnen und -kollegen oder sonstigen Personen des jeweiligen Gastlandes, und ebenso wenig pflegen sie weitreichende Berufskontakte zu Korrespondentinnen und Korrespondenten anderer Länder im selben Gastland. Der für die britische

Tageszeitung *The Times* arbeitende Frankreich-Korrespondent, der seit über zehn Jahren in Paris lebt, gibt beispielsweise an, kaum bis gar keine beruflichen Kontakte zu französischen Kollegen oder zu anderen in Frankreich tätigen Korrespondenten zu haben. Während sein medienbezogener Rechercheblick zwar vornehmlich auf das Gastland, also Frankreich, gerichtet sei, orientierten sich seine Recherchekontakte zu Personen primär in Richtung der eigenen Nation bzw. Großbritannien als Heimatland. Anders gestaltet sich dies nach seiner Auskunft lediglich bei Korrespondenten, die in Ländern der Dritten Welt oder in Krisengebieten unterwegs seien. Während seiner Moskauer Korrespondentenzeit etwa, hätten Kontakte zu anderen Korrespondenten eine überaus wichtige Rolle gespielt, allein um sich gegenseitig mit verlässlichen Informationen zu versorgen:

> „Zu französischen Journalisten Null [Kontakte], zu anderen Auslandskorrespondenten absolut keine. Die habe ich so gut wie noch nie gesehen. Französische Journalisten haben Freunde – französische Journalisten. Wir leben hier zwar im selben Milieu, aber diese Kontakte sind für uns nicht annähernd so wichtig wie in Ländern der Dritten Welt oder sonst wie schwierigen Ländern. An Orten wie Moskau ist es sehr wichtig, Kontakte zu Journalisten zu haben, das ist wie ein Informationsnetzwerk. Also das ist insbesondere der Fall in Ländern der Dritten Welt, Lateinamerika oder im Mittleren Osten. In einer großen Metropole, in großen internationalen Städten wie Paris, […] braucht man keine speziellen Kontakte zu Einheimischen." (Frankreich-Korrespondent, *The Times*, GB)

Ein solches Zitat, das in ähnlicher Weise in Interviews aus allen Untersuchungsländern zu finden ist, zeigt, dass Auslandskorrespondenten trotz zum Teil langjähriger Berufs- und Lebenserfahrungen im Gastland ein wenig ausdifferenziertes Kontaktnetzwerk haben und wie ‚auf Inseln' in einem fremden Kontext arbeiten, ihrem Gastland immer ein Stück distanziert gegenüberstehen und dieses mit einem ‚nationalen Blick' beobachten, ein Ergebnis, das sich mit der bereits zitierten Forschung von Ulf Hannerz (2004: 84ff.) und anderen deckt. Dieser Befund verweist einmal mehr auf die im Doing Nation greifbare Trägheit nationaler politischer Diskurskulturen. Scheint doch die Ausbildung eines transnationalen oder zumindest binationalen Recherchenetzwerks auch nach mehreren Jahren des Aufenthalts im Gastland nicht die Regel zu sein.

Wie sich die Recherchenetzwerke der Journalistinnen und Journalisten in den Ländern aber nun im Einzelnen gestalten, d. h. welche Differenzen es im Detail gibt und in welchen Fällen es doch zu transnationalen Entgrenzungen des Recherchenetzwerks kommt, dies soll im Folgenden genauer beleuchtet werden.

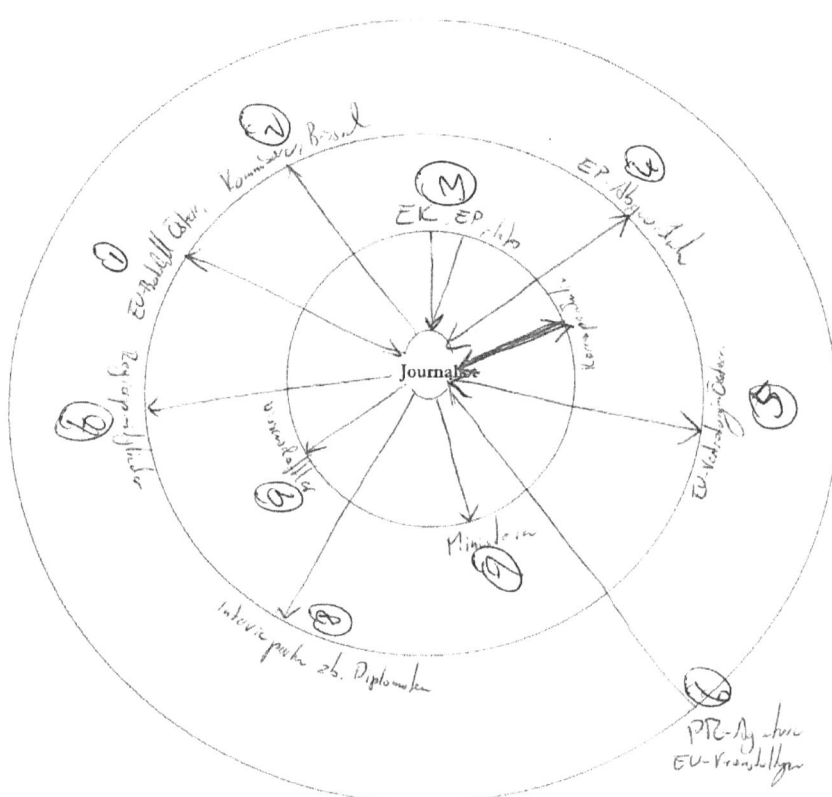

Abb. 16 Netzwerkkarte eines EU-Redakteurs der *Presse* (A)

Für *Österreich* bestätigt sich die beschriebene Tendenz einer nationalen Zentrierung der Recherchenetzwerke deutlich. Österreichische Journalistinnen und Journalisten pflegen im Rahmen ihrer Produktions- und Recherchepraktiken – sowohl mit Blick auf Auslands- als auch mit Blick auf Europathemen – berufliche Kontakte vornehmlich zu Personen oder Institutionen im eigenen Land bzw. der eigenen Nation. So gibt der leitende Redakteur des Europa-Ressorts bei *Die Presse* beispielsweise an, Recherchekontakte primär zu österreichischen Ministerien und Pressesprechern sowie zu österreichischen Abgeordneten auf EU-Ebene zu halten und zu nutzen. Die „EU-Vertretung in Österreich" (EU-Redakteur, *Die Presse*, A) kontaktiere er dabei sowohl, um relevante und mit Blick auf Österreich aufbereitete EU-Informationen zu erhalten, als auch, um sich spezifische Kontakte nach Brüssel herstellen zu lassen. Einzig mit Blick auf Kontakte zu Experten und Wissenschaftlern kann von einer gewissen binationalen Ausdehnung der Recherchenetzwerke österreichischer Journalistinnen und Journalisten die Rede sein. Hier nämlich werden nicht nur österreichische, sondern auch Wissenschaftler des gleichsprachigen Nachbarlandes Deutschland als Kontakte benannt, wo beispielsweise „Wissenschaftler [...] wie Weidenfeld in München" (EU-Redakteur, *Die Presse*, A) als wichtige Ansprechpartner erwähnt werden. In der Visualisierung seiner Recherchekontakte (vgl. Abbildung 16) verdeutlicht der befragte EU-Redakteur den engen Bezug zu Kontakten seiner eigenen Nationalität sowohl im Inland als auch auf der Brüsseler Bühne. Selbst in der ‚Peripherie' seines Recherchenetzwerks, d. h. in den äußeren Bezugskreisen, benennt der befragte Redakteur vornehmlich Personen österreichischer Herkunft, die er in den entsprechenden Institutionen wie beispielsweise der EU-Kommission kontaktiert.

Was die Beziehungsarbeit mit Blick auf die im Ausland arbeitenden Korrespondentinnen und Korrespondenten anbelangt, so ist diese bei der *Kleinen Zeitung* weniger intensiv ausgeprägt. Hier unterscheidet die Politik-Redakteurin der *Kleinen Zeitung* zwischen engen sowie eher sporadischen Kontakten zu den fest angestellten und freien Korrespondenten im Ausland.[37]

Der Eindruck einer nationalen Zentrierung österreichischer Recherchenetzwerke bestätigt sich ebenfalls für die befragten österreichischen Korrespondenten im Ausland. So betonen zwei in Paris und London arbeitende Korrespondenten, dass ihre wichtigsten persönlichen Berufskontakte diejenigen in die Heimatredaktion seien, und dass sie zudem „sehr wenig Kontakt zu französischen Kollegen [haben], sei es von digitalen Medien oder von Zeitungen" (Frankreich-Korrespondent, *Die Presse*, A). Sie begreifen sich selbst als „Ausländer" und „auf [sich] allein gestellt" (Großbritannien-Korrespondent, *Die Presse*, A).

Zusammenfassend ergibt sich für Österreich – nicht zuletzt auch vor dem Hintergrund der bisherigen Österreich-Befunde – ein kontraintuitives Bild: Während die journalistischen Produktionspraktiken nämlich bislang durchweg von Momenten der Transnationalisierung geprägt waren, können solche Tendenzen mit Blick auf die Recherchenetzwerke nicht attestiert werden. Stattdessen sind diese in der Regel national zentriert. Allenfalls gibt es eine gewisse transnationale Ausdehnung in das wohlgemerkt gleichsprachige Nachbarland Deutschland.

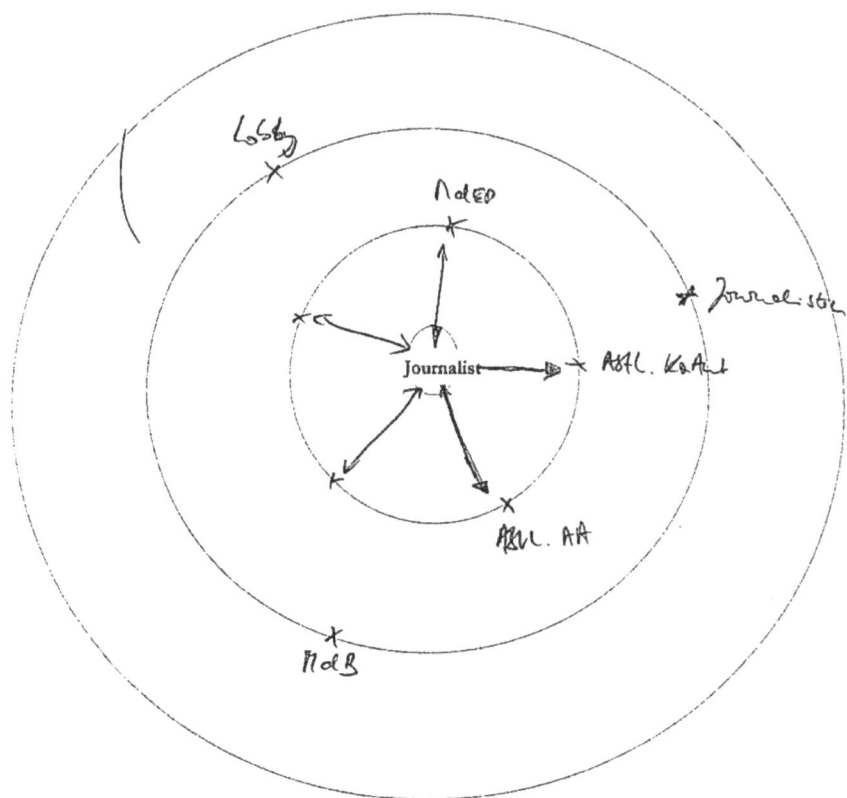

Abb. 17 Netzwerkkarte eines Politikredakteurs der *Bild* (D)

Recherchenetzwerke von Journalistinnen und Journalisten aus *Deutschland* sind ebenfalls in erster Linie an nationalen Kontakten und Quellen orientiert. Kontakte mit einem ausländischen Hintergrund sind eher eine Seltenheit. Dieser Eindruck bestätigt sich in ganz ähnlicher Weise sowohl am Beispiel der *Bild* als auch der *FAZ* – zwei Zeitungen, in denen Journalistinnen und Journalisten mit Blick auf ihre EU- und Auslandsberichterstattung, wie zuvor gezeigt, ganz unterschiedliche Ansätze verfolgen. Bei den redaktionellen Recherchekontakten wird deutlich, dass Journalisten der *Bild* einerseits und der *FAZ* andererseits an unterschiedlicher Stelle ansetzen. Das manifestiert sich besonders im Kontext der EU-Berichterstattung. Die *FAZ* verfügt über ein gut ausgestattetes Korrespondentenbüro in Brüssel und die zuständigen Redakteure holen dort ihre benötigten Informationen ein. So formuliert einer der von uns interviewten Redakteure, „es wäre glatt gelogen, wenn ich behauptete, dass ich in Brüssel gut vernetzt wäre. Das ist nicht nötig, weil wir haben mehr als vier Leute, die da sind" (Außenpolitik-Redakteur, *FAZ*, D). In Abgrenzung dazu gibt es diese Ressourcen bei der *Bild* nicht. Hier realisieren Journalistinnen und Journalisten ihren routinemäßigen Informationsabgleich über ihre persönlichen Kontakte – mit einem starken Schwerpunkt auf Ansprechpartner in der deutschen Innenpolitik. Dies wird anhand der Netzwerkkarte eines befragten Politikredakteurs der *Bild* (vgl. Abbildung 17) sehr deutlich: In den engsten Bezugskreisen befinden sich deutsche Kontakte im EU-Parlament, zum europapolitischen Berater der Kanzlerin, zum Leiter der Europa-Abteilung im Auswärtigen Amt und zu einem Sprecher des EU-Kommissionspräsidenten Barroso. Aber auch die Lobbyisten und Journalisten, die neben den Mitgliedern des Deutschen Bundestages in den weiteren Bezugskreisen benannten werden, sind in erster Linie Deutsche.

Ebenfalls bei den persönlichen Netzwerken der Korrespondenten in Brüssel herrscht eine starke nationale Zentrierung vor. Exemplarisch wird dies daran greifbar, dass sich ein Mitarbeiter der *FAZ* ein benötigtes EU-Dokument nicht über Kontakte bei der zuständigen Behörde besorgt, sondern bei seiner deutschen Kollegin der *SZ*. Auch aus Sicht eines zuständigen Redakteurs in der Heimatredaktion haben die Brüsseler Kontakte der Korrespondenten im Schwerpunkt einen nationalen Charakter. Sofern es also um die eigene Initiative der Journalistinnen und Journalisten im Rahmen ihrer persönlichen Kontaktnetzwerke geht, dominieren dichte Beziehungen im nationalen Kontext. Das zeigt sich u. a. daran, dass die in den Zitaten genannten Bezüge in den Netzwerkkarten als wechselseitig und nicht als einseitig vermerkt wurden. Bemerkenswert ist in diesem Zusammenhang, dass die für Außenpolitik zuständigen Redakteure auf die zentrale Bedeutung ihrer physischen Präsenz in der Hauptstadt verweisen: „Wenn ich hier in Berlin unterwegs bin, ist natürlich Ziel, möglichst viele Leute zu treffen, mit denen man auch beruflich zu tun hat und das zu nutzen, den Informationsvorsprung, den die möglicherweise haben" (Politischer Korrespondent, *Bild*, D).

Im Gespräch mit Journalistinnen und Journalisten aus *Dänemark* wie auch in den von ihnen erstellten Netzwerkkarten wird deutlich, dass bei den Recherchenetzwerken ebenfalls eine starke nationale Zentrierung vorliegt. Das betrifft nicht nur solche, die in Dänemark arbeiten, sondern auch dänische Korrespondenten in anderen europäischen Ländern und in Brüssel. Der in Berlin tätige Mitarbeiter der *Berlingske Tidende* betont in diesem Zusammenhang die Bedeutung seiner vornehmlich dänischen Kontakte in der Bundesrepublik. Dabei handelt es sich durchaus um wechselseitige Beziehungen zu „Dänen, weil zu denen habe ich einen leichteren Zugang" (Deutschland-Korrespondent, *Berlingske Tidende*, DK). Der Berliner Korrespondent lässt damit anklingen, er sei auf die dänischen Ansprechpartner angewiesen, da er an die deutschen ohnehin nicht herankäme – eine Einschätzung, die sich in dieser Deutlichkeit bei Journalistinnen und Journalisten anderer Länder nicht findet. Auch die EU-Korrespondenten sind auf ihr nationales Netzwerk angewiesen. Dieses bewährt sich zum Beispiel wenn es gilt, bei einem wichtigen EU-Ereignis mehrere Pressekonferenzen gleichzeitig abzudecken. Hier ist es durchaus üblich, sich andere Medienvertreter aus dem eigenen Land einen „Blick auf das Material werfen" (Brüssel-Korrespondent, *Politiken*, DK) zu lassen.

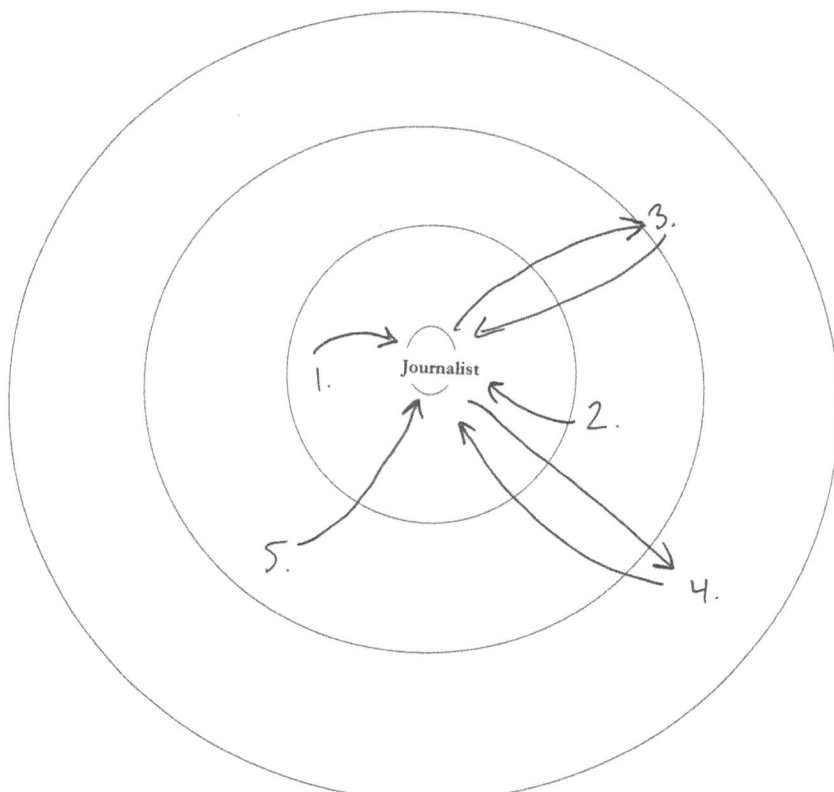

Abb. 18 Netzwerkkarte einer Politikredakteurin des *Ekstra Bladet* (DK)

Die Netzwerkkarte einer Politikredakteurin des *Ekstra Bladet* (vgl. Abbildung 18) verdeutlicht exemplarisch diese in Dänemark beobachtete sehr starke nationale Zentrierung persönlicher Recherchekontakte. So zählt die befragte Redakteurin zu ihren engsten Kontakten einen Auslandsredakteur und einen Online-Redakteur bei *Ekstra Bladet* sowie weitere Nachrichtenredakteure dänischer Zeitungen (unter 1., 2. und 3.). Die einzigen transnationalen Kontakte, die sie nennt (unter 4. und 5.), sind Kolleginnen und Kollegen anderer Printzeitungen aus dem skandinavischen Raum. Jedoch hat diese transnationale Entgrenzung einen ganz pragmatischen Grund: Die skandinavischen Tageszeitungen sparen Kosten, indem sie gemeinsam Freelancer als ‚Korrespondentenersatz' im Ausland einsetzen und nutzen.

Insgesamt sind dänische Journalistinnen und Journalisten entsprechend vergleichsweise intensiv mit inländischen Ansprechpartnern und Kollegen vernetzt. Kontakte darüber hinaus scheinen sich auf den skandinavischen Raum zu beschränken. Dies hängt aus Sicht der von uns Interviewten damit zusammen, dass „Dänemark […] eine vergleichsweise offene Gesellschaft mit niedrigen Zugangsbarrieren" ist – man hat „schnell Zugang zu wichtigen Beamten, Gewerkschaftsbossen, Arbeitgeberorganisationen und Experten" (Chefredakteur, *Politiken*, DK). Dies treffe außerhalb des nationalen Kontextes nicht zu.

Frankreich fügt sich mit Blick auf eine nationale Zentrierung journalistischer Recherchenetzwerke in das bislang gezeichnete Bild ein. Auch hier sind die beruflichen Kontakte der Journalistinnen und Journalisten zu Personen, Behörden und Ministerien in der Regel national orientiert. So verdeutlicht der leitende Politik-Redakteur bei *Le Parisien* im Gespräch, dass seine wichtigsten Kontakte, neben dem Chefredakteur der Zeitung, die anderen Redakteure seines Politik-Ressorts, danach die freien Korrespondenten der Zeitung und schließlich Mitglieder der französischen Regierung sowie französische Expertinnen und Experten seien. Eine leichte Tendenz in Richtung einer transnationalen Erstreckung von Recherchenetzwerken lässt sich allenfalls im Einzelfall des EU-Redakteurs bei *Le Monde* ausmachen (vgl. Abbildung 19). Dieser gewichtet seine Recherchekontakte wie folgt: An erster Stelle verortet er die zahlreichen Auslandskorrespondenten der Zeitung, zu denen er in sehr engem Kontakt steht und mit denen er jeden Tag viel Zeit am Telefon verbringt. An zweiter Stelle nennt er andere Politik-Redakteure bei *Le Monde*, an dritter Stelle Mitglieder der französischen Regierung, darunter insbesondere die für französische EU-Politik Zuständigen, an vierter und fünfter Stelle schließlich politische Akteure in Brüssel und Deutschland sowie Europa-Redakteure in anderen europäischen Ländern. Sieht man einmal vom redaktionellen Recherchenetzwerk ab, ist für diese leicht transnationale Ausdehnung des personellen Recherchenetzwerks vor allem die persönliche Biografie des befragten Redakteurs verantwortlich: Er lebte und arbeitete viele Jahre als Korrespondent in Berlin sowie in Washington und verfügt somit nicht nur über entsprechende persönliche Kontakte, sondern auch über entsprechende Sprachkompetenzen. Im Beobachtungszeitraum nutzte er diese transnationale Netzwerk-Ausdehnung beispielsweise, um – über Kontakte im Auswärtigen Amt in Berlin – ein Interview mit dem deutschen Politiker Frank Walter Steinmeier anzubahnen.

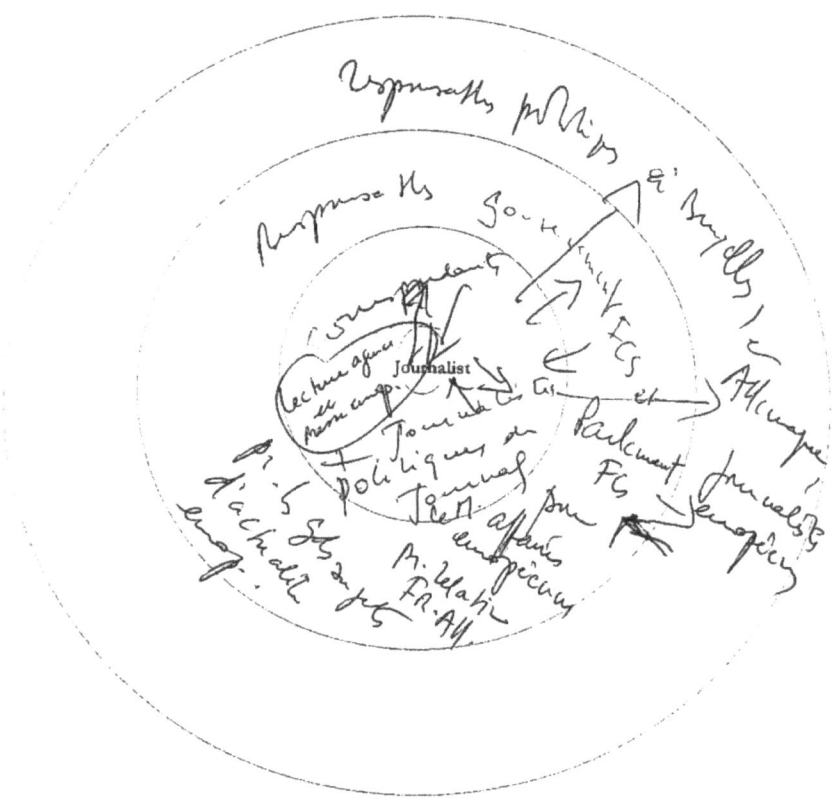

Abb. 19 Netzwerkkarte eines EU-Redakteurs der *Le Monde* (F)

Auch *Großbritannien* fällt aus dem Muster einer nationalen Zentrierung journalistischer Recherchenetzwerke nicht heraus. In unseren Gesprächen, Netzwerkkarten und Redaktionsbeobachtungen wird greifbar, dass britische Journalistinnen und Journalisten Recherchekontakte vornehmlich zu eigenen Landsleuten halten und nutzen. Vereinzelt werden Tendenzen einer transnationalen Ausdehnung von Recherchenetzwerken – ähnlich wie in Frankreich – dann ersichtlich, wenn einzelne Personen im Rahmen ihrer Berufsbiografien längere Zeit in einem anderen Land gelebt haben oder über bestimmte Sprachkompetenzen verfügen. Dies ist beispielsweise bei einem für die Europaberichterstattung zuständigen Redakteur der *Financial Times* der Fall, der über einen Deutschlandaufenthalt „Netzwerke [...] in Berlin" (EU-Redakteur, *Financial Times*, GB) aufgebaut hat. Das Beispiel der Netzwerkkarte eines Auslandsredakteurs der *Times* ist entsprechend ein weiterer Beleg für die nationale Zentrierung journalistischer Kontaktnetzwerke (vgl. Abbildung 20). Der befragte Redakteur gibt im engsten Bezugskreis eine enge Beziehung zu den Auslandskorrespondenten seines eigenen Blattes an. In den weiteren Bezugskreisen folgen Einflusspersonen auf britischer Politikebene, Journalistinnen und Journalisten ausländischer Zeitungen und Websites, NGOs wie beispielsweise nationale Hilfsorganisationen und sodann Rundfunkanstalten wie die *BBC*, aber auch US-amerikanische Netzwerke und *Al Jazeera*.

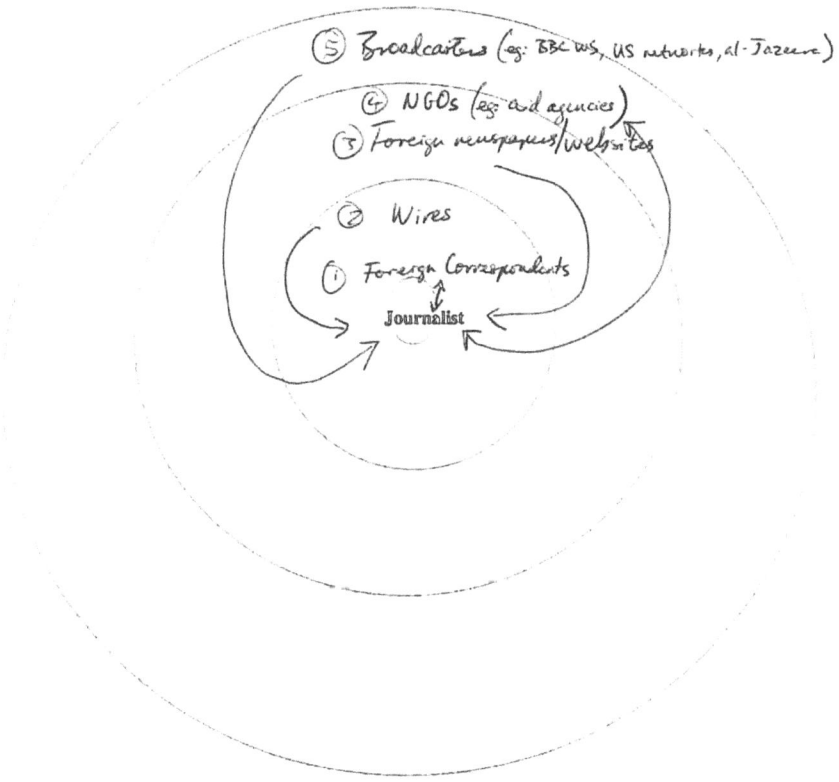

Abb. 20 Netzwerkkarte eines Auslandsredakteurs der *Times* (GB)

In *Polen* haben Recherchenetzwerke im Vergleich zu anderen europäischen Ländern insgesamt eine herausgehobene Bedeutung. In noch größerem Ausmaß als in anderen Ländern laufen weite Teile der Kommunikation zwischen Politik und Medien, aber auch der Medien untereinander über direkte telefonische Kontakte. Besonders und charakteristisch ist die Selbstverständlichkeit und Kurzfristigkeit, mit der auf diese vorrangig persönlichen Kontakte zurückgegriffen wird. Redaktionelle Netzwerke stehen dementsprechend eher im Hintergrund. Gleichwohl haben wir es auch in Polen mit einer nationalen Zentrierung der Recherchenetzwerke zu tun. Gerade bei den persönlichen Netzwerken zeichnet sich paradoxerweise mit fortschreitender Etablierung in der EU im polnischen Kontext die Tendenz einer zunehmenden Nationalisierung ab, was der zuständige Redakteur der *Gazeta Wyborcza* wie folgt erklärt:[38]

> „In der Zeit, als Polen dabei war, der Europäischen Union beizutreten und die Verhandlungen waren und wir als polnische Journalisten wenig wussten, […] waren die Finnen und Schweden eigentlich meine Kontakte, sie haben diese Kultur der Transparenz immer anerkannt, jeder soll gleichbehandelt werden und so. Und unter den Journalisten waren die Deutschen sehr hilfreich. […] Das war aber ein anderer Zugang, weil es jetzt eben anders funktioniert." (EU-Redakteur, *Gazeta Wyborcza*, PL)

Mit Etablierung in der EU nimmt für polnische Journalistinnen und Journalisten entsprechend die Notwendigkeit von transnationalen Netzwerken ab, sodass diese mittlerweile auch bei der Europaberichterstattung fast gänzlich national ausgerichtet sind. Einige transnationale Bezüge sind jedoch erhalten geblieben. Eine eher nationale Fokussierung zeigt sich entsprechend auch im Beispiel der Netzwerkkarte (vgl. Abbildung 21). Zu den Kontakten im engsten Bezugskreis zählt der befragte EU-Redakteur Quellen im polnischen Außenministerium sowie in der Verwaltung der europäischen Integration (unter 1.). Unter 4. nennt er Experten, darunter sowohl Polen als auch andere Nationalitäten, in *Think Tanks* in Brüssel, Den Haag, London sowie unter anderem anderen in Skandinavien und unter 6. andere Mitarbeiter des Außenministeriums, der polnischen Verwaltung für europäische Integration und Diplomaten. Neben Kontakten zu einigen internationalen Experten pflegt dieser Redakteur darüber hinaus Kontakt zu anderen ausländischen Journalisten. Trotz einer tendenziell nationalen Orientierung bleibt insofern eine gewisse transnationale Reichweite bestehen.

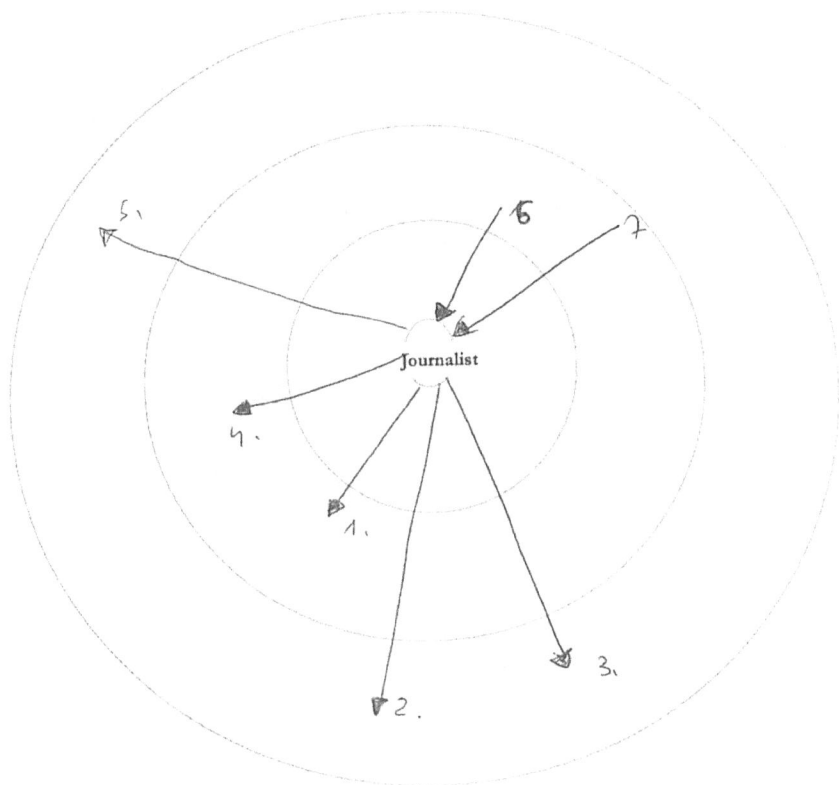

Abb. 21 Netzwerkkarte eines EU-Redakteurs der *Gazeta Wyborcza* (PL)

Wir können damit über alle unsere Untersuchungsländer hinweg festhalten, dass die Recherchenetzwerke der Journalistinnen und Journalisten primär national ausgerichtet und damit fester Bestandteil des Doing Nation ihrer journalistischen Alltagspraxis sind. Recherche-bezogene Kontakte umfassen zumeist Personen oder Institutionen im eigenen Land bzw. sind Ansprechpartner im Ausland tendenziell solche der eigenen Nationalität. Selbst bei europäischen Institutionen ist es üblich, dort zunächst Delegierte oder Kontaktstellen des eigenen Landes anzusprechen. Insgesamt sind die redaktionellen Recherchenetzwerke sehr viel weitläufiger als die Netzwerke der Journalistinnen und Journalisten als Einzelpersonen. Wenn letztere über ein redaktionelles Netzwerk von Korrespondenten im Ausland verfügen, sind es diese Möglichkeiten, die sie nutzen und pflegen. Persönliche Recherchekontakte werden – wo vorhanden – dagegen seltener und gezielt während der Arbeit an einem bestimmten Artikelvorhaben herangezogen. Ausnahmen von einer solchen durch die Redaktionen gestützten und stabilisierten nationalen Zentrierung der Recherchenetzwerke bestehen dann, wenn Journalistinnen und Journalisten in ihrer eigenen Berufsbiografie längere Zeit im Ausland waren und sich hierüber intensivere Kontakte ergeben haben, die sie weiter in ihre Arbeit einbeziehen.

Insofern sind die Auslandskorrespondenten diejenigen Personen, die die nationalen Zentrierungen von Recherchenetzwerken zumindest etwas brechen. Bemerkenswert bleibt aber, dass diese, obwohl sie teilweise seit vielen Jahren in ihren Gastländern leben und die Landessprachen beherrschen, relativ ‚national' arbeiten und intensive berufliche Kontakte primär vor dem Horizont der je eigenen Nation pflegen. Ihre persönlichen Recherchenetzwerke zeichnen sich somit nicht – wie man eigentlich vermuten könnte – durch eine starke transnationale oder zumindest binationale Orientierung aus. Das Doing Nation in den verschiedenen politischen Diskurskulturen manifestiert sich demnach auch in den jeweiligen Recherchenetzwerken.

5.6 Das Doing Nation in der Praxis des Europajournalismus

Ausgangspunkt unserer Analysen war in diesem Kapitel die Frage, inwiefern die sich in den journalistischen Arbeitspraktiken artikulierenden nationalen politischen Diskurskulturen eine fortlaufende Segmentierung der Transnationalisierung von Öffentlichkeit in Europa erklären. Die Antwort, die wir hierauf nun geben können, ist zweifach: Erstens ist in allen unseren Untersuchungsländern als Teil journalistischer Praxis ein fortlaufendes Doing Nation auszumachen. Zweitens konkretisieren sich diese Nationalisierungspraktiken weiter in je spezifischen nationalen Ausprägungen.

Die *transkulturell geteilten Nationalisierungspraktiken* verbindet, dass – auch bei europäischen politischen Geschehnissen und Ereignissen – die Nation als Zentrum der Berichterstattung und Einschätzung konstruiert wird. Bei nationalen Rückbezügen geht es um die Orientierung der journalistischen Praxis, die verschiedensten europäischen Ereignisse bzw. diejenigen in europäischen Nachbarländern mit der eigenen Nation als der zentral empfundenen politischen Einheit in Relation zu bringen. Transnationale Kontextbezüge als Teil der journalistischen Praxis verweisen darauf, dass die Nation von den Journalistinnen und Journalisten kaum mehr isoliert für sich gesehen wird, sondern in einem weiteren transnationalen Rahmen. Hierdurch ‚europäisiert' bzw. transformiert sich das Nationale in der journalistischen Berufspraxis. Nichtsdestotrotz ist es die eigene Nation, die

5.6 Das Doing Nation in der Praxis des Europajournalismus

der Referenzpunkt bleibt und von dem aus das Transnationale hergestellt wird. Diese nationale Referenzsetzung wird ebenfalls bei der Hierarchisierung in der Arbeitspraxis der Journalistinnen und Journalisten greifbar. So genießt das Nationale (bzw. Regionale) in der journalistischen Arbeitspraxis vor Fragen des Europäischen Vorrang.

Betrachtet man stärker, wie Europa in der journalistischen Praxis übergreifend einbezogen wird, so stellt man fest, dass die Veralltäglichung weit vorangeschritten ist: Europa ist in der Praxis der Journalistinnen und Journalisten immer weniger ein herausgehobener oder problematischer Gegenstandsbereich für sich, sondern ressort- und themenübergreifend ein fortlaufender Referenzpunkt der journalistischen Arbeit. Paradoxerweise fördert dies insofern ein Doing Nation, als es sich hierbei um eine *nationale* Veralltäglichung handelt: In der journalistischen Praxis ist Europa zu einem Teil der je *nationalen* Berichterstattung geworden, weswegen es in manchen Fällen seinen besonderen transnationalen Charakter gänzlich verliert.

Und auch die Rechercheblicke bzw. Recherchenetzwerke als Horizonte des Recherchierens sind primär national ausgerichtet. So sind es insbesondere nationale Medien, die die Journalistinnen und Journalisten aufmerksam lesen bzw. wenn es sich um ausländische Medien handelt, dann wenige Medien einzelner herausgehobener Referenznationen (bspw. deutsche Medien im Falle von Österreich oder amerikanische Medien im Falle von Großbritannien). Ebenso werden bei der intensiven Recherche vor allem nationale Medien herangezogen. Wirklich transnational ist der Rechercheblick nur dann, wenn es um das eher beiläufige Beobachten anderer (europäischer) Medien geht. Ziel dabei ist es, entweder zu vermeiden, dass ein wichtiges politisches Geschehen verpasst wird oder sich Anregungen für interessante Artikel zu holen. Noch nationaler sind die Recherchenetzwerke ausgerichtet, die selbst bei Auslandskorrespondenten insbesondere Personen der eigenen kulturellen Herkunft einschließen.

Es sind nach unseren Analysen diese Nationalisierungspraktiken, die in den Zeitungsredaktionen für ein fortlaufendes und selbstverständliches – kurz: „banales" (Billig 1995) – Doing Nation sorgen. Routiniert wird so Europa, d. h. die Europäische Union in Form des Blicks nach Brüssel wie auch das europäische Ausland in Form des Blicks zum Nachbarn, im ‚Fort-Schreiben' der je nationalen Erzählung eingeordnet. Entsprechend lassen sich die spezifischen Ausprägungen der von uns typisierten Handlungspraktiken und -horizonte der Nationalisierung nach *nationalen politischen Diskurskulturen* unterscheiden (siehe überblickend Tabelle 3).

Tab. 3 Länderspezifika der Nationalisierungspraktiken

	Nationale Rückbezüge	Transnationale Kontextbezüge	Hierarchisierung	Nationale Veralltäglichung	Rechercheblicke	Recherchenetzwerke
A	Regionale Rückbezüge; Historische Rückbezüge (Osteuropa)	Implizite Nationalreferenz (Transnationalisierung)	Nation, Europa, Welt	Weit fortgeschritten	Beobachten: europäisch-transnational; Recherchieren & Lesen: deutschsprachig	National zentriert
D	Z. T. historische Rückbezüge (Nationalsozialismus)	Implizite Nationalreferenz (Transnationalisierung)	Nation, Europa, Welt	Weit fortgeschritten	Beobachten: europäisch-transnational; Recherchieren & Lesen: national	National zentriert
DK	Nationale Rückbezüge als Themenwahlkriterium	Implizite Nationalreferenz (Distanzierung/ Nationalisierung)	Nation, Welt, Europa	Ansatzweise gegeben	Beobachten: englischsprachig-transnational; Recherchieren & Lesen: national	National zentriert
F	Vergleichende Rückbezüge (EU-Nachbarländer); Historische Rückbezüge (Kolonialismus)	Explizite Nationalreferenz (als Teil im Transnationalen aufgehend)	Nation, Europa, Welt	Weit fortgeschritten	Beobachten: europäisch-transnational; Recherchieren & Lesen: national	National zentriert
GB	Humorvoll-satirische Rückbezüge (EU-Nachbarländer)	Implizite Nationalreferenz (als Teil im Transnationalen aufgehend)	Nation, Welt, Europa	Nicht gegeben	Beobachten: englischsprachig; Recherchieren & Lesen: englischsprachig	National zentriert
PL	Historische Rückbezüge (Kommunismus/Nationalsozialismus)	Explizite Nationalreferenz (eigenständige Rolle im Transnationalen betonend)	Nation, Welt, Europa	Ansatzweise gegeben	Beobachten: transnational; Recherchieren & Lesen: national	National zentriert

In *Österreich* werden von den von uns interviewten und beobachteten Journalistinnen und Journalisten nationale und regionale Rückbezüge tendenziell mit einer Rahmensetzung im Hinblick auf die osteuropäische Geschichte des Landes hergestellt. Transnationalen Prozessen wird ein Eigenwert zugeschrieben und der

5.6 Das Doing Nation in der Praxis des Europajournalismus

Bezug des Transnationalen auf die eigene Nation geschieht eher implizit. Weit fortgeschritten ist die Veralltäglichung Europas in den verschiedensten Formen der nationalen und regionalen Berichterstattung. Während das Recherchenetzwerk national zentriert ist, beobachten die Journalistinnen und Journalisten in ihrem Rechercheblick die europäische Medienlandschaft, recherchieren und lesen aber primär deutschsprachig.

Für Deutschland ist ein spezifischer Aspekt der nationalen Rückbezüge in der Herstellung historischer Bezugnahmen auf den Nationalsozialismus zu sehen. Eine erhebliche Stellung in der Arbeit der Journalistinnen und Journalisten haben hier transnationale Kontextbezüge, wobei in den Interviews ein nur impliziter nationaler Rückbezug erfolgt und dem Transnationalen ein eigener Stellenwert eingeräumt wird. Bei der Hierarchisierung der Arbeit kommt Europa für deutsche Journalistinnen und Journalisten gleich nach der Nation und vor der weiteren Weltberichterstattung. Die Veralltäglichung Europas in der nationalen Berichterstattung ist weit vorangeschritten. Der Rechercheblick wie auch das Recherchenetzwerk unterscheiden sich kaum von dem österreichischer Journalistinnen und Journalisten, mit der Ausnahme, dass das Recherchieren und Lesen der deutschen Journalistinnen und Journalisten tendenziell nicht den gesamten deutschsprachigen Raum einschließt, sondern nur den der eigenen Nation. In solchen Ähnlichkeiten der journalistischen Praxis wird eine gewisse Nähe der politischen Diskurskulturen dieser beiden Länder konkret, die derselben „geolinguistischen Region" angehören (Sinclair et al. 1996: 11–14), d. h. einem durch kulturelle Nähe verbundenen sprachlichen Raum.

Hiervon weichen die Praktiken der Journalistinnen und Journalisten in *Dänemark* zum Teil erheblich ab. Nationale Rückbezüge sind nicht einfach nur eine gängige Praxis, um ein als wichtig angesehenes europäisches Geschehen national einzuordnen. Darüber hinaus bildet die Möglichkeit, solche Rückbezüge herstellen zu können, auch ein Themenauswahlkriterium. Geht es um transnationale Kontextbezüge, so zeigt sich im Fehlen expliziter Nationalbezüge eine distanzierte Grundhaltung gegenüber Europa. In der Hierarchisierung der journalistischen Praxis rangiert Europa nicht nur hinter der Nation, sondern darüber hinaus hinter weiteren als wichtig angesehenen Weltregionen (insbesondere den USA). Dem entspricht, dass der beobachtende Rechercheblick eher auf den englischsprachigen als auf den europäischen Raum gerichtet ist. Eine nationale Veralltäglichung der EU-Berichterstattung ist nur ansatzweise gegeben, d. h. Europa wird in der Berufspraxis dänischer Journalistinnen und Journalisten als etwas Separiertes behandelt.

Für *Frankreich* können wir resümieren, dass bei nationalen Rückbezügen der Vergleich mit anderen (europäischen) Nationen im Zentrum der journalistischen

Berufspraxis steht und hierbei ein spezifischer historischer Zugang auf die Rolle Frankreichs als afrikanische Kolonialmacht nach wie vor eine Relevanz hat. Bezogen auf transnationale Kontextbezüge weisen die von uns interviewten Journalistinnen und Journalisten sehr deutlich darauf hin, diese explizit in Relation zur eigenen Nation zu realisieren. In der Berichterstattungshierarchie rangiert dann aber nach der Nation Europa an zweiter Stelle, noch vor weiteren Regionen der Welt. Ebenso ist die Veralltäglichung Europas in der Berichterstattungspraxis weit vorangeschritten und der Rechercheblick der Journalisten tendenziell europäisch-transnational.

In *Großbritannien* ist die journalistische Praxis durch eine distanzierte Grundhaltung gegenüber Europa geprägt. Geht es um das nationale Rückbeziehen Europas, so geben die Journalistinnen und Journalisten an, auf humorvoll-ironische Weise die Beziehung zwischen Europa und der eigenen Nation zu verhandeln. Ähnlich distanziert erfolgen transnationale Kontextbezüge über indirekte, ironisierende Nationalreferenzen. In der Hierarchie der Berichterstattungspraxis rangiert Europa nach der eigenen Nation und weiteren Referenzregionen der Welt (insbesondere Nordamerikas) an dritter Stelle. Eine Veralltäglichung Europas in der Berichterstattungspraxis zeichnet sich praktisch überhaupt nicht ab, und der beobachtende Rechercheblick bezieht sich auf den englischsprachigen Raum.

Fasst man schließlich die Ergebnisse für *Polen* zusammen, so fallen die sehr stark historisierenden nationalen Rückbezüge auf. Die Betonung transnationaler Kontextbezüge liegt beim impliziten Verhandeln der eigenständigen Rolle der Nation im transnationalen Raum, wobei die Orientierung über das Europa der EU weit hinaus gen Osten (ehemalige UdSSR) und gen Nordamerika geht. Dem entspricht, dass in der Hierarchisierung der Berichterstattungspraxis Europa an dritter Stelle rangiert, die Veralltäglichung Europas allenfalls teilweise gegeben und das nationale Recherchieren und Lesen ansatzweise durch ein transnationales Beobachten der Medienberichterstattungen oben genannter Länder und Regionen gebrochen ist. Diese Einschätzung bleibt jedoch unter dem Eindruck der ständigen Transformation journalistischer Produktionsbedingungen, auf die auch die interviewten Journalistinnen und Journalisten immer wieder verweisen. So hat die Zunahme der politischen Bedeutung der EU für Polen zunächst eine gewisse Re-Nationalisierung bewirkt.

Der Versuch, auf diese Weise die Charakteristika der nationalen politischen Diskurskulturen, wie sie sich in der journalistischen Praxis der Europaberichterstattung re-artikulieren, zu verdichten, eröffnet nochmals einen anderen Blick auf das Doing Nation in den von uns erforschten Ländern. Wir können an der Art und Weise, in der die verschiedenen Nationalisierungspraktiken realisiert werden, Spezifika einzelner nationaler politischer Diskurskulturen erkennen. Die unterschiedlichen Formen der Konstruktion politischer Geschichte von Nationalstaaten machen greifbar, welche Rolle die Diskursgeschichte in der journalistischen Praxis spielt. Durch die Reflexion der ‚Geschichte der Nation' nicht einfach über ein explizites Behandeln historischer Themen, sondern in einer diskursiven Orientierung des Doing Nation, erfolgt in der täglichen journalistischen Praxis eine ständige Re-Artikulation politischer Diskurskulturen. Letztlich konkretisiert sich diese im Hinblick auf die journalistische Praxis darüber, dass etablierte Muster einer nationalen Berichterstattung im fortlaufenden journalistischen Tun reproduziert werden. Das ‚Neue' – in diesem Fall: das an politischer Relevanz gewinnende Europa – wird so wieder und wieder in die ‚Geschichte des Alten' integriert. Damit bleibt die Nation *der* Referenzpunkt des Transnationalen. Oder anders formuliert: Die nationale Segmentierung der europäischen Öffentlichkeit konkretisiert sich in einem hochgradig institutionalisierten journalistischen Tun, das auch durch politische Entscheidungen und Großereignisse, die den Stellenwert der supranationalen EU steigern, nicht ausgehebelt wird.

6 Publikumsbilder: Transnationale Typen der Adressierung

Die Mehrfachsegmentierung einer europäischen Öffentlichkeit verweist nicht nur auf nationale politische Diskurskulturen. Bemerkenswerterweise bestehen – wie wir gesehen haben – über verschiedene Länder hinweg Aspekte der Segmentierung, die mit verschiedenen Typen von Zeitungen in Zusammenhang stehen: Qualitätszeitungen berichten beispielsweise länderübergreifend anders über Europa als Boulevard- oder Regionalzeitungen. Hier zeigt sich eine transnationale Segmentierung von europäischer Öffentlichkeit. Es ist dieser zweite Aspekt von Segmentierung, den wir auf Ebene der journalistischen Praktiken in diesem Kapitel unserer Studie näher betrachten und erklären wollen. Dabei kommen wir zu einer differenzierteren Begrifflichkeit als die besagte Unterscheidung von Qualitäts-, Boulevard- und Regionalzeitungen und damit auch zu anderen Momenten politischer Diskurskulturen. Politische Diskurskultur verweist an dieser Stelle gerade *nicht* auf Nationalität, sondern auf den Charakter des jeweiligen Medienorgans, der sich mit Bezug auf das vorherrschende Publikumsbild artikuliert.

Hiermit rücken wir einen Aspekt von politischer Diskurskultur in den Fokus, den auch Paolo Mancini (2008) mit seinen Hinweis, man müsse zwei Arten von journalistischer Kultur unterscheiden, behandelt. Neben der nationalen denkt er an eine journalistische Kultur, die sich „auf der Ebene der spezialisierten oder professionellen Kultur" bewegt und auf bestimmte „Normen, Prozeduren und Traditionen" des Journalismus verweist, die einen „super-nationalen Charakter" annehmen können (Mancini 2008: 157f.). Es handelt sich dabei um eine Ebene, die auch unter Stichwörtern wie dem des „global newsrooms" (Cohen et al. 1996; Gurevitch et al. 1997) und der Analyse von „Redaktionskulturen" (Brüggemann 2011) diskutiert wird. Während eine national vergleichende Beschäftigung mit der Professionalisierung eine lange Tradition in der Kommunikations- und Medienforschung hat,[39] geht es hier um die Frage, inwieweit sich – auch getrieben durch eine zunehmende Standardisierung der Ausbildung und durch ökonomischen Druck – eine „globale" Journalismuskultur entwickelt haben könnte.[40] Wir wollen an dieser Stelle die Frage nicht weiter diskutieren, inwieweit es überhaupt sinnvoll ist, von einer „globalen Kultur" im Allgemeinen bzw. des Journalismus im Speziellen zu sprechen.[41] Relevanter im Hinblick auf unsere Fragestellung nach der Erklärung der *mehrfach* segmentierten europäischen Öffentlichkeit erscheinen uns *Differenzen*, die jenseits von nationalen politischen Diskurskulturen liegen und als solche mehrfachen Differenzen gerade *nicht* in einer globalen Journalismuskultur aufgehen können.

Ansatzpunkte für eine Betrachtung dieser Differenzen bieten bestehende Studien zur journalistischen Produktion von Europaberichterstattung. So macht das bereits mehrfach zitierte AIM Forschungskonsortium bezogen auf die journalistische Professionalisierung in Europa anhand von Interviews mit Journalistinnen und Journalisten „drei Varianten professioneller Diskurse über EU-Nachrichten" aus (Kunelius/Heikkilä 2007: 61; siehe auch Heikkilä/Kunelius 2006: 382). Dies ist erstens ein Diskurs des „klassischen Professionalismus", zweitens ein „weltlicher Diskurs" und drittens ein „kosmopolitischer Diskurs". Unterscheiden lassen sich diese drei Diskurse nach dem Ort ihrer Berichterstattung, der antizipierten Beziehung von Journalistinnen und Journalisten zu ihrem Publikum sowie den unterstellten Problemen der EU: Der „klassische Professionalismus" auf den Nationalstaat als „Ort" der Berichterstattung ausgerichtet, sieht sich als neutraler Vermittler und kritischer Kommentator eines informierten nationalen Bürgers und macht bei der EU vor allem einen Mangel an Effizienz und öffentlicher Unterstützung aus. Beim „weltlichen Diskurs" ist das Alltagsleben der fokussierte „Ort", wobei sich die Journalistinnen und Journalisten als „service consultant" eines individuellen Konsumierenden sehen und vor allem die Loslösung der EU-Politik vom Alltag der Menschen kritisieren. Im „kosmopolitischen Diskurs" behandeln Journalistinnen und Journalisten den „Ort" der unabhängigen Welt internationaler Politik, sie sehen sich als Experten einer multikulturellen, gebildeten Elite und das Problem der EU vor allem in ihrer mangelnden Dynamik. Risto Kunelius und Heikki Heikkilä betrachten diese von ihnen unterschiedenen Diskurse aber als ein Spezifikum des professionellen Journalismus in Europa insgesamt und weniger als Kennzeichen verschiedener Medienorgane:

> „The three discourses outlined above cannot be neatly connected to various positions occupied by journalists in the European news media system. They need to be seen as relatively shared resources of professional cultures as versions of current professionalism. The overlap notwithstanding, we argue that the three discourses enable us to see how the professional imaginaries or European journalists are structured. That is, they illustrate how the understanding of the locus of the news, the roles of communication, and the problems of the EU are articulated and synchronised into relatively coherent and logical positions within the ‚journalistic field'." (Kunelius/Heikkilä 2007: 67)

Darüber hinaus finden sich in den Journalismusstudien des AIM-Konsortiums keine weiteren Aussagen, wie die herausgearbeiteten Unterscheidungen auf weitergehende transnationale Regelmäßigkeiten journalistischer Nachrichtenproduktion verweisen. Dies trifft auch auf die Unterscheidung von „reporters" und „ambassadors" zu (Heikkilä/Kunelius 2008: 390): „Reporter" bemühen sich, auf den ersten Blick komplexe und abstrakte EU-Themen verständlich zu machen, indem sie diese in ein nationales und zunehmend utilitaristisches Vokabular „übersetzen". „Botschafter" hingegen „kämpfen darum, die Logik und Sprache der Paläste und Korridore in Brüssel zu verstehen" und hegen Sympathien mit dem Streben nach transnationalem Regieren. Die Unterscheidung beider Typen verbleibt allerdings auf individueller Ebene, d. h. derjenigen einzelner Journalistinnen und Journalisten. Ein Verweis auf den weitergehenden Kontext der Redaktionen findet sich nur im Hinblick auf den „kulturellen Kampf" beider: „If, then, a cultural struggle within news organizations takes place between reporters and ambassadors, it seems clear that ambassadors are being pushed to the margins." (Heikkilä/Kunelius 2008: 390)

An dieser Stelle fallen Parallelen zu der Argumentation des Europub-Projektes auf, dem zweiten größeren Forschungsverbund, in dem in den letzten Jahren Zeitungsjournalistinnen und -journalisten als Akteure einer europäischen Öffentlichkeit erforscht wurden (Statham 2007, 2008 und 2010). Als Kriterium zur Strukturierung des Datenmaterials wird in diesem Projekt bei den „perceptions of readerships' demands" (Statham 2010: 131) angesetzt. Begründet wird das damit, dass Zeitungen kommerzielle Unternehmen sind und die Medienschaffenden sich deswegen vor allem auf ihren (vorgestellten) Markt ausrichten. Auf der Basis von Interview-Daten werden vier Arten journalistischer „Interessenvertretung" („advocacy") unterschieden (Statham 2010: 142): Bei der „business as usual advocacy" sehen die Journalistinnen und Journalisten keine größere Notwendigkeit, zu Europa eine Position zu beziehen. Die „educational advocacy" bedeutet, dass Journalistinnen und Journalisten Europa für ein wichtiges Thema halten und über Europa und seine Komplexität aufklären wollen. Das Gegenteil hiervon bildet die „partisan advocacy". Bei dieser wird über Europa berichtet, weil sich Journalistinnen und Journalisten für eine bestimmte politische Interpretation der EU einsetzen. Und schließlich lässt sich eine „ideological advocacy" ausmachen, die sich in einer klaren Position für oder gegen Europa manifestiert. Bezogen auf die verschiedenen Formen von „advocacy" hält Paul Statham aber ebenfalls fest: „Generally we found that journalists' experiences did not significantly vary much across countries, newspaper types, and journalistic types" (Statham 2010: 143).

Solche Ergebnisse erscheinen im Hinblick auf unsere hier angestellten Überlegungen doppelt relevant: Erstens zeigen sie, dass auch bei einer fortschreitenden

Professionalisierung von Journalismus in Europa nicht einheitlich mit EU-Themen umgegangen wird. Es manifestieren sich in den Aussagen der Journalistinnen und Journalisten nach wie vor unterschiedliche „Diskurse" über die EU, verschiedene journalistische „Haltungen" und unterschiedliche Formen der „Interessenvertretung". Zweitens zeigen diese Studien, dass für eine solche auf Fragen transnationaler Differenz ausgerichtete Analyse der von den Journalistinnen und Journalisten unterstellte „implizierte Leser" (Kunelius/Heikkilä 2007: 62) bzw. deren „Wahrnehmung ihrer Leser" (Statham 2010: 131) ein Dreh- und Angelpunkt ist: *Je nachdem, welche Vorstellungen von Publikum die Journalistinnen und Journalisten haben, differiert ihre Umgangsweise mit Europa bzw. EU-Themen zum Teil erheblich.*[42] Probleme haben beide Studien allerdings dahingehend, für diesen von ihnen konstatierten Zusammenhang Muster auszumachen, die jenseits der individuellen Orientierung einzelner Journalistinnen und Journalisten liegen.[43]

Genau an dieser Stelle wollen wir mit unserer transkulturell vergleichenden Analyse von journalistischen Praktiken der Europaberichterstattung ansetzen. *Kernüberlegung unserer Argumentation ist, dass sich ausgehend vom Publikumsbild transnational verschiedene Typen der Publikumsadressierung unterscheiden lassen, für die je andere Momente politischer Diskurskultur kennzeichnend sind.* Doch was genau verstehen wir dabei unter „Publikumsbild" und „Typen der Adressierung"?

Quantitativ (vgl. bspw. Weischenberg 2002) oder qualitativ (vgl. Wiedebusch 1989) erhobene Daten von Journalismusbefragungen werden in der Regel mit Blick auf die Frage ausgewertet, welche *durchschnittlichen* Publikumsvorstellungen in einer bestimmten Teilmenge von Journalistinnen und Journalisten vorherrschen (ähnlich auch Firmstone 2008: 438). Dabei wird einerseits suggeriert, Publikumsadressierungen verliefen bei allen Journalistinnen und Journalisten auf ähnliche Art und Weise; Unterschiede fänden sich hier vor allem zwischen den Ressorts wie Politik oder Sport. Andererseits wird das Publikum als tendenziell homogene Größe behandelt. Die Frage, welche unterschiedlichen Publikumsvorstellungen es gibt und an welchen Kriterien diese von Journalistinnen und Journalisten verschiedener Medienorgane und Nationalitäten festgemacht werden, ist bisher nur wenig thematisiert worden. Zu diesem Ergebnis kommt auch Ralf Hohlfeld, der verdeutlicht, dass die Kommunikations- und Medienwissenschaft konkrete Publikumsbilder, die die Unterschiedlichkeit der Leser berücksichtigen, eher annimmt, denn tatsächlich untersucht (vgl. Hohlfeld 2005: 196f.).

Immer wieder wird aber in der Forschung unterstellt, dass die Bedeutung von Publikumsorientierung zugenommen habe. Forscherinnen und Forscher, die Fragestellungen in diesem Bereich bearbeiten, tendieren dazu, Publikumsorientierung in die Nähe der Diskussion um Boulevardisierungsprozesse zu rücken (vgl. auch Meyen/Riesmeyer 2009). Allerdings ist es eine Sache, ob Journalistinnen und Journalisten angeben, die Berücksichtigung von Publikumsbefragungen sei in den vergangenen Jahren wichtiger geworden (Blöbaum et al. 2010: 2). Eine andere Sache ist es, ob diese Erhebungen im journalistischen Arbeitsalltag als relevant betrachtet werden (Hohlfeld 2005: 206f.). Entscheidend ist also, wie sich journalistische Publikumsvorstellungen in journalistischen Produktionspraktiken niederschlagen.

Hier gibt es zahlreiche Hinweise darauf, dass die eigenen Kolleginnen und Kollegen, Bekannten oder andere professionelle Bezugspersonen deutlich wichtiger sind als die nicht direkt erlebbaren Publika (vgl. bspw. Weischenberg 2002: 253–258). Berührungspunkte zu diesen ergeben sich eher sporadisch, etwa über die Durchsicht von Leserbriefen (vgl. Malik 2004: 300) als regelmäßig. Ähnliches zeigen Forschungen, die Medienschaffende im Sinne Bourdieus als „cultural intermediaries" konzeptionalisieren (vgl. u. a. Negus 2002; Hesmondhalgh 2006). Auch hier wird generell auf eine Distanz von Produzierenden und Konsumierenden im Bereich der Kulturproduktion verwiesen. Richtungweisend für Entscheidungen im Produktionsprozess scheinen eher eigene Präferenzen und Bilder der Adressaten zu sein denn ein wie auch immer fundiertes Wissen über diese und deren Präferenzen. Dieser Eindruck bestätigte sich auch in unseren Interviews. Konkrete Nachfragen bei den Journalistinnen und Journalisten, woher sie die Informationen über ihre Publika bezögen, resultierten meist in vagen Vermutungen. Treffen oder die Lektüre von Leserbriefen standen dabei nicht im Vordergrund, sondern eher Gespräche mit Kolleginnen und Kollegen. Einige Interviewte verwiesen auf Leserbefragungen, die zu einer Neupositionierung des Zeitungsprofils geführt hätten, wie beispielsweise Journalisten der *SZ* oder der *Gazeta Wyborcza*. Eine Ausnahme bilden hier Journalistinnen und Journalisten des Typus ‚Berichterstatter'. Für diese ist die Orientierung an Leserumfragen explizit ein wichtiges Kriterium für die Auswahl und Bearbeitung von EU- und Auslandsthemen (vgl. dazu 6.4).

Vor dem Hintergrund einer solchen Forschungsdiskussion bezeichnen wir mit dem Begriff des *Publikumsbilds die Vorstellung, die die von uns interviewten Journalistinnen und Journalisten von ihren Publika haben und die sie in ihrer Alltagspraxis fortlaufend artikulieren*. Die ‚Quellen' dieser Vorstellungen können vielfältig sein, gewöhnlich sind es aber gerade keine direkten Kontakte zu den Rezipierenden. Gleichwohl sind solche Vorstellungen für die Form der Adressierung – also der ‚Aufbereitung' bestimmter journalistischer Inhalte – orientierend. *Unter Typen der Adressierung von Publika verstehen wir entsprechend das jeweilige Gesamt spezifischer journalistischer Praktiken, durch die, in unserem Fall europabezogene Inhalte für vorgestellte Leserinnen und Leser aufbereitet werden, wobei den Publikumsbildern charakteristische Formen der Kommunikation von Inhalten entsprechen*. Mit dem Publikumsbild geht ein journalistisches Selbstverständnis der Vermittlung von außen- und europapolitischen Inhalten einher, ein bestimmtes

Engagement für entsprechende Ressourcen sowie eine Einstellung, die Journalistinnen und Journalisten Europa und der EU gegenüber haben. Auf Basis unserer Redaktionsstudien in Dänemark, Deutschland, Frankreich, Großbritannien, Österreich und Polen lassen sich folgende Adressierungstypen unterscheiden:

1. Der *Analytiker* will eine umfassende Analyse politischer Prozesse im Handlungsraum EU bieten. Europa und die Welt werden als ‚natürlich-relevanter' Handlungsraum angesehen, den es zu beobachten, aber auch kritisch zu hinterfragen gilt.
2. Beim *Aufbereiter* ist die journalistische Praxis tendenziell an einer pädagogischen Weltaufklärung orientiert, in deren Rahmen Europa den Journalistinnen und Journalisten als Vermittlungsproblem erscheint. Europa wird im Sinne einer konstruktiv-unterstützenden Weise und in engem Anschluss an den Alltag der Leser vermittelt.
3. Der *Bediener* will vorgestellte Publikumserwartungen erfüllen und greift dabei die Themen Europa und Ausland als Boulevardressource auf, die Unterhaltung, Faszination und Anlass öffentlicher Aufregung bieten. Gegenüber der EU hat er eine paradoxe Einstellung: Im Gespräch zeigt sich eine grundlegend positive Haltung zur EU, in der journalistischen Praxis halten die Bediener allerdings scharfe Kritik für angemessen.
4. Journalistinnen und Journalisten des *Berichterstatters* wenden sich als Dienstleister an ihr Publikum, das ein gewisses ‚Pflichtprogramm' an EU- und Auslandsberichterstattung erwartet. Aufgrund knapper Ressourcen werden gut verfügbare Informationen in einer möglichst wertfreien Form hergestellt.

Unsere Kategorien, entlang derer wir diese Typen auf Basis unserer Interviews mit den Journalistinnen und Journalisten bzw. unseren Redaktionsbeobachtungen beschreiben, sind das *Publikumsbild*, das *journalistische Selbstverständnis*, der *Stellenwert von* und die *Einstellung gegenüber der EU*, der *Stellenwert des EU-Auslands bzw. der Welt* sowie die je spezifischen Ausprägungen der *Nationalisierungspraktiken* (siehe zu deren Bestimmung das vorherige Kapitel). Die in diesem Sinne verstandenen Adressierungstypen sind also komplexe kulturelle Muster, die gerade *nicht* auf Ebene einzelner Journalistinnen und Journalisten verortet werden können. Vielmehr sind sie in der Tendenz kennzeichnend für bestimmte Arten von Medienorganen und verweisen so auf Momente transnationaler politischer Diskurskulturen, die in Beziehung zur jeweiligen Eigenart des Medienorgans stehen. Entsprechend lässt sich – so unsere weitere Argumentation in diesem Teilkapitel – durch solche Typen der Adressierung eine transnationale Segmentierung von europäischer Öffentlichkeit erklären.

6.1 Der Analytiker

Journalistinnen und Journalisten, deren Adressierungspraktiken den Typus des Analytikers (engl. „analyst") bilden, verstehen es als ihre Aufgabe, politische Ereignisse und Entwicklungen umfassend darzustellen, zu analysieren und entsprechende Hintergründe zu beleuchten. Für den Analytiker ist eine differenzierte und facettenreiche Berichterstattung über außenpolitische Angelegenheiten zentral. Dabei geben die befragten Journalistinnen und Journalisten an, sich mit ihrer analytisch orientierten Adressierungspraxis einerseits gegenüber anderen Nachrichtenmedien wie etwa dem Internet, dem Fernsehen oder dem Radio, die allesamt ‚schneller' berichten und von den Menschen entsprechend rezipiert werden, abgrenzen zu wollen:[44] „Wir wollen immer weniger die Fakten bringen – das, was am Vortag passiert ist. Darin ist das Radio besser als wir, auch das Fernsehen ist besser [...] und ebenso alle Publikationen im Internet", stattdessen „wollen wir die Aktualität auf eine sehr analytische Art berichten" (Chefredakteur, *Le Monde*, F). Zugleich betonen die Analytiker, dass ihre Praxis, politische Entwicklungen und Ereignisse umfassend darzustellen und zu analysieren, ihr spezifisches Profil ausmacht, mit dem sie sich im digitalen Zeitalter eine Stellung auf dem Lesermarkt sichern und darüber hinaus dem Bildungsanspruch und -niveau ihres vorgestellten Publikums gerecht werden wollen. Entscheidend ist, dass der Analytiker trotz wahrgenommener ökonomischer Restriktionen seine tiefgründige Berichterstattung und Unabhängigkeit beibehalten möchte und sich gegen entsprechende Kürzungsmaßnahmen wehrt. Im Rahmen seiner Adressierungspraxis erscheinen dem Analytiker Europa und die Welt als ‚natürlich-relevanter' Handlungsraum, der entsprechende Bedeutungskraft und Folgen für die Menschen wie auch ihre Wahrnehmungshorizonte entfaltet und über den es selbstverständlich zu berichten gilt. Typisch für den Analytiker ist dabei nicht nur eine prinzipielle Offenheit gegenüber internationalen Angelegenheiten, sondern damit einhergehend auch ein entsprechender Anspruch, ausreichend Ressourcen personeller, finanzieller und sachlicher Art für die Berichterstattung zur Verfügung zu haben. Die selbstverständliche Relevanz, die insbesondere der EU und europapolitischen Angelegenheiten zugeschrieben wird, konkretisiert sich in der konstruktiv-hinterfragenden Einstellung gegenüber der EU sowie dem EU-Einigungsprozess. Das heißt, die EU erscheint dem Analytiker als so selbstverständliche Realität, dass er sie insgesamt unterstützt, Einzelaspekte aber durchaus auch problematisiert und bestimmte Entwicklungen überaus kritisch bewertet und berichtet.

Das *Publikumsbild* des Analytikers, das die Grundlage für seine Adressierungshaltung und -praxis bildet, entspricht dem eines ‚Bildungsbürgers'. Das heißt, die befragten Journalistinnen und Journalisten des Typus Analytiker stellen sich ihr Publikum als einer höher gebildeten Bevölkerungsschicht zugehörig vor. So erklärt ein deutscher Journalist im Interview: „Natürlich rechnen wir mit Lesern, die Abitur haben. Oder die irgendwie bürgerliche Berufe haben, nicht Fußballspieler sind oder so was" (Feuilleton-Redakteur, *FAZ*, D). Und ebenso verdeutlicht ein deutscher EU-Korrespondent, dass er „einen Bildungsauftrag zumindest den Eliten gegenüber" (Brüssel-Korrespondent, *FAZ*, D) empfinde. Nichtsdestotrotz, so reflektieren die interviewten Journalistinnen und Journalisten zum Teil durchaus selbstkritisch, stelle man den Anspruch einer umfassenden Berichterstattung zuweilen so stark in den Vordergrund, dass dabei die Interessen der Leserinnen und Leser regelrecht übergangen werden:

> „Wir gucken nicht so sehr, was angeblich die Leser, [...], was die wahrscheinlich wollen und uns dann sagen, die finden Frankreich achtmal so spannend wie Kosovo, weil sie da irgendwie in den Ferien hinfahren. Sondern wir sagen, was glauben wir, wird den Gang der Dinge in Europa oder in der Welt maßgeblich verändern, und wenn wir das in unserer elitären Überheblichkeit für wichtig halten, dann muten wir das dem Leser zu." (Außenpolitik-Redakteur, *FAZ*, D)

Etwas weniger ‚überheblich' klingt hingegen die Aussage eines britischen Journalisten, demzufolge seine vorgestellten „Leser erwarten, dass ernsthafte Angelegenheiten auch ernsthaft behandelt werden. Also wenn es eine Finanzkrise gibt, dann kommen die Leser zu uns und erwarten zu lernen, was da passiert und wie wir wieder aus der Krise herauskommen können." (Außenpolitik-Redakteur, *The Times*, GB)

Das *journalistische Selbstverständnis* des Analytikers ist vor allem durch den Anspruch bestimmt, eine möglichst umfassende Analyse politischer Entwicklungen im Handlungsraum Europa wie auch im Globalisierungsraum der Welt zu liefern. Das Ziel des Analytikers besteht darin, dass „der Leser [...] einigermaßen umfassend über große Umbrüche in der Welt im Bild" (Außenpolitik-Redakteur, *FAZ*, D) ist. Mit der Schwerpunktsetzung auf differenzierte Hintergrundberichte möchte man sich von anderen Nachrichtenmedien wie etwa dem Internet oder dem Fernsehen wie auch „ von der Konkurrenz" anderer Printzeitungen abheben, die zum Teil „einfach nur den Teletext von 17 Uhr" (Außenpolitik-Redakteur, *Die Presse*, A) aufschreiben. Dies sei insbesondere vor dem Hintergrund wichtig, dass die vorgestellten Publika des Analytikers eine tiefgründige, umfassende Art der Aufbereitung außenpolitischer Themen im digitalen Zeitalter von einer Zeitung erwarteten:

> „Wir wollen unsere eigene Realität mit einer analytischen [...] Art, die Aktualität zu berichten, schaffen. Wir wollen immer weniger über Fakten berichten, die sich am Vortag ereignet haben, denn das Radio ist besser darin als wir, das Fernsehen ist

besser als wir, die Morgenzeitungen sind besser als wir, alle Publikationen im Internet sind besser als wir. Also wir wollen eine Spezifität entwickeln, die darin besteht, analytischer zu sein als eine aktuelle Tageszeitung." (Chefredakteur, *Le Monde*, F)

Das Zitat verdeutlicht, dass der Analytiker seine Spezialisierung auf umfassende Hintergrundberichte und Analysen gerade auch als eine Strategie der Profilierung versteht, mit der er sich einen Platz auf dem Lesermarkt sichern möchte. Für einen deutschen Tschechien-Korrespondenten steht in diesem Sinne vor allem die „kulinarische Aufbereitung von Themen" im Vordergrund. Denn „die Schnelligkeit des Internet hat [...] die Tageszeitung dahingehend verändert, dass heute weniger die schnellen Nachrichten gebracht werden – diese sind ja ohnehin schon vorher online verfügbar" (Tschechien-Korrespondent, *FAZ*, D). Vielmehr, so führt ein französischer Journalist weiter aus, „hat man die Form der Zeitung dahingehend verändert, dass man mehr Analyseseiten etabliert hat, um dort in die Tiefe zu gehen bei wichtigen Entwicklungen" (EU-Redakteur, *Le Monde*, F). In ganz ähnlicher Weise betont auch ein österreichischer Journalist, dass man versucht, „mehr Gewicht zu legen auf Reportagen, auf Analysen, auf Hintergrund, auf Features [...] und das Nachrichtliche [...] eher an den Rand zu drängen" (Außenpolitik-Redakteur, *Presse*, A). Dabei ist es laut befragten Journalistinnen und Journalisten ein klassischer Weg, in der journalistischen Praxis „zu versuchen, viele verschiedene Perspektiven zu präsentieren" (EU-Redakteur, *Le Monde*, F). Als ein Beispiel für eine solche Aufbereitung von Hintergründen und politischen Handlungszusammenhängen nennt ein österreichischer Journalist das europäische Verfassungsreferendum in Irland 2008. Hier sei es darum gegangen,

> „die Hintergründe aufzubereiten oder auch die Frage zu stellen, [...] welchen Einfluss hat die USA auf diese Entwicklung [...] Und wie geht man überhaupt, sozusagen, mit diesem Nein um? [...] Was kann hier wirklich passieren, gibt's sozusagen eine Tendenz eines Europas der mehreren Geschwindigkeiten." (EU-Redakteur, *Presse*, A)

Mit Blick auf den wahrgenommenen *Stellenwert Europas* und der *Welt* in der Berichterstattungspraxis des Analytikers wie auch mit Blick auf die *Einstellung zur EU* lässt sich sagen, dass die befragten Journalistinnen und Journalisten des Typus Analytiker die Auslandsberichterstattung generell als „überaus wichtig" und „essenziell" (London-Korrespondent, *The Times*, GB) erachten. Häufig haben die Analytiker dabei die Vorstellung, dass Europa und die Welt ganz selbstverständliche Realität geworden sind und ‚natürliche' (also nicht weiter problematisierte) Handlungsräume darstellen, die man durchaus auch konstruktiv-kritisch hinterfragen kann. In diesem Sinne berichtet etwa ein französischer Journalist, dass die Menschen bestimmte Aspekte der Globalisierung wie beispielsweise globale Migrationsströme bereits als so alltäglich wahrnähmen, dass sie gar nicht mehr über die Fremdartigkeit dieses Prozesses, sondern vielmehr über die konkreten Probleme für ihren Alltag nachdächten. Während das ‚Fremde' bzw. die ‚fremden Kultureinflüsse' von Migrantinnen und Migranten aus Sicht der Einheimischen gar keine große Rolle mehr als wahrgenommene Bedrohung spielten, seien es stattdessen eher praktische und den Alltag sowie den Wohlstand der Leute betreffende Fragen, die Anlass zur Sorge bereiteten:

> „Heute veröffentlichen wir eine Umfrage [...] über die Art, wie die Europäer und Nordamerikaner die Immigration wahrnehmen. In der Tat [...] haben die Leute Angst vor der Immigration. Aber nicht so sehr politische Ängste, sondern vor allem ökonomische Ängste, dass die Immigranten ihnen Arbeitsplätze wegnehmen. Das, würde ich sagen, ist eine interessante Nachricht, denn es ist eine Nachricht über die globalisierte Welt, in der wir leben. [...] Man hat weniger Angst vor den Immigranten, weil sie Ausländer sind, weil sie andere Kulturen zu uns bringen [...] als vielmehr vor den Auswirkungen auf die Arbeitslosenzahlen." (Chefredakteur, *Le Monde*, F)

Dass internationale Angelegenheiten ganz selbstverständliche und unproblematische Bestandteile der täglichen Berichterstattungspraxis des Analytikers sind, zeigt sich unter anderem auch in den als großzügig wahrgenommenen Ressourcen für ebendiese Berichterstattung: Internationale und insbesondere europapolitische Angelegenheiten finden immer einen Platz in der Zeitung, denn „es gibt genug Platz für internationale Angelegenheiten" (Italien-Korrespondent, *Le Figaro*, F). Trotz des gesicherten Platzes für Auslandsthemen und trotz der großen Korrespondentennetze, über die der Analytiker typischerweise verfügen kann, betonen die befragten Journalistinnen und Journalisten, dass sie im Grunde immer noch nicht genug über gewisse Aspekte des europäischen Einigungsprozesses berichteten. Dieses Engagement für noch mehr Auslandsberichte zeigt sich beispielsweise in den Aussagen eines britischen und eines französischen Journalisten, die sich noch mehr Berichterstattung über die neuen EU-Mitgliedstaaten beziehungsweise den europäischen Einigungsprozess wünschen:

> „Eine der bemerkenswertesten Entwicklungen der EU in den letzten zehn Jahren ist, dass sie es geschafft hat, die neuen Mitgliedstaaten zu assimilieren – das östliche Europa: Die Polen, die Tschechen, die Slowaken. Dass diese Länder assimiliert wurden, dass sie ihre Lebensstandards erhöht haben trotz der Finanzkrise. Manchmal habe ich das Gefühl, dass wir nicht wirklich [...], dass wir nicht genug darüber schreiben, über das neue Europa, über das, was sich verändert." (Außenpolitik-Redakteur, *Times*, GB)

Aus Sicht des französischen Journalisten hört sich das wie folgt an:

„Aber das ist noch nicht genug. Da muss man noch mehr machen. Wir decken die europäische Konstruktion noch zu wenig ab. Wir berichten recht viel über Deutschland, Italien, Großbritannien und Spanien. Aber wir berichten nicht genug über das, was in Brüssel passiert, die europäische Konstruktion." (Chefredakteur, *Le Monde*, F)

Mit der geschilderten Adressierungshaltung des Analytikers, dass Europa und die Welt natürliche Handlungsräume darstellen, die es in der Berichterstattungspraxis umfassend zu berücksichtigen gelte, geht typischerweise eine ‚konstruktiv hinterfragende' EU-Einstellung einher. Das heißt, man ist grundsätzlich und uneingeschränkt für den europäischen Einigungsprozess – dieser wird von den Journalistinnen und Journalisten als selbstverständliche Realität angesehen. Aber zugleich oder gerade wegen dieser Selbstverständlichkeit ist man durchaus auch kritisch und problematisierend mit Blick auf bestimmte europapolitische Entwicklungen:

„Also, es ist so, dass wir sicherlich einen positiven Zugang zur europäischen Gemeinschaft haben und der Integration. [...] Wir versuchen aber trotzdem, sehr kritisch zu sein was die EU-Politik selbst betrifft. [...] Wir haben eine große Geschichte über diese ganzen Parlamente, Spesen und was es da für Ungereimtheiten gab. [...] Also wir schauen uns das schon kritisch an, sehen aber trotzdem in der Integration Vorteile, auch wenn das Instrument nicht immer optimal funktioniert. (EU-Redakteur, *Die Presse*, A)

Bezogen auf die Frage, ob es bestimmte *Nationalisierungspraktiken* gibt, die für den Analytiker kennzeichnend sind, haben unsere bisherigen Ausführungen verdeutlicht, dass dies vor allem die Praxis der *nationalen Veralltäglichung* ist. Das heißt, indem der Analytiker die Welt und insbesondere Europa als natürlich-relevante Handlungsräume ansieht, über die ganz selbstverständlich und gerade nicht ausschließlich im außenpolitischen Ressort berichtet wird, scheint hier ein zunehmendes Aufgehen Europas in der journalistischen Arbeitspraxis vorzuliegen, d. h. das ‚Europäische' wird als unproblematischer bzw. selbstverständlicher Teil nationaler Berichterstattung behandelt. Darüber hinaus spielt aber auch die Herstellung *transnationaler Kontextbezüge* eine wichtige Rolle in den Adressierungspraktiken des Analytikers. Indem Analytiker nämlich die EU und auch das Globale als natürlich-relevante Handlungsräume sehen, verstehen und berichten sie ihre jeweils eigene Nation ganz selbstverständlich als Bestandteil oder Akteur in entsprechenden transnationalen Zusammenhängen. Journalistinnen und Journalisten dieses Typs verorten nationale Ereignisse und Entwicklungen also deshalb vor einem nationalen Hintergrund, weil aus ihrer Sicht das Nationale ohne den Bezug auf das Transnationale kaum mehr verständlich ist. Entscheidend dabei ist, dass der Analytiker bei der Herstellung transnationaler Kontextbezüge oftmals keine explizite Positionierung der eigenen Nation im transnationalen Raum vornimmt. Mit anderen Worten: Es wird weniger die Bedeutung der eigenen Nation im transnationalen Kontext hervorgehoben als vielmehr transnationale Handlungszusammenhänge, als deren selbstverständlicher Teil man sich versteht, als solche dargestellt und analysiert. In diesem Sinne bildet der inner- und außereuropäische Raum aus Sicht des Analytikers einen Horizont für interessante Themen.

Zusammenfassend lässt sich für die journalistischen Adressierungspraktiken des Analytikers sagen, dass diese sich durch den Anspruch auszeichnen, politische Prozesse und Ereignisse in Europa umfassend zu analysieren und – notfalls an abweichenden Interessen der Publika vorbei – zu berichten. Darüber hinaus betonen die interviewten Journalistinnen und Journalisten des Typus Analytiker, dass sie mit den verfügbaren Ressourcen für die Realisierung dieser umfassenden Auslandsberichterstattung durchaus zufrieden sind und dass sie diese Adressierungshaltung trotz finanzieller Engpässe keinesfalls einschränken wollen. Europa und die Welt erscheinen ihnen als ein ‚natürlich-relevanter' Handlungsraum, den es kontinuierlich zu beobachten und kritisch zu hinterfragen gilt. Grundsätzlich hat der Analytiker daher einen positiven Zugang zur EU und zum europäischen Einigungsprozess, nichtsdestotrotz versteht er es als seine Aufgabe, europapolitische Entwicklungen durchaus auch kritisch zu hinterfragen und entsprechende Entwicklungen problematisierend darzustellen.

6.2 Der Aufbereiter

Die journalistischen Adressierungspraktiken des Aufbereiters (engl. „ambassador") zeichnen sich durch einen pädagogischen und alltagsnahen Ansatz aus. Journalistinnen und Journalisten des Typus Aufbereiter betonen im Gespräch immer wieder, dass sie politische Entwicklungen und Ereignisse auf EU-Ebene wie auch im Ausland „pädagogisch" und „näher an den Lesern" (Brüssel-Korrespondent, *Ouest France*, F) aufbereiten wollen, um diese so für ihr Publikum verständlich zu machen. Dabei sehen es die interviewten Journalistinnen und Journalisten gerade als Stärke ihrer Zeitung, einerseits alltagsnah und „lokal zu sein" sowie andererseits auch „das Globale irgendwie drinnen zu haben" (Außenpolitik-Redakteurin, *Kleine Zeitung*, A). Mit dieser Art der Adressierungshaltung – nämlich „populär" im Sinne von „nahe am Leser" zu sein und dabei außenpolitische Inhalte für die Leser „zugänglich" und „verständlich" (EU- und Außenpolitik-Redakteur, *Le Parisien*, F) zu machen – könne man sich laut befragter Journalistinnen und Journalisten von den Berichterstattungspraktiken anderer Zeitungen abheben, ein spezifisches eigenes Profil der Leseransprache schaffen und sich so auf dem Zeitungsmarkt behaupten.

Typisch für den Aufbereiter ist es, die lokalen und regionalen Alltagszusammenhänge der Leserinnen und Leser in den Vordergrund zu rücken und dort entsprechende Anknüpfungspunkte für die journalistische Aufbereitung und Darstellung von EU- und auslandsbezogenen Themen aufzuzeigen und herzustellen. Weiterhin charakteristisch ist eine insgesamt offene Haltung gegenüber Auslandsthemen wie auch eine konstruktiv-unterstützende Einstellung gegenüber Europa. In diesem Sinne verdeutlichen die interviewten Journalistinnen und Journalisten dieses Typus, dass sie den EU-Einigungsprozess als eine wichtige und positive – wenngleich komplexe – Entwicklung sehen, die es „den Lesern [...] zu erklären und schmackhaft zu machen" (Politik-Redakteurin, *Le Parisien*, F) gilt. Mit dieser explizit pro-europäischen Haltung des Aufbereiters geht ein großes Engagement mit Blick auf die Schaffung und Erhaltung von Ressourcen – wie etwa Platz in der Zeitung oder auch Korrespondenten im Ausland – für die europapolitische Berichterstattung einher. Zwar schätzen die interviewten Journalistinnen und Journalisten des Typus Aufbereiter die ihnen für die EU- und Auslandsberichterstattung zur Verfügung stehenden Ressourcen in der Regel als überaus beschränkt ein. Nichtsdestotrotz unterstreichen sie immer wieder ihr (mehr oder weniger) erfolgreiches Bemühen, möglichst viel Platz in der Zeitung für Europathemen zu schaffen und trotz zum Teil ernster finanzieller Engpässe Korrespondenten im inner- und außereuropäischen Ausland sowie in Brüssel zu unterhalten beziehungsweise zu erhalten.

Das *Publikumsbild* des Aufbereiters kann als ‚breit gefächert' charakterisiert werden. Im Gegensatz zum Analytiker, der sich seine Leser primär der ‚Bildungselite' zugehörig vorstellt, betont der Aufbereiter, dass seine Leserschaft breit in der Bevölkerung gestreut, also sowohl in bildungsnahen als auch in bildungsfernen Schichten angesiedelt ist, also gewissermaßen ‚Jedermann' umfasst. Ein französischer und ein österreichischer Journalist formulieren dementsprechend: „Im Vergleich zu *Le Monde* [...] haben wir allerdings zugegebenermaßen eine Leserschaft, die vielleicht ein bisschen mehr an der Basis ist" (Politik-Redakteur, *Le Parisien*, F). Zugleich werden sie aber auch – um die Worte eines österreichischen Journalisten zu gebrauchen – „A-Schichten-Leser" ansprechen, die „anspruchsvolle Berichte, Analysen und Geschichten" (Chefredakteur, *Kleine Zeitung*, A) erwarten. In der Adressierungshaltung des Aufbereiters konkretisiert sich dieses Publikumsbild in einem doppelten Anspruch: Einerseits möchte der Aufbereiter seinen

Leserinnen und Lesern auf ‚Augenhöhe' in der Alltagswelt begegnen. Andererseits möchte er zugleich auch möglichst viele Hintergründe und Perspektiven zu außenpolitischen und globalen Themen vermitteln. Es ist gerade diese spezifische Adressierungshaltung, mit der der Aufbereiter sich von anderen Nachrichtenmedien – wie etwa dem Internet oder dem Radio – absetzen und auf dem Lesermarkt behaupten will:

> „Also das, was sich [...] wirklich von anderen Zeitungen unterscheidet, ist, dass wir immer schon versucht haben, was wir einen Spagat nennen, zu machen zwischen anspruchsvollen Berichten, Analysen und Geschichten [...] und aber trotzdem eine Volkszeitung zu sein, die von jedem irgendwie verstanden werden kann." (Chefredakteur, *Kleine Zeitung*, A)

In ähnlicher Weise betont eine weitere österreichische Journalistin: „Wir sind eine der wenigen Zeitungen, die noch Leser dazugewinnt". Ursache hierfür sei vor allem die Kombination aus ambitionierter Auslandsberichterstattung und gleichzeitigem Bemühen, „ganz stark lokale Nachrichten zu bringen, weil das Internet das meistens nicht hat" (Außenpolitik-Redakteurin, *Kleine Zeitung*, A). Diese Aussage verdeutlicht einmal mehr, dass sich der Aufbereiter ebenso wie der Analytiker in einer Konkurrenzsituation zu anderen Nachrichtenmedien wie dem Internet sieht und einen entsprechenden Profilierungsdruck verspürt:

> „Wir leben im modernen Zeitalter und es interessiert keinen, was drei Tage vorher war [...], wir versuchen die Berichterstattung so anzulegen, dass wir nicht nachbeten, was den ganzen Tag passiert ist, sondern zu schauen, entweder hintergründige Information, die über das hinausgeht, womit die Leute den ganzen Tag vollbeschallt werden aus dem Radio, aus dem Internet. Sondern wirklich den Kontext zu bringen und das einzuordnen und was der Hintergrund ist." (Außenpolitik-Redakteurin, *Kleine Zeitung*, A)

Bezogen auf das journalistische Publikumsbild haben unsere Ausführungen verdeutlicht, dass der Aufbereiter seine Leserschaft über alle Bevölkerungsschichten verstreut sieht. Wichtig dabei ist, dass der Aufbereiter seinen politischen Berichterstattungsanspruch ganz im Gegensatz zum Analytiker aber keineswegs so hoch hängt, dass er notfalls auch an den Interessen der Leser ‚vorbei' schreibt. Und ebenso wenig stellt der Aufbereiter – ganz im Gegensatz zum Bediener – das ‚pure den Leserinteressen Entsprechen' in den Mittelpunkt seiner Adressierungspraxis. Vielmehr verfolgt der Aufbereiter mit seinem pädagogischen und alltagsnahen Ansatz einen aufklärerischen Anspruch. Das heißt, er versucht, seinen Publika Europa und die Welt zu erklären und näher zu bringen, indem er sie explizit mit den jeweiligen lokalen Alltags- und Sinnzusammenhängen der Lesenden ver-

6.2 Der Aufbereiter

knüpft. Dass diese Art des Anspruchs und der Welterklärung sich allerdings nicht immer mit den Interessen der Publika deckt, reflektieren die interviewten Journalistinnen und Journalisten durchaus:

„Meiner Meinung nach – also eigentlich sollte ich das nicht sagen, aber ich halte die Auslandsberichterstattung für wichtiger, als es das Ergebnis einer Leserumfrage womöglich nahelegen würde, […] wir haben [trotzdem] eine bestimmte Mission. Wir präsentieren eine bestimmte Vision von der Welt." (EU- und Außenpolitik-Redakteur, *Gazeta Wyborcza*, PL)

Unsere Analysen zeigen, dass das *journalistische Selbstverständnis* des Aufbereiters durch eine tendenziell pädagogische Weltaufklärung gekennzeichnet ist:

„Es gibt da immer eine sehr pädagogische Seite. Wir wollen, dass die Leute einfach verstehen, worüber wir berichten. […] Also es ist viel Pädagogik, mit der wir den Menschen die Welt verständlich machen wollen" (EU- und Außenpolitik-Redakteur, *Le Parisien*, F).

Deutlich wird dieses Selbstverständnis des Aufbereiters, politische Entwicklungen für die Leserschaft zu veranschaulichen, sowie entsprechende Zusammenhänge und Hintergründe erklärend zu vermitteln, auch in der folgenden Aussage eines französischen Journalisten, der die Presse als eine wichtige „Erklärungsinstanz" für die Bürger versteht:

„Wir wollen nah an den Lesern dran sein […]. Die Leute, die diese Zeitung lesen, sollen verstehen, warum es eine Finanzkrise gibt […], warum die amerikanischen Wahlen wichtig sind. […] Wir wollen den Leuten erklären, was auf dem politischen Terrain passiert. […] Und wenn es eine Krise gibt […], dann wollen wir erklären, wie die politisch Mächtigen, das Parlament, wie sie reagieren auf die Krise, was ihre Manöver sind […], wie sie darauf antworten können." (Außenpolitik-Redakteur, *Le Parisien*, F)

Das primäre journalistische Ziel des Aufbereiters besteht somit darin, den Leserinnen und Lesern zu vermitteln, was warum auf der politischen Bühne passiert und welche Bedeutung und Folgen dies für das Alltagsleben der Menschen wie auch für die Gesamtgesellschaft haben kann. Dabei empfinden es die interviewten Journalistinnen und Journalisten des Typus Aufbereiter als hilfreich, „mehr Analysen, mehr Meinungen und auch mehr Perspektiven" (Frankreich-Korrespondent, *Politiken*, DK) in die Berichterstattung einfließen zu lassen. Häufig kommen dabei ‚bunte' Elemente wie Grafiken und Bilder oder die Erzählung eines Themas entlang einer ‚Geschichte' mit verschiedenen Perspektiven und Meinungen sowie konkreten Personen zum Einsatz. Ziel einer solchen lesergerechten Themenaufbereitung ist es, „den Lesern jemanden zu geben, mit dem sie sich identifizieren können" (Brüssel-Korrespondent, *Politiken*, DK). Neben dieser pädagogischen Adressierungshaltung verdeutlichen die Aufbereiter-Journalistinnen und -Journalisten immer wieder, dass ihnen vor allem die Herstellung eines Bezugs zum Alltagsleben ihrer Publika wichtig ist. So wird über Europa und die Welt „ganz stark vom Lokalen oder von der individuellen Betroffenheit ausgehend" (Chefredakteur, *Kleine Zeitung*, A) berichtet, oder es werden konkrete Beispiele und Geschichten zur Illustration politischer Entscheidungen und Entwicklungen herangezogen:

> „Die Idee ist es, über Europa aus der Perspektive der einfachen Leute zu berichten. Also keine Politiker [...], sondern einfach die kleinen Probleme der normalen Leute [...]. Zum Beispiel, wenn wir einen Text über das EU-Gipfeltreffen zur illegalen Immigration schreiben, dann können wir gleichzeitig einen Reporter nach Spanien entsenden, der beschreibt, wie die Flüchtlinge aus Nordafrika in Spanien stranden. [...] Dann bekommen die Leser ein völlig anderes Bild, in diesem Moment wird es real für sie werden [...]. Aber wenn die Leute nur über Premierminister lesen, die sich auf einem Gipfeltreffen austauschen, dann ist das nicht wirklich real. Dann sitzen da bloß Leute in dunklen Anzügen hinter Schreibtischen in Brüssel und sprechen über etwas, das die Leute scheinbar gar nicht berührt" (Chefredakteur Ausland, *Gazeta Wyborcza*, PL)

Die Europäische Union, so wird in den von uns durchgeführten Interviews deutlich, erscheint dem Aufbereiter häufig als ein Vermittlungsproblem: „Die EU ist kompliziert [...]. Generell sind europapolitische Themen schwer zu erklären" (Politik-Redakteur, *Le Parisien*, F). Und aus ebendiesem Grund versteht es der Aufbereiter als seine spezielle Aufgabe, europapolitische Themen entsprechend „pädagogisch" (EU- und Außenpolitik-Redakteur, *Le Parisien*, F) darzustellen. Wie eine dänische Redakteurin betont, wird gerade „in der Europaberichterstattung [...] ein Fokus darauf [gerichtet], die Dinge mehr mit dem Alltagsleben zu verbinden" (Redakteurin, *Politiken*, DK), um den Menschen Europa so anschaulich zu erklären und näherzubringen. Ein polnischer Journalist beschreibt seinen Anspruch, Europa den Leuten näherzubringen auch als einen

> „Versuch, den Leuten zu zeigen, dass Europa nicht nur aus Gipfeltreffen besteht [...], sondern dass Europa auch eine humane Angelegenheit ist und dass am anderen Ende von Europa Menschen leben, die ähnliche Probleme haben wie wir selbst." (Chefredakteur, *Gazeta Wyborcza*, PL)

Was nun den *Stellenwert Europas* wie auch die *Einstellung zur EU* anbelangt, ist bereits angeklungen, dass der Aufbereiter nicht nur eine generell offene Haltung gegenüber Auslandsthemen hegt, sondern darüber hinaus schreibt er gerade der EU und europabezogenen Themen einen besonders hohen Stellenwert zu.

6.2 Der Aufbereiter

Diese Einschätzung geht typischerweise mit einer nahezu enthusiastisch positiven Europa-Einstellung einher: Die politische Institution EU wie auch den europäischen Einigungsprozess insgesamt bewertet der Aufbereiter als einen wichtigen und positiven Entwicklungsprozess, den es den Lesern „schmackhaft" zu machen gilt. Die pro-europäische Haltung des Aufbereiters kann insofern als konstruktiv-unterstützend bezeichnet werden, als sie durchaus auch mit einem kritischen Blick auf bestimmte Details der Europapolitik einhergeht.

> „Wir Europäer befinden uns mitten in einem Experiment zugunsten der Humanität. [...] Wir müssen notwendigerweise eine positive Haltung gegenüber der Europäischen Union haben. Gleichwohl heißt das nicht, dass wir nicht auch sehr kritisch mit Blick auf spezifische Themen werden können, dass wir nicht auch sehr frustriert sein können angesichts mangelnder Resultate oder institutioneller Probleme [...]. Aber das alles bewegt sich in einem Denkrahmen, der [...] wenn es die EU nicht gäbe, dann müssten wir sie erfinden." (Chefredakteur, *Politiken*, DK)

Mit Blick auf den *Stellenwert von EU-Ausland* und restlicher *Welt* zeigen unsere Analysen, dass der Aufbereiter insbesondere der Berichterstattung über die europäischen Nachbarländer einen hohen Stellenwert zuschreibt und dass dabei im Rahmen seiner Adressierungspraktiken vor allem der alltagsnahe Ansatz im Vordergrund steht. In diesem Sinne lenkt der Aufbereiter seinen journalistischen Blick häufig auf das Alltags- und Familienleben der Menschen in den EU-Nachbarländern, um den Lesern Europa so näherzubringen.

> „Wir haben eine spezielle Sektion in der Zeitung gemacht, in der wir Familien in allen EU-Mitgliedstaaten interviewt und fotografiert haben [...]. Das Interessanteste an dieser Sache war, wie ähnlich sich diese Familien waren. Ich denke, das war am überraschendsten und interessantesten für unsere Leser, dass die Bedürfnisse und Empfindungen einer Mittel- oder unteren Mittelklasse-Familie in Estland und Polen sehr ähnlich mit denen von Familien in Dänemark, Deutschland oder Frankreich waren." (Chefredakteur, *Politiken*, DK)

Das Zitat verdeutlicht außerdem, dass der Aufbereiter den Blick ins europäische Ausland als ein wichtiges Illustrationsmoment für die Einschätzung und den Vergleich nationalpolitischer Entwicklungen versteht. Dabei ist die Adressierungspraxis, Vergleichsbezüge zu innenpolitischen Entwicklungen herzustellen, wiederum eine Möglichkeit der Verknüpfung von Europathemen mit Alltagsthemen des Publikums. Mittels nationaler Rückbezüge europabezogene Themen für die Lesenden aufzubereiten und verständlich zu machen, spielt entsprechend für den Aufbereiter eine große Rolle. So formuliert auch ein französischer Großbritannien-Korrespondent, dass es

„interessant [ist] zu schauen, wie es so in den Nachbarländern läuft – in Italien oder auch in Deutschland oder Spanien –, um eine Idee darüber zu entwickeln, ob sich die Dinge in Frankreich in eine vernünftige Richtung entwickeln" (Großbritannien-Korrespondent, *Le Parisien*, F).

Der Stellenwert, den der Aufbereiter der Auslands- und insbesondere der Europaberichterstattung zuschreibt, manifestiert sich nicht zuletzt in der Tatsache, dass die interviewten Journalistinnen und Journalisten trotz der als überaus begrenzt wahrgenommenen Ressourcen, die ihnen für die Auslandsberichterstattung zur Verfügung stehen, ein beachtliches Engagement für die Realisierung von Auslandsberichten an den Tag legen. Besonders deutlich wird dieser große Stellenwert Europas, beziehungsweise dieses große Engagement des Aufbereiters für die Europaberichterstattung, im Gespräch mit Redakteuren der französischen Regionalzeitung *Ouest France*. So berichtet ein Politik-Redakteur, dass seine Zeitung als einzige französische Regionalzeitung einen festen Korrespondenten in Brüssel unterhält und dass alle dort ausgebildeten Journalisten für ein Praktikum von zwei Wochen nach Brüssel geschickt werden (Politik-Redakteur, *Ouest France*, F).

Bezogen auf die Frage, welche *Nationalisierungspraktiken* typisch für den Aufbereiter sind, beziehungsweise welche dieser Praktiken im Rahmen seiner Aufbereitungspraxis insbesondere kennzeichnend sind, verweisen die bisherigen Ausführungen darauf, dass dies vor allem die Praxis der Herstellung *nationaler Rückbezüge* wie auch die entsprechende *Hierarchisierung* ist. Mit anderen Worten: Die pädagogische und alltagsnahe Aufbereitung von Auslandsthemen mittels einer engen Verknüpfung dieser Themen mit dem jeweiligen lokalen bzw. den nationalen Alltagsleben und den Alltagsproblemen der Menschen verweist auf die große Rolle, die nationale Rückbezüge in der Berufspraxis des Aufbereiters spielen. Daneben ist die Hierarchisierung, d. h. die Orientierung der Journalistinnen und Journalisten, in der eigenen Tätigkeit zwischen Nationalem, Europa und der Welt unterschiedlich zu priorisieren, beim Aufbereiter stark zugunsten von Europathemen ausgeprägt. Europabezogene Themen sind für den Aufbereiter – gleich nach nationalen Themen – von besonders hoher Priorität und mit einem entsprechend großen Engagement wird für mehr Ressourcen für Europaberichte in der Zeitung gekämpft.

Insgesamt lässt sich festhalten, dass Journalistinnen und Journalisten des Typus Aufbereiter es als ihre Aufgabe verstehen, nicht nur möglichst offen für internationale, insbesondere europäische, Angelegenheiten einzutreten und diese trotz begrenzter Ressourcen entsprechend abzudecken. Darüber hinaus hat der Aufbereiter den überaus engagierten Anspruch, seinen Publika, die er sich allen

Bevölkerungsschichten zugehörig vorstellt, Europa und die Welt zu ‚erklären', was sich in der journalistischen Adressierungspraxis im Sinne einer pädagogischen und alltagsbezogenen Aufbereitung von entsprechenden Inhalten ausdrückt. Es ist gerade diese spezifische Art der Adressierungshaltung und -praxis, die als typische Antwort des Aufbereiters auf den ökonomischen Druck im Redaktionsalltag gewertet werden kann.

6.3 Der Bediener

Journalistinnen und Journalisten, die zum Typus des Bedieners (engl. „caterer") gehören, stellen einen besonders engen Zusammenhang zwischen ihrem journalistischen Selbstverständnis und ihrem Publikumsbild her. Der ständige Abgleich mit den (potenziellen) Bedürfnissen des Publikums und damit das Verständnis von Berichterstattung als ein an diesen Bedürfnissen ausgerichteter Service stehen stark im Vordergrund. Entsprechend hat aus Sicht dieser Journalistinnen und Journalisten die EU- und Auslandsberichterstattung dann eine Relevanz, wenn sie auch für die vorgestellten Leserinnen und Leser ‚offensichtlich' ist. So sind nach Auskunft eines EU- und Politik-Redakteurs beispielsweise gerade „Diskussionen, die dem Bauchgefühl der Mehrheit der Bevölkerung widersprechen" (EU- und Politik-Redakteur, *Bild*, D) Themen, bei denen sich der Bediener einer Berichterstattung verpflichtet fühlt. In dieser leserorientierten „Service-Betonung" (EU- und Auslandsredakteur, *Bild*, D) zeigt sich eine widersprüchliche Herangehensweise: Journalistinnen und Journalisten des Typus Bediener äußern zwar explizit ihre Unterstützung für die EU, gleichzeitig kritisieren sie aber einzelne EU-Entscheidungen heftig. Charakteristisch für den Bediener ist, dass diese beiden widersprüchlich erscheinenden Haltungen nebeneinander existieren, sie manifestieren in ihrer Sicht die Widersprüche, in denen sich auch ihre Rezipierenden bewegen. Insgesamt kommt es dem Bediener bei der Berichterstattung vor allem darauf an, dass Nachrichten aktuell und zugleich faszinierend sind. Journalistinnen und Journalisten dieses Typs heben stark hervor, dass sie gut vernetzt, informiert und schnell sind. Die Faszination der vorgestellten Leserschaft für ihre Berichterstattung liegt nach Auskunft unserer Gesprächspartner darin, dass sie über Dinge schreiben, die „Spaß machen" (Chefredakteur, *Fakt*, PL). Das heißt insbesondere, dass die Gegenstände überraschend, kontrovers oder schockierend sind. Gerade für den Bereich der EU-Auslandsberichterstattung wird deutlich, dass Bediener in ihrer Berufspraxis Themen entlang dieser Kriterien konstruieren und berichten. Auf diese Weise sichert sich eine Zeitung, so die Einschätzung unserer Gesprächspartner dieses Journalistentyps, die dauerhafte Aufmerksamkeit ihrer Leserschaft und damit nicht zuletzt ihr Überleben. Anders als beispielsweise die Analytiker und teilweise die Aufbereiter, sehen sich die Bediener daher durch das Internet nicht herausgefordert oder bedroht.

Im *journalistischen Publikumsbild* des Bedieners spielt der sogenannte ‚kleine Mann von der Straße' eine wichtige Rolle. Im Gespräch mit entsprechenden Journalistinnen und Journalisten erscheinen diese Leser als solche, die „an die Hand genommen werden müssen" (EU- und Politik-Redakteur, *Bild*, D) oder als diejenigen, „die vielleicht nicht für Europa sind, die auf verlorenem Posten stehen, die nicht viel vom Leben zu erwarten haben" (Chefredakteur, *Fakt*, PL). In dieser Perspektive ist es nur konsequent, den Leserinnen und Lesern nicht zu viele komplizierte Informationen zuzumuten, ihnen aber auch nicht zuzutrauen, komplexere Berichterstattung verstehen zu können, die zu weit von ihrer Lebensrealität entfernt ist. Dieses Publikumsbild ist maßgeblich für die Adressierungsstrategie des Bedieners, dem wichtig ist, dass eine Identifikation mit journalistischen Inhalten möglich ist:

> „Die Leute können sich leicht mit etwas identifizieren, das in den USA oder Deutschland passiert, wenn es spektakulär genug ist oder nah genug an ihnen dran. Wie zum Beispiel die Geschichte über die Schießereien in den Schulen in den USA, Finnland und Deutschland." (Chefredakteur, *Ekstra Bladet*, DK)

Aus dieser Sichtweise folgt, dass die Lesenden nicht nur angesprochen werden, sondern sich auch tatsächlich selbst in der Zeitung wiederfinden sollen. So berichten Journalistinnen und Journalisten aus Polen und Großbritannien davon, dass in ihrer Berufspraxis der letzten Jahren die Berichterstattung über den „Mann von der Straße, die Geschichten über Stars und Sternchen verdrängt" (Panorama-Redakteur, *Fakt*, PL) habe. Aber auch in anderen Fällen steht für Journalistinnen und Journalisten des Typs Bediener die Darstellung einer Geschichte anhand von Akteuren, insbesondere wichtigen politischen Persönlichkeiten, stark im Vordergrund: Werden Geschichten im Betroffenheits-Szenario präsentiert, erhöhe sich die Verständlichkeit.

Damit ist bereits sehr deutlich geworden, dass im *journalistischen Selbstverständnis* des Bedieners die Leserschaft eine herausgehobene Bedeutung hat. So sieht sich ein österreichischer Redakteur als Mitarbeiter einer „Volkszeitung, die sich an den Interessen des Volkes orientiert" (Chefredakteur Ausland, *Kronen Zeitung*, A). In seiner Rolle als Journalist sieht er sich in der Verantwortung, „den Leuten eine Stimme [zu] geben" (Chefredakteur, *Fakt*, PL) oder „der Anwalt des kleinen Mannes zu sein" (EU- und Politik-Redakteur, *Bild*, D). Ähnlich formuliert es folgende Redakteurin:

> „Ich habe so eine Haltung, dass der Journalist versuchen sollte, ein Repräsentant eines größeren Interesses zu sein. [...] Also möglicherweise mehr im Interesse der allgemeinen Öffentlichkeit und zum Beispiel nicht für die Eliten zu sprechen." (Redakteurin Meinungsressort, *Fakt*, PL)

Bei der Themenauswahl in der EU- und Auslandsberichterstattung fragen sich Journalistinnen und Journalisten vom Typus Bediener entsprechend in erster Linie, wie sehr sie mit ihren Geschichten die Lebensrealität ihrer Lesenden erreichen, deren Bedürfnis nach Spaß und Unterhaltung bedienen oder mit diesen spektakuläre Zusammenhänge aufdecken können. Entscheidend sind für den Bediener damit nicht Kriterien der Aktualität oder der politischen Relevanz, sondern die Anschlussfähigkeit an ihre Publika.

Diese Anschlussfähigkeit ist aus Sicht des Bedieners auch ein entscheidendes Kriterium in der Produktion von Artikeln und gilt besonders, wie ein Redakteur betont, für so komplexe Themenbereiche wie die EU-Berichterstattung:

> „Weil sie verloren sind in einem Wust von Gesetzen und Verordnungen, Richtlinien, die übrigens zu einem Großteil aus Europa kommen, [...] die dankbar sind, wenn man ihnen einfach ein bisschen Lebenshilfe gibt." (EU- und Politik-Redakteur, *Bild*, D)

Diese Service-Orientierung zeigt sich ebenfalls im Gespräch mit einem dänischen Chefredakteur, der EU-Berichterstattung nicht zu den relevanten Themen seiner Tätigkeit zählt. Er stellt im Interview die Frage, ob er etwa darüber schreiben solle, wie man als Bürger EU-Mittel beantragen könne? Journalistinnen und Journalisten, die wir zum Typus des Bedieners zählen, ist es insgesamt wichtig, bei alldem aber keine belehrende oder bevormundende Haltung ihren Lesenden gegenüber einzunehmen. Sie grenzen sich deutlich von Medienschaffenden ab, die sich als Mitglieder einer moralischen Elite verstehen und sich in dieser Rolle vom ‚Mann von der Straße' distanzieren. Wichtig ist den Bedienern im Gegenteil, dass sie moralisch ‚im Einklang' mit den ‚kleinen Leuten' stehen: Gerade in der Rolle als „watchdog' [...] haben wir ein Auge auf die Mächtigen, egal, wo sie im politischen Spektrum zu verorten sind" (Chefredakteur, *Ekstra Bladet*, DK).

Vor diesem Hintergrund wird plausibel, dass sich Journalistinnen und Journalisten vom Typus Bediener nur ungern auf eine politische oder normative Position festlegen lassen. Gerade die polnischen Studienteilnehmer unter ihnen betonen in diesem Zusammenhang, wie wichtig es sei, immer zwei Seiten einer Medaille zu zeigen und den Lesern nicht den Eindruck zu vermitteln, als werde ihnen zu einer politischen Meinungsbildung eine bessere Option suggeriert. Dem entspricht auch folgende Aussage:

„Wir lassen uns nicht einordnen in ein parteipolitisches Spektrum. Das lehnen wir strikt ab. Da gibt es eine Milliarde Unterstellungen und die sind allesamt haltlos."
(Leiter Parlamentsredaktion, *Bild*, D)

In der Perspektive des Bedieners ist damit der *Stellenwert Europas und der Welt* in der alltäglichen Berichterstattungspraxis erstens von geringer Bedeutung und weist zweitens die bereits angesprochene Widersprüchlichkeit auf. Insgesamt sieht er in der EU- und Auslandsberichterstattung keine Priorität seiner journalistischen Alltagsarbeit. Besonders die Weltberichterstattung erscheint als randständiges, allenfalls als Boulevard- oder Skandalressource wahrgenommenes Themenfeld. Ein für den Bediener entscheidendes Auswahlkriterium ist die Möglichkeit zur Rückbindung eines Themas an nationale Zusammenhänge. Aus seiner Sicht wird es dann ein relevantes Thema, wenn die direkte Betroffenheit für die Lesenden nachvollziehbar wird. Das zweite Charakteristikum in der Frage nach dem Stellenwert Europas und der Welt für den Bediener ist – wie wir bereits betont haben – eine widersprüchliche *Einstellung zur EU*. In der Berichterstattung über die EU und Europa scheinen es die Bediener mit einem schwierigen Balanceakt zu tun zu haben: Auf der einen Seite unterstreichen sie ihre pro-europäische Haltung, während sie auf der anderen Seite in ihrer spezifischen, selbst zugeschriebenen Rolle des skeptischen Kritikers im Namen ‚der Leute' eine teils aggressive Anti-EU-Berichterstattung begründen. So halten es die Journalistinnen und Journalisten vom Typus Bediener nicht für ungewöhnlich, wenn bspw. eine Ausgabe der polnischen *Fakt* mit einer ‚Unterstützungs-Kampagne' zur Einführung des Euro auf der Titelseite aufmacht und einen Tag später ein scharfer Kommentar dagegen polemisiert.

Im Gespräch wird deutlich, dass diese widersprüchliche Herangehensweise an das Thema EU wiederum über die starke Leserorientierung des Bedieners begründet werden kann:

„Ich glaube, wir gehen an die EU und alle ihre Phänomene heran wie der Großteil der Bevölkerung – im Prinzip finden wir das `ne gute Sache. […] was uns aber nicht daran hindert, an vielen konkreten Punkten von, wie wir finden, Überregulierung oder abseitigen Eingriffen in Kompetenzen, die nicht die der EU sein sollten, scharfe Kritik zu üben." (Leiter Parlamentsredaktion, *Bild*, D)

Noch randständiger als die EU-Berichterstattung wird von den Journalistinnen und Journalisten vom Typus Bediener die *Auslandsberichterstattung* eingestuft, „Berichterstattung über eher innenpolitische Vorkommnisse in anderen europäischen Ländern oder deren Außenpolitik taucht im Grunde nicht auf" (Publizist, *Fakt*, PL). Wenn jedoch Auslandsberichterstattung realisiert wird, so ist es für die Journalistinnen und Journalisten nicht selbstverständlich, wie im Falle der Berichterstatter, auf verfügbare Ressourcen wie Agenturberichte oder Medienkooperationen zurückzugreifen: Exklusivität spielt eine große Rolle. Diese Praxis, eigene und exklusive Geschichten im Ausland zu recherchieren, wird mit dem Begriff „Fallschirmjournalismus" (Luyendijk 2010) gut zusammengefasst. Passiert etwas Berichtenswertes im Ausland, wird unverzüglich eine Delegation (teilweise bestehend aus mehreren Personen) aus der heimischen Redaktion dorthin geschickt. Diese sind dann keine Experten für das jeweilige Land, sondern für die Art der Geschichte, die von ihnen erwartet wird. Dabei spielt aus Sicht der Journalistinnen und Journalisten immer eine wichtige Rolle, ob die Geschichte ein ausreichendes Maß an Faszination, Überraschung oder weltpolitischer Bedeutung aufweist: „Es ist eine Frage der Prioritäten: schwanger, oder nicht schwanger? Wenn es keine Schwangerschaft gibt, ist *Ekstra Bladet* nicht interessiert" (Redakteur, *Ekstra Bladet*, DK).

Für die Typen des Analytikers und des Aufbereiters haben wir herausgearbeitet, dass sie in der Umsetzung von EU- und Auslandsberichterstattung den Schwerpunkt auf ganz bestimmte *Nationalisierungspraktiken* legen. Während der Analytiker sich und sein journalistisches Handeln selbstverständlich in transnationale politische Kontexte einordnet und der Aufbereiter sich an nationalen Rückbezügen bei einer gleichzeitigen Hierarchisierung zugunsten europäischer Themen orientiert, zeigt sich auch für den Typus des Bedieners eine herausragende Bedeutung der Herstellung *nationaler Rückbezüge* in der EU- und Auslandsberichterstattung. Ähnlich wie dem Aufbereiter geht es ihm um die Aufmerksamkeit seiner Leser, in Abgrenzung zum Aufbereiter aber gerade nicht auf eine pädagogische oder aufklärerische Art und Weise, sondern vielmehr als ein Sicherstellen, dass der einfache Mann von der Straße sich in seiner Berichterstattung wiederfindet. Der Bediener hat nicht die Intention, sein Publikum von der Wahrnehmung der EU oder Informationen über Europa zu überzeugen. Es geht also darum, große Themen auf der Agenda so aufzubereiten, dass die Leserschaft diese als relevant annehmen können. Im Zweifelsfall werden nationale Themen jedoch vorgezogen. Entsprechend ist als weitere Nationalisierungspraktik die *nationale Hierarchisierung* stark ausgeprägt. EU- und Auslandsthemen treten in der Wahrnehmung des Bedieners stark in den Hintergrund, teilweise tauchen sie beinahe überhaupt nicht auf.

6.4 Der Berichterstatter

Journalistinnen und Journalisten, deren Adressierungspraktiken den Typus des Berichterstatters (engl. „reporter") bilden, zeichnen sich durch einen pragmatischen Ansatz aus, in dem das Bewusstsein für ökonomische Zwänge im Arbeitsalltag stark ausgeprägt ist. Im Vergleich zu anderen Adressierungstypen scheinen dieser Druck und die daraus resultierenden Begrenzungen für die alltägliche journalistische Arbeit besonders präsent. Im Gespräch mit Berichterstattern wird deutlich, dass diese, ebenso wie Aufbereiter und Bediener, die Nähe zu den Bedürfnissen der Rezipierenden suchen. Gleichzeitig steht in ihrer Adressierung von Publika eine pragmatische Herangehensweise im Vordergrund. Dazu gehört, über die wichtigsten politischen Ereignisse in einem Überblick zu berichten. Die EU- und Auslandsberichterstattung erscheint als eine Art ‚Pflichtprogramm', dessen Abdeckung die Leser als Service– so die Unterstellung – erwarten. Entsprechend pragmatisch, mit wenig Rechercheaufwand, und im Rahmen eines begrenzten Platzangebots, setzt der Berichterstatter diese um. Darüber hinaus betonen Journalistinnen und Journalisten die Wichtigkeit ‚objektiver' oder ‚neutraler' Bereitstellung von politischen Informationen.

Das *Publikumsbild* des Berichterstatters entspricht dem des ‚Normalbürgers'. Das heißt der Berichterstatter ordnet seine vorgestellten Publika tendenziell der (unteren) Mittelschicht zu. Damit ähnelt das Publikumsbild des Berichterstatters in gewisser Weise dem des Bedieners, denn auch hier spielen ‚einfache' Lesende eine wichtige Rolle: „Leute, die keine besonders hohe Bildung haben, in den Regionalteilen werden Leute in kleinen Städten angesprochen" (Journalistin, *Dziennik Zachodni*, PL). Es geht damit um Menschen, die keine komplizierten Zusammenhänge, sondern lebensnahe und leicht greifbare Themen verständlich aufbereitet haben wollen, so die Journalistensicht. Unterhaltende Geschichten kämen den Lesenden außerdem entgegen, „Geschichten, die für die Leser eine gute Erfahrung sind" (Leitender Redakteur News, *Jydske Vestkysten*, DK). Die Rezipierenden interessieren sich nach Auskunft der Berichterstatter auch für lustige oder schockierende Geschichten. Anders allerdings als beim Bediener steht in diesem Publikumsbild weniger die ‚Sensationsgier' im Vordergrund denn vielmehr das Bedürfnis nach bestimmten Dienstleistungen. Diese betreffen aus Sicht des Berichterstatters vor allem das Abdecken regional und national unmittelbar relevanter Belange. Darüber hinaus gilt das für die EU- und Auslandsberichterstattung in einem Umfang, der den Lesern einerseits das Gefühl gibt, gut informiert zu sein, sie andererseits aber auch nicht überfordert. Laut dem Berichterstatter erwartet der Leser also eine Art Querschnittslektüre, die hier und da überrascht, aber in erster Linie ‚von Allem etwas' zu bieten hat.

6.4 Der Berichterstatter

Im *journalistischen Selbstverständnis* des Berichterstatters manifestiert sich die Orientierung an diesem Publikumsbild. Auch hier gibt es auf den ersten Blick wieder starke Parallelen zum Typus des Aufbereiters und des Bedieners. Mit dem Zeitungsangebot soll die Leserschaft in ihrem Lebensgefühl angesprochen werden. So berichtet eine junge Warschauer Journalistin, dass Umfragen zu Leserwünschen im Produktionsprozess wichtige Orientierungen liefern. Zugleich scheint aber diese Orientierung von einem deutlichen Pragmatismus geprägt zu sein. Den Wünschen oder Vorstellungen der Leser soll, so der Eindruck aus den Gesprächen, entgegengekommen werden, ohne aber diese moralisierend an die Hand zu nehmen oder sie durch schockierende Geschichten zu ‚bedienen', „ohne Ängste zu wecken" (Journalistin Sammelredaktion Warschau, *Dziennik Zachodni*, PL). Journalistinnen und Journalisten vom Typus Berichterstatter verdeutlichen, dass sie ‚Objektivität' für eine journalistische Schlüsselkompetenz halten. Entsprechend wird die informative Aufgabe als Anspruch an die journalistische Arbeit gegenüber einem politisierten Journalismus herausgestrichen. Während man ein solches journalistisches Selbstverständnis in Polen, vor dem Hintergrund einer stark polarisierten Medienlandschaft, durchaus im Sinne eines politischen Anspruchs verstehen könnte, präsentieren sich Journalistinnen und Journalisten anderer Nationalitäten insgesamt sehr pragmatisch. Im Gespräch wird deutlich, dass sich der Berichterstatter in erster Linie als Bereitsteller von notwendigen oder, wenn nicht vorhanden, unterhaltsamen Informationen, denn als Meinungsjournalist versteht, der Hintergründe und Analysen eher oberflächlich bereitstellt:

> „Wir nehmen entweder Geschichten, die die allgemeinsten Nachrichtenkriterien [...] erfüllen oder wir machen etwas ganz anderes, indem wir Geschichten aussuchen, die andere nicht haben. Wir müssen die wichtigsten Sachen abdecken, aber wenn nichts Wichtiges auf der Agenda ist, dann suchen wir nach ungewöhnlichen Geschichten." (Auslands-Redakteur, *Jydske Vestkysten*, DK)

Im Selbstverständnis des Berichterstatters scheint ein „Bewusstsein für die Begrenzungen" (Leitender Redakteur News, *Jydske Vestkysten*, DK) des journalistischen Arbeitsalltags vergleichsweise stark ausgeprägt zu sein. Gerade für den Bereich der EU- und Auslandsberichterstattung verdeutlichen unsere Gesprächspartner wiederholt, dass Ressourcen wie Platz in der Zeitung oder Zeit für das Verfassen von Artikeln beschränkt und sie selbst täglich damit konfrontiert sind:

> „Allein die Vorstellung, ich würde als Brüssel-Korrespondent die Zeit verschwenden, indem ich irgendeinen Schwachsinn vorschlage, an dem ich dann recherchieren würde, ist für mich unvorstellbar." (Brüssel-Korrespondent, *WAZ-Mediengruppe*, D)

Dieses Zitat zeigt außerdem, dass Journalistinnen und Journalisten des Typus Berichterstatter trotz eines beschränkten Platzangebots auf den jeweiligen Auslandsseiten auf eine leichte und schnelle Verfügbarkeit von Informationen oder schon fertige Artikel angewiesen sind. Obwohl also nur wenige Spalten zu füllen sind, wird auch Zeitmangel bei der Recherche als dauerhaftes Problem identifiziert. Viele dieser Journalistinnen und Journalisten verweisen darauf, dass sie unter strukturellen Bedingungen arbeiten und auch auf solche angewiesen sind, die ihnen Entscheidungen über das Vorgehen bei Recherchearbeiten abnehmen. So sei man beispielsweise für die Produktion von EU- und Auslandsseiten bei *Jydske Vestkysten* angewiesen auf das, was „bei *Ritzau* [Agentur] und *BCM* [Medienpartner *Berlingske Tidende*] verfügbar ist" (Chefredakteur News, *Jydske Vestkysten*, DK). Die Tätigkeiten der Berichterstatter umfassen nur selten das Verfassen oder Redigieren, sondern vielmehr nur noch das Auswählen von EU- bzw.- Europa-Inhalten, die dem Publikumsbild entsprechen.

In seiner *Einstellung zur EU* zeigt sich der Berichterstatter ebenfalls pragmatisch. Unter den Interview-Partnern, die wir diesem Typus zuordnen, finden sich keine (expliziten) EU-Skeptiker. Das politische Projekt wird grundsätzlich unterstützt, zugleich wird betont, dass eine kritische Begleitung notwendig ist. Ein besonderes Engagement für oder gegen die EU scheint den Berichterstatter nicht umzutreiben. Die EU ist aus seiner Sicht vielmehr eine strukturelle Gegebenheit, deren Schwierigkeiten, aber auch Vorteile im Alltag der Leser sichtbar werden:

> „Insgesamt müssen wir realistisch sein und eine pro-europäische Linie fahren. […] Die Leute müssten ja blind sein, wenn sie die offensichtlichen Vorteile der EU-Entwicklung nicht sehen würden. Sie verstehen, dass sie mehr bekommen als sie bezahlen." (Redakteur, *Dziennik Zachodni*, PL)

Für den *Stellenwert der EU- und Weltberichterstattung* gilt wiederum ein Umfang, der sich am angenommenen Berichterstattungsbedarf der Leser misst. So gibt ein Redakteur an, die wichtigsten Kriterien für die Auswahl eines EU-Themas seien: „Erstens, interessiert das Thema die Leute? Zweitens, hat es Einfluss auf ihr Leben?" (Redakteur Sammelredaktion Ausland, *Dziennik Zachodni*, PL). Ein anderer Redakteur äußert sich wie folgt: „Die Leser erwarten in einem bestimmten Umfang Auslandsberichterstattung" (Auslands-Redakteur, *Jydske Vestkysten*, DK). Dabei geht es wieder in erster Linie darum, „das wichtigste Thema auf der Agenda zu zeigen" (Auslands-Redakteur, *Jydske Vestkysten*, DK). Große internationale Ereignisse, und damit „nicht eine breite und solide Auslandsberichterstattung, […] sondern ein Überblick und einige Hintergrundinformationen" (In- und Auslandsredakteur, *Jydske Vestkysten*, DK), werden als notwendig, aber genauso auch als grundsätzlich ausreichend erachtet. Insgesamt wird bei Journalistinnen

6.4 Der Berichterstatter

und Journalisten vom Typus Berichterstatter deutlich: In ihrem journalistischen Alltag hat die EU- und Auslandsberichterstattung im Vergleich zur nationalen Berichterstattung einen eher randständigen Stellenwert. Dieser wird dann aufgewertet, wenn sich, im Falle von Regionalzeitungen, ein regionaler, im Falle anderer Blätter, ein nationaler Bezug herstellen lässt. Von Interesse sind für die Berichterstatter auch hier vor allem die herausgehobenen politischen (Medien-)Ereignisse, also die großen Events wie die EU-Gipfel und wichtige Ereignisse abzudecken, die aus Sicht der Journalistinnen und Journalisten zu ihrer Verpflichtung gegenüber ihrer Leserschaft gehören. Hier unterscheidet sich der Berichterstatter vom Bediener, der das Kriterium der ‚wichtigsten Ereignisse' für sich ausschließt. Ein interessanter Aspekt zur EU-Berichterstattung ergibt sich im Gespräch mit Mitarbeitern der *WAZ*, die auf die Erzeugnisse des großen Korrespondentenbüros der *WAZ*-Mediengruppe in Brüssel zurückgreifen können. Hier wird der EU-Berichterstattung eine deutlich höhere Priorität gegenüber der sonstigen Auslandsberichterstattung zugesprochen. Die Gründe dafür sind aus Sicht der Journalistinnen und Journalisten wieder die Ressourcen, die der Zeitung zur Verfügung stehen. Denn zwar habe die EU-Berichterstattung deutlich zugenommen, aber die „internationale Berichterstattung ist weniger geworden, das ist eine Kostenfrage. Wenn, dann spart man an den Korrespondenten" (Brüssel-Korrespondent *WAZ*-Mediengruppe, *WAZ*, D).

Der *Stellenwert des EU-Auslands* ist im Vergleich zum Stellenwert der EU daher als noch geringer einzuschätzen. Auch hier gilt, dass die Berücksichtigung aus Sicht des Berichterstatters nur dann relevant ist, wenn sich ein Rückbezug zur antizipierten nationalen oder regionalen Lebensrealität der Leserschaft herstellen lässt. So sind beispielsweise für einen polnischen Berichterstatter Geschichten, die einen Bezug zu Russland herstellen von größerem Interesse; für einen dänischen Journalisten liegt der Fokus mehr auf dem Nachbarn Deutschland, dem sich seine Leser näher fühlen.

In der Summe ist deutlich geworden, dass für den journalistischen Alltag des Berichterstatters in erster Linie die *Nationalisierungspraktik der Herstellung nationaler und auch regionaler Rückbezüge* kennzeichnend ist. Diese sind aus seiner Sicht entscheidend, da es darum geht, dass sich die Lesenden in der Zeitung wiederfinden und sich dennoch ausreichend informiert fühlen können. Dabei sind im Gespräch mit Journalistinnen und Journalisten, die wir dem Typus des Berichterstatters zuordnen, ökonomische Zwänge allgegenwärtig. Auch andere Journalistinnen und Journalisten sehen sich mit der alltäglichen Herausforderung von Platz- und Zeitmangel konfrontiert. Der Berichterstatter scheint jedoch der Typus zu sein, der auf diese Zwänge am ehesten mit einer ‚Anpassungsstrategie' reagiert. Seine Profilierungsstrategie besteht darin, einerseits seine Leserschaft durch ein Service-Programm von Basisangeboten zufriedenzustellen und andererseits zu akzeptieren, dass er in Strukturen arbeitet, die ihm ein pragmatisches journalistisches Arbeiten abverlangen.

6.5 Transnationale Adressierungstypen in der Praxis des Europajournalismus

Ausgangspunkt unserer Argumentation in diesem Teilkapitel war die Frage, wie sich die transnationale Segmentierung der europäischen Öffentlichkeit anhand der sich in der journalistischen Berufspraxis artikulierenden, transnationalen Momenten von politischer Diskurskultur erklären lassen. Hauptbefund unserer Analysen ist, dass wir über alle Länder hinweg bestimmte Typen der Adressierung ausmachen können, die auf bestimmte Publikumsbilder verweisen: Analytiker, Aufbereiter, Bediener und Berichterstatter. Abschließend wollen wir nun herausarbeiten, dass wir diese Adressierungstypen *nicht* auf individueller Ebene einzelner Journalistinnen und Journalisten einordnen. Vielmehr sind es bestimmte Arten von Zeitungen, in deren Kontext sich diese Momente politischer Diskurskultur verdichten. Um dies nachvollziehbar zu machen, wollen wir zuerst einmal die Hauptcharakteristika der einzelnen Adressierungstypen auf Basis unserer bisherigen Analysen zusammenfassen, um dann zu zeigen, im Kontext welcher Zeitungen diese Typen jeweils auftreten.

Die journalistische Praxis des *Analytikers* will eine umfassende Analyse politischer Prozesse im Handlungsraum EU bieten. Sein vorgestelltes Publikum entspricht dem eines Bildungsbürgers. Der Analytiker unterstellt seinen Leserinnen und Lesern ein entsprechendes Bildungsniveau und will dem daraus resultierenden Anspruch in seiner Berichterstattung gerecht werden. Europa und die Welt sieht er als unproblematische Handlungsräume, die es zu beobachten gilt. Grundsätzlich hat der Analytiker eine positive Haltung gegenüber der EU und zum europäischen Einigungsprozess. Dabei versteht er es als seine Aufgabe, europapolitische Entwicklungen durchaus auch kritisch zu hinterfragen und entsprechende Entwicklungen problematisierend darzustellen. Typisch für den Analytiker ist die nationale Veralltäglichung und die Herstellung transnationaler Kontextbezüge: Auslandsthemen werden als unproblematische Bestandteile der Berichterstattung gehandhabt. Zugleich wird die eigene Nation als selbstverständlicher Teil eines transnationalen Zusammenhangs angesehen.

Beim *Aufbereiter* ist die journalistische Praxis an einer pädagogischen, alltagsorientierten Weltaufklärung ausgerichtet. Aufbereiter verstehen es als ihre Aufgabe, möglichst offen für internationale, insbesondere europäische, Angelegenheiten zu sein und diese trotz als begrenzt wahrgenommener Ressourcen abzudecken und für ihre Leserschaft aufzubereiten. Diese vorgestellten Publika des Aufbereiters umfassen ‚Alle': Bildungsferne, Angehörige der Bildungselite, Bedürftige wie Wohlhabende. Damit hat der Aufbereiter ein eher unspezifisches Publikumsbild, was jedoch seiner pädagogischen Mission und Ambition, den Menschen Europa näherzubringen, entgegenkommt. Europa erscheint ihm somit als überaus wichtiger, wenngleich komplexer Themenbereich, den es entsprechend pädagogisch aufzubereiten und zu vermitteln gilt. Die große Europa-Affinität des Aufbereiters geht mit einer konstruktiv-unterstützenden EU-Einstellung sowie einem großen Engagement einher, über möglichst viele EU-Themen zu berichten und möglichst viel Platz und Ressourcen für diese zu schaffen. In der journalistischen Praxis spielt insbesondere die Herstellung nationaler Rückbezüge wie auch die bewusste Hierarchisierung Europas gegenüber anderen Auslandsthemen eine große Rolle. Seine pädagogische Mission setzt der Aufbereiter um, indem er EU-Themen möglichst eng mit den nationalen Alltagswelten seiner Leserinnen und Leser in Verbindung bringt.

Tab. 4 Charakteristika der Adressierungstypen

	Analytiker	Aufbereiter	Bediener	Berichterstatter
Publikumsbild	Bildungsbürgertum	Alle	Kleine Leute	Normale Menschen
Journalistisches Selbstverständnis	Umfassendes Analysieren politischer Entwicklungen	Pädagogisches Aufbereiten politischer Entwicklungen	Anwalt der kleinen Leute im politischen Geschehen	Kompaktes Abbilden politischer Ereignisse
Stellenwert und Einstellung EU	EU als relevanter, konstruktiv hinterfragter Handlungsraum	EU als Vermittlungsproblem und unterstütztes Projekt	Widersprüchliche Pro-EU-Haltung bei gleichzeitiger Sensationskritik	EU als Teil der Pflichtberichterstattung und als Lebensrealität
Stellenwert EU-Ausland und Welt	EU-Ausland und Welt als Handlungsraum	EU-Ausland als Illustration des Nationalen	EU-Ausland als randständige Boulevardressource	EU-Ausland als randständige Nachrichtenressource
Nationalisierungspraktiken	Transnationale Kontextbezüge, nationale Veralltäglichung	Nationale Rückbezüge, europäische Hierarchisierung	Nationale Rückbezüge, nationale Hierarchisierung	Nationale und regionale Rückbezüge

Der *Bediener* will vorgestellte Publikumserwartungen erfüllen und greift EU- und auslandsbezogene Themen als Ressource auf, die Unterhaltung, Faszination und Anlass zu öffentlicher Aufregung bieten. Der ständige Abgleich mit den (potenziellen) Bedürfnissen seiner vorgestellten Publika und damit das Verständnis von Berichterstattung als ein leserorientierter Service stehen stark im Vordergrund. Dabei sprechen die Journalistinnen und Journalisten dieses Typus bewusst ‚kleine Leute' an, deren unterstellte Themen und Verständnismöglichkeiten die Grenzen ihrer Berichterstattung markieren. Europa und die Welt sind entsprechend nur dann relevant, wenn dies auch für die Lesenden offensichtlich ist. Gegenüber der EU hat der Bediener eine widersprüchliche Einstellung: Einerseits hegt er grundlegend eine explizit unterstützende Haltung gegenüber der EU, andererseits hält er in seiner Berichterstattungspraxis scharfe Kritik für angemessen. Im Rahmen seiner Arbeitspraktiken spielen vor allem die Herstellung nationaler Rückbezüge, also das bewusste In-Beziehung-Setzen von Auslandsthemen mit nationalen Alltagskontexten, wie eine Hierarchisierung zugunsten der Nation eine große Rolle. Das heißt, der Bediener priorisiert grundsätzlich nationale Themen und berichtet über Auslandsthemen dann, wenn sich ihre nationale Relevanz aufdrängt oder er ihnen einen anderen Mehrwert wie beispielsweise Unterhaltung zuschreibt.

Journalistinnen und Journalisten des Typus *Berichterstatter* adressieren ihre vorgestellten Publika in dem Bewusstsein, dass sie es mit einer einfachen Leserschaft mit klar umrissenen Erwartungen zu tun haben. Diese wünscht sich aus Sicht des Berichterstatters national oder regional bezogene Informationen, einen guten Überblick über politische Entwicklungen und hier und da auch ein wenig Unterhaltung. Die vorgestellten Leser des Berichterstatters entsprechen gewissermaßen den ‚normalen Menschen', die weder der Bildungselite noch der bildungsfernen Unterschicht zuzuordnen ist, sondern vielmehr der ‚Mitte'. Für den Berichterstatter spielen knappe Ressourcen eine wichtige Rolle: Er hat den Eindruck, wenig Zeit für Recherche und Verfassen aufbringen zu können und insbesondere in der EU- und Auslandsberichterstattung wenig Platz für seine Berichte zur Verfügung zu haben. Im Rahmen dieser Möglichkeiten versteht sich der Berichterstatter als Dienstleister, der seinem Publikum gegenüber eine bestimmte Berichterstattungspflicht hat, nämlich die eines Überblicks über die wichtigsten Ereignisse. Nicht zuletzt aufgrund der knappen Ressourcen, teils aber auch, um nicht über die Bedürfnisse der antizipierten Rezipierenden hinauszugehen, werden Informationen in einer möglichst wertfreien Form hergestellt. Typisch für den Berichterstatter ist der herausragende Stellenwert nationaler und auch regionaler Rückbezüge in seiner Praxis. Das heißt, EU- und Auslandsthemen werden sach-

6.5 Transnationale Adressierungstypen in der Praxis des Europajournalismus

lich und wertfrei, aber dennoch mit deutlicher Bezugnahme auf die nationalen und regionalen Kontexte seiner vorgestellten Publika ausgewählt und aufbereitet. Es sind diese Publikumsvorstellungen und darauf basierend Adressierungshaltungen und -praktiken der Journalistinnen und Journalisten, die die transnationale Segmentierung der europäischen Öffentlichkeit erklären können: Während der Bediener bereit ist, seinem vorgestellten Publikum und dessen ‚medialer Bequemlichkeit' absolut entgegenzukommen, findet der Analytiker es selbstverständlich, seine Leser bis an ihre Grenzen zu fordern. Auch der Aufbereiter will, ähnlich dem Bediener, den Rezipierenden in ihren Lebensrealitäten begegnen, allerdings mit dem Ziel, seine pädagogische Mission besser umsetzen zu können. Der Berichterstatter ist schließlich daran interessiert, ein von seinem vorgestellten Publikum erwartetes Pflichtprogramm abzudecken, ohne darüber hinaus stark überraschen oder provozieren zu wollen.

Was nun die Zuordnung der von uns herausgearbeiteten Adressierungstypen zu bestimmten Arten von Zeitungen anbelangt, haben wir diesen Aspekt bislang bewusst in den Hintergrund gestellt. Unser Grund hierfür war, dass wir eine vorschnelle Zuordnung vermeiden wollten. Häufig wird die Differenzierung nach Qualitäts-, Boulevard- und Regionalzeitungen in der Literatur an einer Publikumsstruktur als Klassenstruktur festgemacht (vgl. bspw. Donsbach 2008). Unsere Analysen haben an dieser Stelle gezeigt, dass die Publikumsbilder der Journalistinnen und Journalisten bzw. die damit zusammenhängenden Adressierungen über alle Typen hinweg weit vielschichtiger sind als solche einfachen, an Schichtungsmodellen von Gesellschaft orientierten Argumentationen. Entsprechend komplexer sind die Zuordnungen der von uns unterschiedenen Adressierungstypen zu einzelnen Zeitungen, wie die folgende Tabelle 5 zeigt. So findet sich der Analytiker oft bei Qualitätszeitungen wieder, der Bediener ist als Adressierungspraxis im Boulevardbereich präsent und der Berichterstatter ist ein typisches Phänomen für die Regionalpresse. Im Typus Aufbereiter jedoch bricht sich diese vermeintlich klassische Sortierung von Zeitungsformaten in entscheidender Weise. Hier nämlich tauchen sowohl die sogenannten Qualitätszeitungen als auch Regional- und Boulevardzeitungen auf.

Tab. 5 Tendenzzuordnung des Zeitungssamples zu Adressierungstypen

Typus	Zeitungen	ggf. Besonderheiten
Analytiker	Die Presse (A)	Starke Betonung von Bürgernähe
	Der Standard (A)	
	FAZ (D)	
	SZ (D)	Stärker selektiv tiefgehende als kontinuierlich umfassende Berichterstattung
	Le Monde (F)	
	Le Figaro (F)	Leichte Abnahme der EU-Berichterstattung nach Direktorenwechsel
	The Times (GB)	Das EU-Ausland wird als Ressource für leichte Humorgeschichten gesehen (hier bestehen Tendenzen zum Bediener).
	Rzeczpospolita (PL)	Stark nationalkonservative Haltung, mitunter EU-Kritik als Mission. Niedriger Stellenwert EU und Welt (hier bestehen Tendenzen zum Bediener).
Aufbereiter	Kleine Zeitung (A)	
	Politiken (DK)	Trend zu ‚professionell verwaltender' EU-Berichterstattung, indem Themen aus anderen europäischen Zeitungen übersetzt und übernommen werden (hier bestehen Tendenzen zum Berichterstatter)
	Ouest France (F)	Europa-Berichterstattung als Mission besonders stark ausgeprägt
	Le Parisien (F)	
	Gazeta Wyborcza (PL)	Europa-Berichterstattung als Mission besonders stark ausgeprägt
Bediener	Kronen Zeitung (A)	
	Bild (D)	
	Ekstra Bladet (DK)	
	Daily Express (GB)	
	Fakt (PL)	Kritische Themen werden aus unterschiedlichen Perspektiven diskutiert (Anteil Berichterstatter).
Berichterstatter	WAZ (D)	
	Berlingske Tidende (DK)	Großzügige Ressourcen für EU-Berichterstattung, Bereitstellung von Analysen und Hintergründen (Anteil Analytiker)
	Jydske Vestkysten (DK)	Bedienung von Publikumsinteressen wichtig (Anteil Bediener)
	Dzennik Zachodni (PL)	

6.5 Transnationale Adressierungstypen in der Praxis des Europajournalismus

Die Übersicht in Tabelle 5 verdeutlicht damit, dass über verschiedene Länder hinweg im Hinblick auf Publikumsbilder und damit zusammenhängende Adressierungen Gemeinsamkeiten bestehen, die sich nach unserer Analyse in der journalistischen Praxis von bestimmten Zeitungsarten verdichten. *Es sind diese Verdichtungen, die sich als transnationale Momente politischer Diskurskultur begreifen lassen.* Von Momenten politischer Diskurskultur sprechen wir an dieser Stelle deshalb, weil es sich hierbei um Verdichtungen von politischer Diskurskultur handelt, deren Historie deutlich kürzer und andersartig ist als die nationaler politischer Diskurskulturen. Bemerkenswert ist der Bestand solcher transnationaler kultureller Verdichtungen in der journalistischen Praxis allemal: Journalistinnen und Journalisten in Europa adressieren nationale Publika nicht einfach nur entlang länderspezifischer Nationalisierungspraktiken. Sie adressieren gleichzeitig bestimmte vorgestellte, quer zu nationalen Grenzen liegende Publika mittels spezifischer Adressierungspraktiken. Wir finden also nicht *eine* transnationale politische Diskurskultur, die sich in länderübergreifenden und von allen Journalisten geteilten Praktiken, EU- und auslandsbezogene Themen für Lesende aufzubereiten, zeigt, sondern vielmehr unterschiedliche transnationale politische Diskurskulturen. Die Vielschichtigkeit der mehrfachsegmentierten europäischen Öffentlichkeit erklärt sich über eine Vielschichtigkeit der unterschiedlichen nationalen und transnationalen Verdichtungen politischer Diskurskultur.

7 Trigger-Konstellationen: Artikelbiografien im journalistischen Produktionsprozess

In den letzten beiden Kapiteln haben wir uns damit befasst, wie sich politische Diskurskulturen auf nationaler Ebene und auf der Ebene der unterschiedlichen Adressierung von Publika durch verschiedene Redaktionen unterscheiden. Während diese Analysen einen allgemeinen Erklärungsrahmen für die nationale wie auch transnationale Segmentierung von europäischer Öffentlichkeit liefern, bleibt zu untersuchen, wie sich politische Diskurskulturen im konkreten Arbeitsprozess an einzelnen Artikeln manifestieren. Wie greifen hier nationale und transnationale Aspekte politischer Diskurskultur ineinander? Dieser Frage gehen wir im folgenden Kapitel nach. Wir wollen nachzeichnen, wie beim Entstehen einzelner Artikel der Europaberichterstattung in der Arbeit der von uns befragten und beobachteten Journalistinnen und Journalisten beide Aspekte von politischer Diskurskultur Hand in Hand gehen und welche Muster sich dabei ausmachen lassen. Hierzu haben wir die von uns so bezeichneten ‚Trigger-Studien' durchgeführt, durch die die ‚Entstehungsbiografien' von Artikeln vergleichend rekonstruiert werden (siehe zum methodischen Vorgehen im Detail Kap. 3.3). Dabei geht es letztlich um die Frage, wie und warum bestimmte Themen in die Zeitung kommen.

Gatekeeping-Studien, andere Ansätze der Redaktionsforschung und Nachrichtenwerttheorie lassen sich als Antwortversuche auf diese Frage lesen, an die wir im Folgenden anknüpfen. Gatekeeping-Studien setzten dabei zunächst beim einzelnen Journalisten an. In seiner Pionierstudie hatte David M. White (1950) einen Redakteur (*Mr. Gates* genannt) danach gefragt, warum er bestimmte Agenturmeldungen zur Publikation auswählt und andere aussortiert. Heute ist es ein in einem redaktionellen wie kulturellen Kontext zu sehender *Mr. Editor,* der befragt wird. Er agiert keineswegs willkürlich, sondern in einem arbeitsteiligen Produktionsprozess (Altmeppen 1999). Kulturtheoretisch lässt sich dieser Prozess nun einerseits als Ausdruck journalistischer Professionskultur, andererseits aber auch als Re-Artikulation von politischen Diskurskulturen begreifen.

Damit schließen wir an aktuelle Weiterentwicklungen der Analyse journalistischer Praktiken an, die journalistische Tätigkeit nicht mehr nur als *Auswahl* von *Ereignissen* zur Publikation beschreiben, wie es in der Gatekeeping-Metapher angelegt ist. Vielmehr haben wir es mit einem vielschichtigen, kulturell kontextualisierten und redaktionell organisierten, arbeitsteiligen Prozess der Nachrichten-*konstruktion* zu tun: „In fact, gatekeeping in mass communication can be seen as the overall process through which the social reality transmitted by the news media is constructed, and is not just a series of ‚in' and ‚out' decisions" (Shoemaker et al. 2001: 234). Insofern erweist sich die Gatekeeping-Metapher als nicht mehr angemessen, um die redaktionelle Arbeit zu beschreiben.

Die Forschung in Deutschland hat das Gatekeeper-Modell ohnehin weniger intensiv aufgegriffen und stattdessen die redaktionelle Arbeit zunächst in der Tradition von Manfred Rühl (1969, 1980) häufig aus der Sicht der Luhmannschen Systemtheorie analysiert. Der Verdienst dieses Ansatzes besteht unter anderem darin, auf die zentrale Bedeutung der Redaktion als Handlungsrahmen journalistischer Praxis hingewiesen zu haben. Kritisiert wurde an der systemtheoretisch orientierten Forschung, dass sie die Akteure selbst und ihre Praktiken aus dem Blick verloren hat (z. B. Raabe 2008). Diese Praktiken und subjektiven Situationsdeutungen der Akteure stehen im Zentrum der folgenden Analyse.

Der wohl meistverfolgte Ansatz zur Beschreibung journalistischen Handelns ist aber die Nachrichtenwerttheorie, in der seit ihren Anfängen realistische und konstruktivistische Perspektiven koexistieren. Einerseits gibt es eine sozialkonstruktivistisch beeinflusste Perspektive, nach der Menschen ihre Wirklichkeit über vereinfachte Schemata entwerfen, was bereits Walter Lippmann (1922) im Begriff des Stereotyps erfasst. Und auch in den grundlegenden Aufsätzen von Johan Galtung und Marie Ruge (1965) bzw. Einar Östgaard (1965) steckt von Anfang an der Gedanke, dass Nachrichtenfaktoren keineswegs nur Merkmale von Ereignissen sind. Vielmehr sind die Faktoren bei Östgaard („simplification", „identification", „sensationalism")Bestandteile des Prozesses der Nachrichtenfabrikation in der Redaktion. In diesem Sinne haben auch Galtung und Ruge festgestellt, dass Ereignisse das Ergebnis kultureller Konstruktion sind und keineswegs als solche in der Realität vorgefunden werden: „[W]hat we choose to consider an ‚event' is culturally determined" (1965: 65).

Schulz (1976, 1989) arbeitet diese konstruktivistische Perspektive weiter aus, indem er Nachrichtenfaktoren als *journalistische Hypothesen* über die Realität begreift. Heutige Nachrichtenwertstudien tendieren dazu, Nachrichtenfaktoren nicht mehr als spezifisch journalistische Mechanismen der Weltinterpretation zu sehen. Auch Rezipierende wenden ihre Aufmerksamkeit orientiert an Nachrichtenfaktoren zu (Eilders 1997). Wenn die Nachrichtenfaktoren keine spezifische Wahrnehmungsform der Journalistinnen und Journalisten sind, dann bleibt immer noch die Möglichkeit, sie entweder als kulturspezifische oder als allgemein-menschliche Wahrnehmungsmechanismen zu konzeptionalisieren. Lippmann betont die kulturelle Prägung unserer Wahrnehmung: „In the great blooming, buzzing confusion of the outer world we pick out what our culture has already defined for us" (1997 [1922]: 55). Galtung und Ruge (1965) identifizieren einige ihrer Nachrichtenfaktoren als kulturell spezifische und andere als allgemein-menschliche Aufmerksamkeitsmechanismen. Letzteren Gedanken verfolgen Shoemaker und Cohen (2006) weiter. Deren internationale Studie bestätigt einerseits in Fokusgruppendiskussionen, dass sich die Medienschaffenden und andere Menschen in ihrer Wahrnehmung von „newsworthiness" (verstanden als Meldungen, die es wert sind, publiziert zu werden) ähneln. Andererseits aber zeigt eine von ihnen als Teil der Untersuchung durchgeführte Inhaltsanalyse der Medienberichterstattung, dass dort gar nicht die Dinge die meiste Aufmerksamkeit bekommen, die allgemein von den Fokusgruppen als ‚nachrichtenwert' eingestuft wurden. Die Schlussfolgerung von Shoemaker und Cohen lautet:

> „News is a social artifact, the product, the output of journalistic routines that is made available to the audience [...] newsworthiness is a cognitive concept, a mental judgment made by individual people [...] what people – even journalists – think is newsworthy is not necessarily what becomes news." (Shoemaker/Cohen 2006: 337)

Nachrichten und das, was nach allgemeinen Relevanzkriterien als ‚Nachrichtenwert' eingestuft wird, unterscheiden sich also deutlich. Damit stellt sich die Frage nach den bisher vernachlässigten Faktoren, die bestimmen, wann *Nachrichtenwertes* auch zur Nachricht wird.

In den Fokus rückt damit der redaktionelle Kontext, der durch praktische organisatorische Zwänge und eine spezifische Redaktionskultur geprägt ist, die ihrerseits Teil einer breiteren politischen Diskurskultur ist. Hier lässt sich auf die Arbeit von Claus-Erich Boetzkes (2008) verweisen, der in einer empirischen Untersuchung nachzeichnet, wie der Inhalt der *Tagesschau* zu einem guten Teil auch von organisatorischen Imperativen beeinflusst wird. Auch die journalistische Organisation muss ihrerseits aber kontextualisiert werden, will man journalistische Produktion erklären. In der Journalismusforschung stehen dafür verschiedene Mehrebenenmodelle. Grundlegend für die Diskussion im US-amerikanischen Raum ist das Modell von Pamela J. Shoemaker und Stephen D. Reese (1996). Prominent in der Diskussion in Deutschland ist das sogenannte Zwiebel-Modell von Siegfried Weischenberg (1995). Gemeinsam ist beiden, dass sie verschiedene Ebenen des Einflusses auf journalistische Inhalte hin unterscheiden und zu diesen in der Regel die Präferenzen und Einstellungen der Journalistinnen und Journalisten, Einflüsse der Redaktion als Organisation, Merkmale des Journalismus als Beruf mit bestimmten Standards, Einflüsse des ökonomischen und politischen Systems und schließlich allgemeine kulturelle Prägungen zählen (Hanitzsch 2009). Genau hier greift das Konzept der politischen Diskurskultur, das es uns ermöglicht, die verschiedenen Ebenen solcher Modelle in einem Gesamtzusammenhang zu sehen, ohne deduktiv Hierarchien von Ebenen zu postulieren.

Im Anschluss an den hier nur grob umrissenen Forschungsstand zur Analyse journalistischer Produktionsweisen, geht es im Weiteren darum, die ‚Biografien' einzelner Artikel der EU- und Europaberichterstattung zu rekonstruieren. Dabei setzen wir nicht bei den vorhandenen Listen von Nachrichtenfaktoren an, sondern erfassen, wie Journalisten die ‚Nachrichtenwertigkeit' von Europa und der EU produzieren.

Im Anschluss an die Befunde unserer Redaktionsstudien prüfen wir, inwieweit sich unterschiedliche Produktionsmuster der Europaberichterstattung auf nationale Kontexte und auf die von uns entwickelten Adressierungstypen beziehen lassen. Wir nehmen also an, dass sich die ‚Artikelbiografien' bei *Analytikern* (z. B. *FAZ*, *Le Monde*) mit ihrer umfassenden Welt- und Europaberichterstattung von denen der *Aufbereiter* (z. B. *Ouest France, Gazeta Wyborcza*) unterscheiden, die sich stärker in der aktiven Rolle des pädagogischen Welterklärers sehen. Ähnliches gilt für die *Berichterstatter* (z. B. *Dziennik Zachodni, WAZ*) als Chronisten der wichtigsten ‚Ereignisse' der EU-Politik oder die *Bediener* (z. B. *Kronen Zeitung, Ekstra Bladet*), die das Thema Europa nur dann aufgreifen, wenn es als Ressource für unterhaltsame Geschichten oder als Anlass öffentlicher Aufregung fungieren kann.

Es geht darüber hinaus aber auch um Differenzen nationaler politischer Diskurskulturen, wenn die ‚Biografien' von Artikeln in Dänemark andere sind als in Deutschland, Frankreich, Großbritannien, Österreich oder Polen. Und möglicherweise sind auch Muster für Europa insgesamt auszumachen. All dies konkretisiert sich in bestimmten Trigger-Konstellationen, wie wir sie im Weiteren beschreiben.

7.1 Die Trigger-Konstellationen

Wer im Oktober 2008 irgendwo in Europa eine Zeitung aufschlug, bekam mit großer Wahrscheinlichkeit nicht nur unzählige Artikel zur weltweiten Finanzkrise zu lesen. Irgendwo dazwischen erzählten einige Tageszeitungen verschiedenster Provenienz die Geschichte über eine Skipiste auf der für ihr mildes Klima bekannten dänischen Insel Bornholm. Der Ausbau dieser Piste sei von der EU mit 100.000 Euro subventioniert worden. Zum Beispiel berichtete die österreichische Tageszeitung *Die Presse* am 18.10.2008 von dem Vorgang, bei dem ein dänischer

7.1 Die Trigger-Konstellationen

Ski-Fan angeblich zum Spaß, aber mit Erfolg, ausprobierte, ob er für die Präparierung einer Skipiste Geld bekommt, selbst wenn auf Bornholm fast nie Schnee fällt. Unter diesem Artikel erschien ein Interview mit der damaligen EU-Kommissarin für Regionales, Danuta Hübner, die eine bessere Kontrolle der EU-Gelder forderte. Wie kam die Skipiste auf Bornholm zusammen mit einem Interview mit der damaligen EU-Kommissarin Danuta Hübner in die österreichische Tageszeitung *Die Presse*? Und wie kam sie in all die anderen europäischen Zeitungen?

Abb. 22 EU-Berichterstattung des *Ekstra Bladet* (DK)

Mithilfe unserer Interviews mit den Autoren des betreffenden Artikels beim *Ekstra Bladet* (Abbildung 22) und bei *Der Presse* konnte folgender Ablauf rekonstruiert werden: Am Anfang stand eine Entscheidung des dänischen Landwirtschaftsministeriums, das als örtliche Verwaltung der EU-Regionalgelder den Antrag auf die Präparierung einer Skipiste auf Bornholm genehmigte. Davon hätte die Öffentlichkeit nichts mitbekommen, wenn nicht der Freund eines Redakteurs der dänischen Boulevardzeitung *Ekstra Bladet* entdeckt hätte, dass auf Bornholm an der Skipiste eines der (bei derartigen EU-Subventionen obligatorischen) Schilder mit der Aufschrift „Gefördert durch die EU-Regionalfonds" hing. Der Journalist deutete diese Geschichte als interessantes Thema für seine Zeitung, obwohl diese, wie wir bereits gezeigt haben, in der Regel nicht über die EU berichtet. Laut seiner eigenen Aussage wusste der befragte Redakteur gleich, dass dies eine Geschichte für *Ekstra Bladet* sei, denn diese Art von Artikel habe es schon vorher häufiger gegeben. Die Story-Line lautete dann: „Welche seltsamen und zum Teil lächerlichen Projekte subventioniert die EU mit unseren Steuergeldern" (Redakteur, *Ekstra Bladet*, DK). Die Redaktion beschloss daraufhin, weitere Recherchen zur Vergabe von EU-Subventionen in Dänemark durchzuführen, die am Ende in einer ganzen Serie von Artikeln und Kommentaren mündeten. Warum kam dieses Vorhaben in der Redaktion gut an? „Das ist Teil der Identität von *Ekstra Bladet*. Wir fragen: Wofür wird das Geld der Steuerzahler ausgegeben?" (Redakteur, *Ekstra Bladet*, DK). Die Tatsache, dass es das dänische Landwirtschaftsministerium war, das die Gelder bewilligt hatte und nicht die EU, fiel in dem ansonsten durchaus ausführlichen Artikel unter den Tisch.

Unmittelbar nach dem Erscheinen des Skipistenartikels begann das Intermedia-Agenda-Setting. Der Artikel wurde von der deutschen *Bild* schon am nächsten Tag in gekürzter Form übernommen (ohne Angabe von *Ekstra Bladet* als Quelle). Die österreichische *Die Presse* wiederum erfuhr über die Nachrichtenagentur *AFP* von dem Artikel und berichtete vier Tage später darüber. Hier spielten noch andere Überlegungen in die Auswahl des Artikels hinein, die sich primär auf die interne Dramaturgie und Mischung der eigenen EU-Berichterstattung beziehen:

> „Wir haben in den Tagen zuvor über den EU-Gipfel gesprochen, das waren sehr komplizierte, sehr politische Themen. Fürs Wochenende wollten wir eine Lesegeschichte, die möglichst viele Leser interessiert, die leicht fasslich ist und Bilder im Kopf produziert. [...] Wir haben ein amüsantes Thema für's Wochenende gesucht." (Redakteur, *Die Presse*, A)

Die Presse reproduzierte die Geschichte ohne erkennbare eigene Recherche in der Sache. Darunter erschien ein Interview mit der EU-Regionalkommissarin Danuta Hübner, die eine bessere Kontrolle der Geldvergabe einforderte. Dabei handelte es sich um ein bereits Monate vorher vereinbartes Interview, das nun aber als Ergänzung zu der unterhaltsameren Skigeschichte seinen Platz in der Zeitung fand. Weitere drei Tage später berichtete dann *Die Welt* ausführlicher über das Thema. Wiederum drei Tage danach folgte die österreichische Regionalzeitung *Kleine Zeitung*, die ihrerseits ausführlich aus dem *Welt-* und dem inzwischen zehn Tage alten *Ekstra-Bladet*-Artikel zitierte. Auch hier berichtete die befragte Journalistin, dass sie nach „etwas Lustigem zur Auflockerung" gesucht habe (Redakteurin, *Kleine Zeitung*, A). In der Überschrift des Artikels schaffen es die Mitarbeiter der *Kleinen Zeitung*, die jeweils sehr gegensätzliche Rahmung der

Berichterstattung der anderen Medien aufzufangen: „Es ist etwas faul im Staate Dänemark oder in der EU" (*Kleine Zeitung*, 24.10.2008).

An diesem Artikel, seiner Biografie und seiner hier nur grob wiedergegebenen Wanderschaft durch die europäische Zeitungslandschaft lassen sich verschiedene Mechanismen der Artikelentstehung aufzeigen, die nicht singulär, sondern typisch sind. Einerseits zeigt sich an dem Fall, wie eine europäische Öffentlichkeit als feingesponnenes Netz der Medien längst existiert und dass es offensichtlich transnationale Muster der Generierung von EU-Artikeln über nationale Grenzen und Grenzen von Zeitungstypen hinweg gibt. Andererseits zeigt sich auch der konstruierte Charakter der Medienrealität: Wenn in dem einen Medium daraus eine Geschichte wurde, wie die EU Geld verschwendet, so haben andere eine Geschichte berichtet, wie nationale Behörden verantwortungslos mit EU-Geldern umgehen. Es gab also zwar ein außerhalb der Medien stehendes Ereignis, einen Anlass, der gleiche Anlass wurde aber aus unterschiedlichen Gründen zum Auslöser von sehr unterschiedlichen Artikeln. Der Ski-Lift auf Bornholm wird zum transnationalen Medienereignis, weil er mit verschiedenen Bedürfnissen der Zeitungen nach EU-Verschwendungsgeschichten oder nach „etwas Lustigem am Wochenende" in Einklang gebracht werden konnte.

An dieser Geschichte lässt sich nun auch unser Konzept der *Trigger-Konstellationen* verdeutlichen. Dieses bezieht sich auf die Phase der Entstehung von Artikeln, die Zvi Reich (2006) als „discovery phase" von der darauf folgenden „gathering phase" unterscheidet. Es geht also gerade um die Phase, die der zielgerichteten Recherche vorausgeht. Das Wort „discovery" ist dabei aber im Hinblick auf unsere bisherige Argumentation insofern missverständlich, als es nicht einfach um die Entdeckung, sondern um die Konstruktion von Themen für die Berichterstattung geht. Als Trigger-Konstellation definieren wir entsprechend die *Konstellation verschiedener Komponenten, die journalistische Produktionsprozesse zu bestimmten Themen auslösen*. Die Trigger-Konstellation besteht aus vier analytisch unterscheidbaren Komponenten, die bei der Entstehung eines Artikels zu sammenspielen:

Am Anfang steht ein *Anlass*, frei nach Wolf Haas' berühmtem Einstieg in seine Kriminalromane: „Jetzt ist schon wieder etwas passiert." Dieser situative Anlass kann außerhalb der Redaktion angesiedelt sein, wie die Subventionsvergabe an den dänischen Ski-Fan. Es geht dann also um die „discovery information", die Reich wie folgt definiert: „The discovery information, in its raw form, serves to alert the reporter to the existence of a potential news item and ignites the news process […]" (Reich 2006: 499). Wie in unserem Fallbeispiel deutlich wurde, werden aber keineswegs alle Artikel durch externe Ereignisse ausgelöst, also durch etwas, das als klassische Ereignisaktualität bezeichnet werden könnte. Der Anlass kann auch rein redaktionsintern bestehen, indem Themen aktiv imaginiert, geplant und nur latent an aktuelle Ereignisse rückgebunden werden. Ein solches Beispiel ist das Interview mit der Regionalkommissarin Hübner in der österreichischen Zeitung *Die Presse*. Dieses wurde zusammen mit dem Skipistenartikel veröffentlicht. Tatsächlich lag der Anlass hier aber innerhalb der Redaktion, die Wochen vorher ein Interview mit der Politikerin geführt hatte zu dem damals nur latent aktuellen Thema der Kontrolle von EU-Subventionen. Die Anlässe bewegen sich also auf einem Kontinuum zwischen von den Journalisten als solche identifizierten ‚externen Ereignissen' (*Ereignisaktualität*: z. B. die EU-Kommission verabschiedet eine Richtlinie) und ‚medieninternen Entscheidungen' (*Aktualisierung eines latent aktuellen Themas*: wenn beispielsweise in der Redaktionskonferenz der Vorschlag aufkommt, doch mal wieder ein Interview mit der EU-Kommissarin Hübner zu führen). Welche verschiedenen Arten von Anlässen sich bei Europaartikeln unterscheiden lassen, wird im Folgenden induktiv als Ergebnis der qualitativen Analyse ermittelt werden.

Vorkommnisse außerhalb der Redaktion führen nur dann zu Artikeln, wenn die Journalistinnen und Journalisten davon erfahren. Es gibt also einen *Vermittlungsweg der Trigger-Information* an den Artikelautor bzw. die Autorin über verschiedene Vermittlungsinstanzen. Im Skipisten-Beispiel hat ein Freund den Redakteur beim *Ekstra Bladet* angesprochen. Die Journalistinnen und Journalisten der *Bild* und andere haben diesen Artikel gelesen. Wieder andere haben sich auf eine Nachrichtenagenturmeldung bezogen, die das Thema aufgriff. Damit sind schon einige wichtige Vermittlungswege genannt, die Teil des Konstruktionsprozesses sind, der die Artikelbiografie ausmacht.

Dann wird die gesammelte Information oder der Artikelvorschlag von den zuständigen Redakteuren als mehr oder weniger nachrichtenwert eingestuft. Typologien dieser *Deutungsmuster* der Journalistinnen und Journalisten liegt in Form von Nachrichtenfaktorenlisten bereits vor. Die analytisch trennscharfen Listen der Nachrichtenwertforschung sind aber zunächst einmal Analyseraster der Forschenden selbst, mit denen sie journalistisches Verhalten oder dessen Ergebnis einsortieren: Es sind Hypothesen über Hypothesen von Journalisten. Schon die Feststellung „Wir haben ein amüsantes Thema fürs Wochenende gesucht" (Redakteur, *Die Presse*, A) lässt sich keineswegs so einfach anhand gängiger Nachrichtenfaktorenlisten einordnen. Daher muss auch hier die Untersuchung offenbleiben für die Deutungsmuster der Journalistinnen und Journalisten selbst.

Schließlich hat das gewählte Fallbeispiel auch die Bedeutung des *redaktionellen Kontexts* offenbart, der mitbestimmt, ob tatsächlich ein Artikel verfasst und veröffentlicht wird. Hier wird also die eingehende Information auf den unmittelbaren Arbeitskontext bezogen. So ordnet der befragte Redakteur bei der *Presse* die Skipistenmeldung nicht nur subjektiv als amüsant ein. Es gibt auch seitens der Redaktion einen besonderen Bedarf nach amüsanten Themen, wie unsere bisherige Analyse zeigt. Wir haben es also mit bestimmten redaktionsinternen Anforderungen an Dramaturgie und Themenmischung zu tun. So lässt sich schon am Skipistenbeispiel ein *Rucksackeffekt* für bestimmte Artikel belegen: Der komplizierte EU-Artikel nimmt noch eine leichte Geschichte mit. Oder umgekehrt: Der unterhaltsame Artikel nimmt auch noch das liegen gebliebene Interview mit einer EU-Politikerin mit. Und es spielen bestimmte Redaktionslinien, die sich auf Themen oder auf eine bestimmte Rahmung von Themen beziehen können, eine Rolle. So notierten wir im Gesprächsprotokoll über den befragten Redakteur bei *Ekstra Bladet*: „Er wusste, dass *Ekstra Bladet* interessiert sein würde, weil die Zeitung schon öfters ähnliche Geschichten publiziert hat." Diese vier Komponenten dienen uns als Auswertungskategorien, die jeweils verschiedene Ausprägungen haben (also verschiedene Arten von situativen Anlässen, Vermittlungswegen etc.). Detailliertere Muster zeigen unsere im Folgenden dargestellten Auswertungen der Trigger-Interviews, wobei wir uns einer Kombination von nicht-standardisierten und standardisierten Auswertungsstrategien bedient haben (zum methodischen Vorgehen siehe nochmals Kap. 3.3).

7.2 Typische Ausprägungen der Trigger-Konstellation

Als erstes Ergebnis ist festzuhalten, dass die Aufteilung in *Anlässe, Vermittlungswege, Deutungsmuster* und *redaktionellen Kontext* geeignet ist, die verschiedenen Aspekte einzuordnen, die Journalistinnen und Journalisten im Gespräch als Bedingungen der Entstehung ihrer Artikel nennen. Zweitens wird deutlich, dass es in der Tat um *Konstellationen* verschiedener Faktoren geht, die erklären können, warum ein Artikel entsteht. Diese Konstellationen bestehen aus Kombinationen verschiedener Anlässe, Vermittlungswege, Deutungsmuster und Redaktionskontexte.

Es handelt sich dabei nicht nur um die in der Nachrichtenwertforschung hervorgebrachten Faktorenkataloge. Wie die Interviews zeigen, wird ein Ereignis nicht ausschließlich vor dem Hintergrund von Nachrichtenfaktorenlisten, sondern auch vor dem Hintergrund des spezifischen redaktionellen Kontextes als nachrichtenwert eingeordnet. So erklärt eine Redakteurin von *Le Monde* ihre Themenwahl sowohl mit politischer Relevanz als auch mit bestimmten Interessen ihrer Zeitung. Beides addiert sich: „Das war sozusagen unvermeidlich, über dieses Thema zu berichten. Die SPD ist eine große Partei in Deutschland, und hier ging es um die Nominierung eines Kanzlerkandidaten für die nächste Bundestagswahl

2009. Außerdem hat meine Zeitung ein besonderes Interesse an Deutschland ebenso wie an allen sozialdemokratischen Parteien in Europa" (Korrespondentin, *Le Monde*, F). Und in einem anderen Interview wirken die Faktoren *Aktualität*, *Thematisierung* im Berichterstattungsland, *Leserinteresse* im Heimatland und *Relevanz* für Europa als Ganzes zusammen: „Das war ein sehr aktuelles Thema in Großbritannien. Außerdem war Peter Mandelson EU-Kommissar, sodass das Thema auch auf europäischem Niveau interessant ist und somit auch die französischen Leser interessieren dürfte" (Korrespondentin, *Le Figaro*, F). Auch wenn eine Information über mehrere Wege zugleich die Redaktion erreicht, kann das als Argument für die Konstruktion ihres Nachrichtenwerts interpretiert werden: „Da war eine Mitteilung von *AFP*. […] Auslösend war sozusagen alles zusammen – die Perzeption der britischen Medien, aber auch diese Mitteilung" (Korrespondentin, *Le Figaro*, F).

Tab. 6 Die Komponenten der Trigger-Konstellation

Komponente	Charakteristische Ausprägungen im Sample				
Anlässe	Institutionalisierte Politik	Politische Kommunikation	Äußere Ereignisse	Initiative der Redaktion/ des Artikelautors	
Vermittlungswege	Amts-, Mandatsträger	Sonstige Akteure	Nachrichtenagenturen	Vor-Ort-Beobachtung	Medienberichte
Deutungsmuster	Wichtigkeit/ Relevanz	Nähe	Aktualität	Leserinteresse	Publikationsnotwendigkeit
Redaktionskontext	Ressourcen	Dramaturgie d. eig. Berichterstattung		Redaktionslinien	Autorenpräferenz

Viele der befragten Journalistinnen und Journalisten konnten aber die Regelmäßigkeiten ihrer eigenen Arbeit nicht explizieren und betonten stattdessen die Kontingenz journalistischer Produktionsprozesse oder die Subjektivität ihrer Entscheidungen – ganz im Sinne von *Mr. Gates*. So formulierte ein Journalist der *Times*: „Es ist eine Frage der Auswahl und meiner persönlichen Meinung, manche Themen interessieren manche Leute eben mehr als andere Themen. Andere Korrespondenten hätten an dem Tag eine andere Geschichte geschrieben" (Korrespondent, *The Times*, GB). Auf die Frage, ob die Entwicklung eines bestimmten Artikels typisch für die Arbeitsweisen der Redaktion sei, antwortet ein anderer: „Es gibt keinen geraden Weg in die Zeitung" (Korrespondent, *SZ*, D).

Auch wenn die Kontingenz des journalistischen Produktionsprozesses unbestreitbar ist und jeder Artikel seine einzigartige Biografie hat, so lassen sich die

7.2 Typische Ausprägungen der Trigger-Konstellation

Artikulationsschwierigkeiten der Journalistinnen und Journalisten doch auch mit dem Phänomen erklären, das Anthony Giddens (1995) „praktisches Bewusstsein" nennt: Die von uns interviewten Akteure beziehen sich demnach in ihrem Handeln auf Wissensbestände, nach denen sie erfolgreich handeln, die sie jedoch nicht diskursiv fassen können.

Während die im Folgenden diskutierten Trigger-Komponenten (Anlass, Vermittlungsweg, Deutungsmuster, redaktioneller Kontext) von uns zur Strukturierung des Materials genutzt wurden, haben wir deren Ausprägungen anhand unserer Auswertungen der Aussagen der Journalistinnen und Journalisten qualitativ entwickelt und im Anschluss Muster des Vorkommens typisiert. Quantitativ haben wir untersucht, wie häufig welches Muster in unserem Datenmaterial vertreten ist. Auf diese Weise können wir zeigen, wie sich die Anlässe über unsere Untersuchungsländer und Adressierungstypen verteilen. Dabei wird die Verteilung der Werte auf Typen, beziehungsweise auf Länder mittels Standardabweichung angegeben, um die Aussagekraft beider Kategorisierungen vergleichen zu können. Wenn Länder oder auch die Adressierungstypen eine relevante Kategorisierung darstellen, dann dürften sich die Fälle nicht gleichmäßig über alle Typen oder Länder verteilen: Falls in allen Ländern alle Ausprägungen gleichmäßig verteilt vorkämen, wäre unsere Differenzierung von nationalen politischen Diskurskulturen keine relevante Unterscheidung. Zudem können wir nun vergleichen, ob die Unterschiede auf Länderebene oder auf der Ebene von Adressierungstypen ausgeprägter sind. Ist die Standardabweichung der länderspezifischen Verteilung höher als die Standardabweichung der nach Zeitungstypen gegliederten Verteilung, dann sind offensichtlich Länderunterschiede das bessere Kriterium, um Muster der Artikelkonstruktion zu erklären. Wenn sich die kodierten Antworten bei beiden Kategorisierungen gleichmäßig auf alle Kategorien verteilen, dann handelt es sich vermutlich um allgemeine Muster journalistischer Produktion, die weder länderspezifisch noch zeitungstypenspezifisch ausdifferenziert sind. Bei der Datenauswertung müssen wir gleichwohl Folgendes im Blick haben: Da die Fallzahlen pro Ausprägung, wenn man sie dann noch auf Länder oder Zeitungstypen aufteilt, zum Teil recht niedrig liegen, müssen die Unterschiede vorsichtig interpretiert werden und die Interpretation sollte sich auf die besonders stark ins Auge stechenden Unterschiede in der Verteilung der Merkmale konzentrieren.

7.2.1 Anlässe der Berichterstattung: Die Dominanz der institutionalisierten Politik

Vier Anlässe der Berichterstattung haben wir unterschieden: 1. *Institutionalisierte Politik und Verwaltungshandeln*: Dazu gehören Ministertreffen in Brüssel, Wahlen, aber beispielsweise auch die Vergabe von Subventionen für Skipisten. 2. *Politische Kommunikation*: Hier ist der Anlass eine politische Aussage, die bekannt wird und dann als Gegenstand von Berichterstattung zum Kristallisationspunkt einer öffentlichen Debatte avanciert. So wurde im Zeitraum der Erhebung die Forderung von Nicolas Sarkozy, wichtige Industrien zu verstaatlichen, zum Ausgangspunkt von Berichterstattung in zahlreichen Zeitungen in ganz Europa. 3. *Äußere Ereignisse*: Im Zusammenhang dieser Studie sind damit Ereignisse gemeint, die nicht unmittelbar Produkt von nationaler oder europäischer Politik sind (z. B. der Georgienkrieg, der Unfalltod von Jörg Haider). 4. *Initiativen der Redaktion*: Hierbei handelt es sich um Themensetzungen der Redaktion aus Anlass eigener Ideen und allgemeiner Interessen oder individueller Vorlieben der Journalistinnen und Journalisten. Diese sind gleichwohl nicht willkürlich, sondern Aktualisierungen von latent etablierten Themen. Was damit gemeint ist, lässt sich gut an der folgenden Aussage verdeutlichen: „Die großen Themen behalten Sie langfristig im Kopf, dann horchen Sie sich um bei den Diplomaten und Experten in den ständigen Vertretungen, und legen dann irgendwann den Zeitpunkt fest, wann es in die Zeitung soll" (Korrespondentin, *Die Presse*, A).

Tab. 7 Anlässe der Berichterstattung nach Ländern

Anlässe	Länderanteil (Mittelwert)	Länder						Standardabweich.
		A	D	DK	F	GB	PL	
Institutionalisierte Politik	39%	47%	58%	39%	42%	23%	26%	0,13
Politische Kommunikation	15%	19%	21%	6%	14%	12%	18%	0,06
Äußere Ereignisse	24%	13%	3%	33%	20%	46%	29%	0,15
Initiative der Redaktion	22%	22%	18%	22%	24%	19%	26%	0,03
	100%				Standardabweichung (Mittelwert)			0,09
Anzahl Nennungen (gesamt 215)		32	33	36	50	26	38	

N = 176 Interviews

Ein Beispiel für eine andere aktualitätsbezogene, aber eben nicht von externen Anlässen gesteuerte Berichterstattung wäre die Aufforderung einer britischen Redakteurin an ihren Korrespondenten, doch einmal zu berichten, wie Gordon Brown eigentlich in Deutschland bewertet wird. Auch die Anfrage einer polnischen Redaktion, ‚Welche Auswirkungen hat die Wahl von Steinmeier zum SPD-Kanzlerkandidaten auf das deutsch-russische Verhältnis?', hat nur noch latent etwas mit dem durchaus vorhandenen aktuellen Anlass zu tun (Wahl Steinmeiers zum SPD-Kanzlerkandidaten). An diesen Beispielen zeigt sich: Vor allem in den Bahnen etablierter politischer Kommunikationspraktiken ist den Journalistinnen und Journalisten eine Aktualisierung von Themen möglich. Wann ein Thema wie aktualisiert wird, ist somit in der Regel nicht als journalistische Willkürentscheidung entlang persönlicher Vorlieben zu interpretieren.

Tab. 8 Anlässe der Berichterstattung nach Adressierungstypen

Anlässe	Adressierungstypen[45]				Standardabweich.
	Analytiker	Aufbereiter	Berichterstatter	Bediener	
Institutionalisierte Politik	45%	40%	38%	29%	0,07
Politische Kommunikation	17%	11%	13%	16%	0,03
Äußere Ereignisse	15%	22%	29%	40%	0,11
Initiative der Redaktion	23%	28%	20%	15%	0,05
	100%		Standardabweichung (Mittelwert)		0,06
Gewichtete Anzahl Nennungen (gesamt 240)	76	62	42	60	

N = 176 Interviews

Die Tabellen 7 und 8 zeigen, wie häufig die verschiedenen Anlässe der Berichterstattung im Sample vorkommen und welchen Anteil sie, aufgeschlüsselt nach Ländern und Zeitungstypen, ausmachen. Es wird deutlich, dass es die institutionalisierte Politik ist, die am häufigsten Anlass für EU und europäische Auslandsberichterstattung der Tageszeitungen wird. Interessant ist darüber hinaus, dass immerhin jeder fünfte Artikel auf eine Initiative innerhalb der Redaktion zurückgeht, wobei hier Initiativen des Artikelautors und der Redaktion als Kollektiv zusammengezählt wurden.

Artikelinitiativen seitens Journalist und Redaktion, die nicht unmittelbar von externen ‚Ereignissen' gesteuert werden, sind also eine relevante Praxis im europäischen Zeitungsjournalismus, die in allen untersuchten Zeitungen in ähnlichem Ausmaß vorkommt.

Im Binnenverhältnis zwischen Autoren und Redaktionen geht der Informationsfluss von den Schreibenden zu den Redakteuren. Jedenfalls sagen 103 der 138 Artikelautoren und -autorinnen, von denen uns Angaben zu dieser Frage vorliegen, sie hätten mit ihren Vorschlägen die Redaktion kontaktiert und nicht umgekehrt. Damit zeigt sich die Relevanz der einzelnen Korrespondenten als Produzenten der Medienagenden zum Thema Europa.

Deutliche Unterschiede nationaler politischer Diskurskulturen zeigen sich beim Grad der Orientierung an institutionalisierter Politik: Die deutschen Zeitungen im Sample orientieren sich viel stärker an dieser als zum Beispiel die britische Presse im Sample. Die Kategorisierung nach Adressierungstypen weist, wie man an der geringeren Standardabweichung (Vergleich Tabelle 7 und 8) sieht, eine deutlich geringere Streuung und damit Trennschärfe als die Länderunterscheidung auf. Es ist also so, dass die Länderunterscheidung bei dieser Komponente relevanter ist als die nach Zeitungstyp. Auch hier lassen sich aber Affinitäten erkennen: Der *Analytiker* orientiert sich stark an institutionalisierter Politik. Der *Bediener* orientiert sich an äußeren Ereignissen und der *Aufbereiter* ergreift insgesamt öfter selbst die Initiative als die anderen Adressierungstypen.

7.2.2 Vermittlungswege: Medien als Informationsquelle

Die Trigger-Informationen zu Europaartikeln finden auf fünf typischen Konstruktionswegen in die Redaktionen. Der häufigste Weg ist die Berichterstattung anderer Medien. Die Medien bilden ein grenzüberschreitend geknüpftes Netzwerk wechselseitiger Beobachtung, das Themenkarrieren, wie beispielsweise für die der Skipiste auf Bornholm, überhaupt erst ermöglicht. Wenn andere Medien ein Thema aufgegriffen haben, fungiert das zugleich als Signal: Dieses Thema ist ein Thema – oder, wie es einer der von uns befragten Journalisten sagt: „It was something that was in the news" (Korrespondent, *The Times*, GB). Gegenüber der Berichterstattung anderer Medien scheint die Bedeutung von Nachrichtenagenturen zu verblassen, obgleich die Agenturen vermutlich fast alle Informationen ebenfalls bringen, die in den wichtigsten Leitmedien vorkommen und von den Journalisten ebenfalls kontinuierlich beobachtet werden. Da die Nachrichtenagenturen aber eben eine weniger gefilterte Flut an Informationen darstellen, scheint die Auswahlentscheidung anderer Redaktionen relevanter zur Indikation ‚wichtiger' Nachrichten zu sein. Gleichauf mit den Nachrichtenagenturen liegen öffentliche Amts- und Mandatsträger als Vermittler der Trigger-Informationen.

7.2 Typische Ausprägungen der Trigger-Konstellation

Dabei geht es zunächst einmal nicht darum, ob Politikerinnen und Politiker die Journalistinnen und Journalisten anrufen oder Sprechern und Sprecherinnen von Politikern den Journalisten eine Presseerklärung zukommen lassen. Festzuhalten bleibt, dass Europaartikel nicht nur häufig von Anlässen der institutionellen Politik ausgehen, sondern diese Anlässe auch von Zuträgern der institutionellen Politik an die Medienschaffenden vermittelt werden.

Tab. 9 Vermittlungswege nach Ländern

Vermittlungswege	Länderanteil (Mittelwert)	Länder						Standardabweich.
		A	D	DK	F	GB	PL	
Nachrichtenagenturmeldungen	21%	27%	30%	25%	33%	5%	7%	0,12
Amts-, Mandatsträger	23%	23%	13%	4%	33%	30%	33%	0,12
Sonstige Akteure	10%	18%	9%	11%	0%	10%	13%	0,06
Vor-Ort-Beobachtungen	9%	5%	17%	4%	17%	0%	13%	0,07
Medienberichterstattung	37%	27%	30%	57%	17%	55%	33%	0,16
	100%			Standardabweichung (Mittelwert)				0,11
Anzahl Nennungen (gesamt 126)		22	23	28	18	20	15	

N = 176 Interviews

Demgegenüber verblasst der Einfluss aller anderen Akteure. Unter *sonstige Akteure* wurden dabei verschiedene Gruppen zusammengefasst, die zwar in unserem Datenbestand als Zuträger von Informationen vorkommen, aber keine zentrale Rolle spielen, wie die geringen Häufigkeiten belegen.[46] Zwar kann diesen Gruppen im Rahmen der weiteren Recherchen („news gathering phase" nach Reich 2006) eine noch größere Bedeutung zukommen, nämlich als Quellen, die der Journalist bzw. die Journalistin von sich aus kontaktiert. Weder Lobbyisten noch zivilgesellschaftliche Akteure sind aber wesentlicher Teil der Artikel-auslösenden Trigger-Konstellation. Die geringe Vernetzung mit zivilgesellschaftlichen Akteuren mag aus der Sicht einer partizipativen Öffentlichkeitstheorie bedauernswert sein. Anders liegt der Fall bei den Lobbyisten, deren Einfluss auf die Themenagenda normativ eher als Refeudalisierungstendenz im Sinne von Jürgen Habermas (1990) zu bewerten wäre. Auch Lobbyisten und ökonomische Akteure spielen aber als Agenda-Builder, die die Themensetzung der Medien zu Europa beeinflussen, in unserer Befragung keine zentrale Rolle. Von ebenfalls nur begrenzter Relevanz bei der Konstruktion von Europathemen sind Vor-Ort-Beobachtungen der Journalistinnen und Journalisten. Themen werden offensichtlich im Redaktionsbüro generiert und erst die Recherche führt die von uns interviewten Medienschaffenden dann gegebenenfalls aus ihren Büros hinaus. Der Einfluss der Berichterstattung anderer Medien und der von Amts- und Mandatsträgern (direkt oder via PR) vermittelten Informationen ist dagegen unübersehbar.

Tab. 10 Vermittlungswege nach Adressierungstypen

Vermittlungswege	Adressierungstypen				Standardabweich.
	Analytiker	Aufbereiter	Berichterstatter	Bediener	
Nachrichtenagenturmeldungen	17%	27%	36%	13%	0,10
Amts-, Mandatsträger	29%	22%	8%	13%	0,09
Sonstige Akteure	8%	8%	11%	16%	0,04
Vor-Ort-Beobachtungen	11%	11%	5%	1%	0,05
Medienberichterstattung	35%	32%	40%	57%	0,11
	100%		Standardabweichung (Mittelwert)		0,08
Gewichtete Anzahl Nennungen (gesamt 143)	45	34	28	36	
N = 176 Interviews					

Länderbesonderheiten, und damit Beispiele für national bestimmte politische Diskurskulturen, finden sich auch bei den präferierten Vermittlungswegen vor allem im Hinblick auf die Wege, die *nicht* beschritten werden (Tabelle 9). Es fallen unter den von uns Befragten vor allem britische Journalistinnen und Journalisten auf, die die Idee zu jedem zweiten Artikel von einem anderen Medium übernehmen und dabei fast vollständig auf Nachrichtenagenturen und Vor-Ort-Beobachtungen bei der Themensuche verzichten. Eine Eigenheit der untersuchten französischen Journalistinnen und Journalisten ist die Bedeutungslosigkeit anderer Informantengruppen als öffentlichen Amtsträgern. Die von uns unterschiedenen Adressierungstypen zeigen ebenfalls charakteristische Auffälligkeiten (Tabelle 10): Die *Analytiker* beziehen ihre Informationen eher von Amts- und Mandatsträgern, die *Berichterstatter* stützen sich eher auf Material der Nachrichtenagenturen und die *Bediener*, zu denen einige Zeitungen ohne Korrespondentennetz zählen, entnehmen ihre Artikelideen der Berichterstattung anderer Medien.

7.2.3 Deutungsmuster: Journalistische Chiffren statt Nachrichtenwertlisten

Wichtiger Bestandteil jeder Analyse über die Entstehung von Artikeln sind Deutungsmuster der Journalistinnen und Journalisten, entlang derer sie Ereignissen bestimmte Merkmale zuweisen und diese daraufhin als nachrichtenwert einordnen. Wer nun einen Prozess der systematischen Prüfung entlang von trennscharfen Nachrichtenfaktoren erwartet, wie sie die Forschung ausgearbeitet hat, muss von den Journalistenantworten enttäuscht sein: Tatsächlich spielen pauschalere Heuristiken eine Rolle, die aber mit den Nachrichtenfaktoren weitläufig verwandt sind.

Um hier sowohl die Deutungen der Journalistinnen und Journalisten zu identifizieren als auch an den Forschungsstand anzuschließen, haben wir im Kodebuch sowohl die induktiv identifizierten journalistischen Deutungsmuster aufgenommen als auch zentralen Nachrichtenfaktoren, die in der früheren Forschung vielfach belegt sind (Eilders 1997: 58; vgl. auch Ruhrmann et al. 2003). Wir gingen selbstverständlich nicht davon aus, dass die Journalistinnen und Journalisten den Nachrichtenfaktor als Kategorie nennen (z. B. „Ortsstatus"), sondern dessen Bedeutung beschreiben (z. B. „wenn etwas in den USA passiert, dann ist das immer wichtig"; Paris ist eine große und wichtige Stadt, daher ...; Florenz ist ein historisch bedeutender Ort, also ...").

Wie Tabelle 11 zeigt, kommen Nachrichtenfaktoren durchaus vor, aber in den Aussagen der Journalistinnen und Journalisten spielen sie außer beim Faktor Nähe eine vergleichsweise bescheidene Rolle – und das, obwohl die zugrunde liegenden Konzepte für den Zweck dieser Auswertung breit definiert wurden und konzeptionell verwandte Nachrichtenfaktoren schon zusammengezogen wurden. Das Bild von rational nach den Nachrichtenfaktoren auswählenden Journalistinnen und Journalisten muss relativiert werden, und zwar zugunsten eines Bildes von Medienschaffenden, die – ohne sich dessen vollständig bewusst zu sein – routiniert und an recht pauschalen Heuristiken orientiert – Berichterstattung produzieren.

In den Antworten der Journalistinnen und Journalisten dominieren statt der Nachrichtenfaktoren weit pauschalere Deutungsmuster, die im Folgenden als *journalistische Chiffren* bezeichnet werden. Dabei scheint den Journalistinnen und Journalisten selbstverständlich zu sein, was diese Chiffren implizieren. Sie können diese Bedeutung aber nicht analytisch klar definieren, ganz im Sinne des oben schon erwähnten praktischen Bewusstseins. Die journalistischen Chiffren fassen also habitualisierte Themeneinschätzungen der Journalistinnen und Journalisten.

Tab. 11 Rangfolge der Deutungsmuster

Deutungsmuster	Länderanteil (Mittelwert)	Anzahl Nennungen
Aktualität	18,6%	61
Wichtigkeit/Relevanz	13,9%	39
Publikationsnotwendigkeit	12,2%	37
Nähe	10,7%	33
Leserinteresse	9,5%	27
Prominenz/Elite	5,4%	18
Thematisierung	4,9%	16
Chronistenpflicht	4,3%	16
Themengespür	4,2%	14
Unterhaltungswert	4,2%	11
Konflikt/Schaden	3,4%	12
Neuigkeitswert	3,3%	11
Reichweite	3,1%	8
Gesellschaftliche Probleme	2,2%	7
	100%	310

Die wichtigste Chiffre dieser Art ist *Aktualität* (61 Mal genannt, Tabelle 11). Die Antwort auf die Frage, warum gerade ein bestimmtes Thema und kein anderes produziert wurde, war also sinngemäß: ‚Wir haben das Thema gemacht, weil es aktuell war.' Insofern wird hier empirisch bestätigt, was die systemtheoretische Journalismusforschung vielfach postuliert hat (Weischenberg 1995: 110): Die Leitdifferenz aktuell/nicht aktuell ist nicht nur aus Sicht der Theorie, sondern auch aus der Perspektive der Praktiker ein ganz wichtiges Kriterium bei der Evaluation des Nachrichtenwerts von Themen. Weitere häufig vorkommende Chiffren sind *Wichtigkeit/Relevanz* (‚Wir haben das Thema gemacht, weil es ein wichtiges Thema ist'), *Leserinteresse* („Und zum anderen ist das Thema Immigration immer ein Thema, das unsere Leser interessiert", wie es ein Korrespondent von *Ouest France* fasst) und eine ganz pauschale und diffuse *Publikationsnotwendigkeit*. In dieser Residualkategorie sind all jene Aussagen gefasst, die sinngemäß betonen: es war klar, dass man darüber schreibt, die Frage, ob man darüber berichten solle, habe sich gar nicht gestellt. Während diese Kategorie von Aussagen einen objektiv gegebenen Zwang konstruiert, gibt es andere Antworten, die eher das subjektive *Themengespür* des Autors bzw. der Autorin betonen. Als weiteres Motiv, das vorkommt, ist die *Chronistenpflicht* interessant, die den Anteil des reinen Terminjournalismus abgrenzt: Solche Termine vor allem aus dem Bereich institutionalisierter

Politikprozesse werden auf der journalistischen Agenda lange vorher eingeplant, und dann wird berichtet, gleichgültig, ob ein relevanter Beschluss gefasst wird. Der EU-Journalismus ist laut Aussagen eines Interview-Partners fast vollständig von solchen eingeplanten Politikterminen bestimmt. Tabelle 12 zeigt, wie sich die vielfältigen Deutungsmuster – inklusive der genannten klassischen Nachrichtenfaktoren – in eine Rangordnung bringen lassen.

Tab. 12 Deutungsmuster nach Ländern

Deutungsmuster	Länderanteil (Mittelwert)	A	D	DK	F	GB	PL	Standardabweich.
Aktualität	28%	7%	45%	18%	48%	27%	26%	0,16
Wichtigkeit/Relevanz	21%	27%	8%	25%	17%	27%	23%	0,07
Leserinteresse	15%	17%	11%	18%	8%	18%	16%	0,04
Publikationsnotwendigkeit	19%	30%	18%	11%	19%	18%	16%	0,06
Nähe	17%	20%	18%	29%	8%	9%	19%	0,08
	100%			Standardabweichung (Mittelwert)				0,08
Anzahl Nennungen (gesamt 197)		30	38	28	48	22	31	

N = 176 Interviews

Diese Hierarchie der Deutungsmuster, mit denen Journalistinnen und Journalisten in der Befragungssituation ihre Themenauswahl rechtfertigen, scheint im europäischen Journalismus recht allgemein verbreitet zu sein, denn sie tritt sowohl bei der Aufteilung der Häufigkeiten nach Ländern als auch nach Adressierungstypen auf.

Die Unterschiede der nationalen politischen Diskurskulturen entlang von Ländergrenzen sind nicht besonders stark ausgeprägt, wie die vergleichsweise niedrigen Standardabweichungen in Tabelle 13 zeigen. Immerhin scheint in Deutschland und Frankreich der Leitwert *Aktualität* zu gelten, während in den anderen Untersuchungsländern eher von *Wichtigkeit/Relevanz* gesprochen wird. Der klassische Nachrichtenwert *Nähe* ist offensichtlich in den Zeitungen aus den kleineren Ländern im Sample (Dänemark und Österreich) besonders wichtig.

Wie sich in der niedrigen Standardabweichung bei der Typologie nach Adressierungstypen zeigt (Tabelle 13), gehen die Deutungsmuster klar über die Grenzen dieser Typologie hinaus. Mit anderen Worten: Es äußern sich hier transnationale Momente europäischer Diskurskulturen, die nur schwach von Nationalitätsgrenzen und noch weniger von Zeitungstypen abhängen.

Tab. 13 Deutungsmuster nach Adressierungstypen

Deutungsmuster	Adressierungstypen				Standard-abweich.
	Analytiker	Aufbereiter	Berichterstatter	Bediener	
Aktualität	27%	38%	28%	34%	0,05
Wichtigkeit/ Relevanz	22%	19%	20%	22%	0,01
Leserinteresse	14%	13%	13%	10%	0,02
Publikationsnotwendigkeit	22%	15%	18%	16%	0,03
Nähe	16%	15%	20%	19%	0,03
	100%		Standardabweichung (Mittelwert)		0,03
Gewichtete Anzahl Nennungen (gesamt 223)	78	52	46	47	

N = 176 Interviews

7.2.4 Redaktionskontexte: Publikationsplatz als entscheidende Ressource

Neben den Deutungsmustern, die die Auswahl von Ereignissen anhand von ihnen zugeschriebenen Merkmalen rechtfertigen, nennen die von uns befragten Journalistinnen und Journalisten immer wieder (ohne dass dies durch ein entsprechendes Frage-Item provoziert wurde) Merkmale aus dem Redaktionskontext, um zu erklären, warum ein Artikel dann tatsächlich in der jeweiligen Form erschienen ist. Das wichtigste Motiv aus dem Redaktionskontext ist das Vorhandensein der für einen Artikel benötigten Ressourcen. Die wichtigste Ressource ist vorhandener Platz in der Zeitung, der sich nicht nur durch Abwesenheit von anderen nachrichtenwerten Ereignissen, sondern genauso als Ergebnis von Strukturentscheidungen ergibt. Eine feste Seite für EU-Berichterstattung oder eine Sonderseite hält in der Regel Platz für Texte aus dem Bereich bereit. Dieser kann auch an die Rolle und den Status der Autoren gebunden sein, wenn es zum Beispiel eine tägliche Kolumne zu schreiben gibt. Schließlich gibt es Zeitungen mit struktureller Platzknappheit wie die *Bild*, in denen insgesamt nur wenig Raum für Text mit politischem Inhalt vorgesehen ist. Die „Es-war-Platz"-Argumentation kam in 40 von 176 Interviews vor. Andere Ressourcen sind das Vorhandensein von Recherchematerial oder die Präsenz von Korrespondenten vor Ort.

Tab. 14 Redaktionskontexte nach Ländern

Redaktionskontexte	Länderanteil (Mittelwert)	A	D	DK	F	GB	PL	Standardabweich.
Autorenpräferenz	6%	16%	17%	0%	0%	0%	6%	0,08
Redaktionslinien	21%	5%	17%	6%	20%	67%	12%	0,23
Ressourcen	41%	58%	42%	50%	50%	0%	47%	0,21
Dramaturgie d. eig. Berichterstatt.	32%	21%	25%	44%	30%	33%	35%	0,08
	100%				Standardabweichung (Mittelwert)			0,15
Anzahl Nennungen (gesamt 104)		19	24	18	20	6	17	

N = 176 Interviews

Wie Tabelle 14 zeigt, ist der zweite wichtige Faktor aus dem Kontext der Redaktion die als ‚natürlich' angesehene Dramaturgie der eigenen Berichterstattung: Es sei an der Zeit gewesen, ein Hintergrundstück über die politischen Mechanismen und die Sympathien und Antipathien der Staats- und Regierungschefs zu bringen, in dem auch erklärt werde, was da so hinter den Kulissen ablaufe (Korrespondent, *FAZ*). Über den einzelnen Beitrag hinaus folgen die Redaktionen umfassenderen Mustern der Erzählung von Aktualität. Dazu gehört eine mehr oder weniger festgelegte Abfolge verschiedener Darstellungsformen und der Inhalte, mit denen sie sich beschäftigen. So wird auf jedem EU-Gipfel ein Artikel über die Sympathien und Antipathien und die Machtspiele einzelner Politiker konstruierbar sein. Diese Art von Artikel ist fester Bestandteil der habitualisierten Bearbeitung von EU-Gipfeln.

Schließlich spielen Präferenzen der Redaktion oder einzelner Journalistinnen und Journalisten ebenfalls eine Rolle. Diese lassen sich nicht auf politische Bias im Sinne einer Affinität zu einer bestimmten Partei reduzieren. Präferenzen können sich auch auf bestimmte Themen und Personen als Gegenstand der Berichterstattung beziehen. Solche Präferenzen lassen dann indirekt Rückschlüsse auf das dahinterliegende politische Weltbild zu. Redaktionelle Linien lassen sich an den Unterschieden zwischen *Le Monde* und *Le Figaro* in Frankreich aufzeigen. So gibt eine Interview-Partnerin an: „Ich würde sagen, dass *Le Monde* sich viel mehr für die deutsche Innenpolitik interessiert als *Le Figaro*. Zum Beispiel gab es in *Le Monde* viel Berichterstattung zu den Vorgängen in Hessen, was da mit der Linken passiert. Im *Figaro* wurde das, glaube ich, gar nicht behandelt" (Korrespondentin, *Le Monde*, F). Auf der anderen Seite wird im *Figaro* in den hier untersuchten Artikeln EU-Politik vor allem ausgehend vom Agieren des französischen

Präsidenten Nicolas Sarkozy beschrieben. Dies lässt nicht nur auf eine Präferenz für konservative Politiker schließen, sondern verengt den Blick auf das politische Geschehen in Europa auf die Rolle des französischen Präsidenten darin.

Tab. 15 Redaktionskontexte nach Adressierungstypen

Redaktions-kontexte	Adressierungstypen				Standard-abweich.
	Analytiker	Aufbereiter	Berichterstatter	Bediener	
Autorenpräferenz	10%	6%	6%	10%	0,02
Redaktionslinien	23%	10%	6%	22%	0,08
Ressourcen	38%	54%	51%	54%	0,08
Dramaturgie d. eig. Berichterstattung	29%	31%	36%	15%	0,09
	100%		Standardabweichung (Mittelwert)		0,07
Gewichtete Anzahl Nennungen (gesamt 121)	34	29	24	34	

N = 176 Interviews

Die entscheidende Rolle von journalistischen Ressourcen ist, wie Tabelle 15 zeigt, allen Untersuchungsländern gemein (in Großbritannien erweist sich die Zahl der Kodierungen als zu gering, um die Verteilung sinnvoll zu interpretieren). Bei der Relevanz der persönlichen Themenpräferenzen der Journalistinnen und Journalisten erweist sich der deutschsprachige Raum als führend: Auch heute scheint der Befund der höheren Autonomie einzelner Redakteure im deutschsprachigen Raum noch gültig zu sein.

Wie Tabelle 15 zeigt, ergibt sich im Hinblick auf die Adressierungstypen eine interessante Gruppierung der eigentlich sehr gegensätzlichen Typen *Analytiker* und *Bediener*. Hier spielen Präferenzen der Journalistinnen und Journalisten oder der Redaktion eine größere Rolle, während die *Berichterstatter* und *Aufbereiter* stärker mit Ressourcenzwängen und der Dramaturgie der eigenen Berichterstattung befasst sind. Nur die *Analytiker* brauchen sich vergleichsweise weniger um Ressourcenfragen zu kümmern.

7.3 Transnationale Momente und nationale Spezifika von Trigger-Konstellationen

Unsere Analyse hat vielerlei Belege für transnationale Momente politischer Diskurskulturen erbracht, die sich einerseits in allgemein verbreiteten journalistischen Praktiken und andererseits in den von uns unterschiedenen Adressierungstypen manifestieren. Darüber hinaus gibt es vielfältige Belege für nationale Besonderheiten, die für einen Bestand nationaler politischer Diskurskulturen sprechen. Schließlich wurden einzelne Muster greifbar, die wir auf der Ebene von Redaktionen einordnen würden (siehe dazu Brüggemann 2011).

Als kennzeichnendes transnationales Muster können wir eine typische Trigger-Konstellation ausmachen, die in allen untersuchten Ländern und Adressierungstypen verbreitet ist. Nach dieser hat der typische Europaartikel folgende Biografie:

1. Anlass sind Informationen über Prozesse und Ereignisse aus dem Bereich *institutionalisierter Politik*, d. h. planbare Routineereignisse der ‚großen' Politik, die von den meisten Zeitungen als Pflichtprogramm bearbeitet werden. Auf nationaler Ebene gehören dazu Wahlen, die von einem Interview-Partner auch als das „Graubrot" der Korrespondentenarbeit bezeichnet werden (Korrespondent, *FAZ*, D). Auf EU-Ebene sind das Äquivalent die regelmäßigen EU-Gipfeltreffen der Staatschefs und Ministerpräsidenten: „Wenn ein europäischer Gipfel ist und Angela Merkel und alle anderen sind hier, dann schreiben wir selbstverständlich darüber. Das ist völlig egal, was die machen. Da wird irgendwas drüber geschrieben" (Korrespondent, *WAZ*, D).
2. Für die Themenfindung relevanter Informationen bekommen Journalistinnen und Journalisten typischerweise über die *Vermittlung anderer Medien*, die sie routinemäßig beobachten. In der Europaberichterstattung findet damit eine doppelte Filterung statt: Erstens über die nach journalistischen Maßstäben konstruierten Themen aus dem eigenen Land. Zweitens wird diese Berichterstattung von Korrespondenten und Auslandsredakteuren aus anderen Ländern kontinuierlich beobachtet, um Themen zu finden, die das eigene Heimatpublikum interessieren könnten. Es findet also ein doppelter journalistischer Konstruktionsprozess statt. Durch diese doppelte Konstruktionsüberlagerung wird nur das aufgegriffen, was sowohl nach den nationalen Gesichtspunkten der Journalistinnen und Journalisten im eigenen Land als auch aus Perspektive der beobachtenden ausländischen Medienschaffenden relevant erscheint.

3. Die Informationen werden als ‚*aktuell*' oder ‚*wichtig/relevant*' interpretiert, zwei pauschale Chiffren, die in ihrer Allgemeinheit belegen, dass die in der Forschung etablierten Nachrichtenfaktoren entweder in der Praxis tatsächlich nur eine marginale Rolle spielen, oder, was plausibler ist, indirekt auf die Routinen der von uns befragten Journalistinnen und Journalisten einwirken. Wir haben es in jedem Fall immer wieder mit Routinen professioneller Praxis zu tun, die für die Journalistinnen und Journalisten diskursiv nicht präzise zu fassen ist.

4. Schließlich ist das Vorhandensein von *Ressourcen* eine zentrale Konstitutionsbedingung der Artikelproduktion. Eine wichtige Schranke ist die des vorhandenen *Platzes*, der für ein derartiges Thema am jeweiligen Tag zur Verfügung steht. Die Art und Größe des vorhandenen Platzes legt in Kombination mit Überlegungen zur angemessenen Gesamtdramaturgie und Mischung der Berichterstattung nicht nur fest, wie lang ein Artikel werden kann, sondern auch, welchem journalistischen Narrationstyp er entsprechen kann. Die Textsorten der Kolumne oder des Interviews zur Ergänzung eines anderen Artikels oder auch der Bedarf nach „etwas Lustigem" haben einen Einfluss auf die Art und den Inhalt der Artikel, die dort entstehen können.

Diese dominante Konstellation aus typischem Anlass, Vermittlungsweg, Deutung und Redaktionskontext hat einerseits transnational ihre Gültigkeit, andererseits konkretisiert sie sich je nach Zeitungstyp und Land unterschiedlich. So unterscheiden sich *Analytiker* von *Aufbereitern* sowie *Berichterstattern* und *Bedienern* auch im Hinblick auf die Biografien der ausgewählten Europaartikel. Stärker als die Adressierungstypen sind aber nach wie vor die Länderunterschiede und damit nationale Spezifika von politischen Diskurskulturen ausgeprägt. Dies lässt sich quantitativ durch einen Vergleich der Standardabweichungen zwischen den nach Ländern oder nach Adressierungstypen unterteilten Ausprägungen der Trigger-Konstellation belegen. Der Vergleich der Standardabweichungen für die diskutierten Zahlenwerte zeigt für fast alle untersuchten Ausprägungen von Trigger-Komponenten, dass die Länderunterschiede (durchschnittliche Standardabweichung über alle hier ausgewerteten Variablen hinweg: 0,11) größer sind als die Unterschiede zwischen verschiedenen Adressierungstypen (0,06). Zumindest in Bezug auf die Konstruktion von Europaartikeln sind also nationale politische Diskurskulturen dominanter als die politischen Diskurskulturen der von uns unterschiedenen transnationalen Adressierungstypen.[47]

Die Trigger-Studien kommen also zu folgendem Gesamtbefund: Es gibt stark ausgeprägte transnationale Gemeinsamkeiten, die sich in ähnlichen Ausprägungen der Trigger-Konstellationen in verschiedenen Ländern und Zeitungen äußern.

Die ebenfalls vorhandenen Unterschiede zwischen den verschiedenen untersuchten Zeitungen lassen sich durch nationale politische Diskurskulturen besser erklären als durch Zugehörigkeit zu unseren Adressierungstypen. Dieser Befund lässt sich möglicherweise dadurch begründen, dass die Adressierungstypen, so wie sie in den vorherigen Kapiteln entwickelt wurden, auf die spezifische Beziehung verschiedener Zeitungen zu ihren Publika abheben. Die Adressierungstypen sind eine gute Erklärung für Unterschiede in Medieninhalten, denn selbst wenn verschiedene Zeitungen über dasselbe Sujet schreiben, dann tun sie dies auf sehr unterschiedliche Weise. Der davorliegende Themenkonstruktionsprozess, der im Zentrum der Trigger-Studien steht, ist aber möglicherweise weniger von der Beziehung der jeweiligen Redaktionen zu ihren Publika geprägt als die Aufbereitung der publizistischen Inhalte. Hier spielen eher allgemeingültige Routinen des Journalismus eine Rolle sowie die Besonderheiten nationaler Diskurskulturen. Im Zusammenspiel beeinflussen sie, was zum typischen Anlass von Berichterstattung wird, wie Redaktionen ihre Informationen sammeln und welche Nachrichtenfaktoren wie gewichtet werden.

Offen bleibt allerdings, inwiefern die Befunde für die hier als Fall ausgewählten Europaartikel spezifisch sind. Es spricht einiges dafür, dass die Berichterstattung über andere Themen auch anders strukturiert ist. Möglicherweise gibt es etwa bei der Lokalberichterstattung mehr Vor-Ort-Beobachtungen der Journalistinnen und Journalisten und die Dominanz offizieller Quellen ist geringer. Dies wären jedoch Fragen einer weiteren empirischen Untersuchung.

Europäische Öffentlichkeit und politische Diskurskulturen 8

Wir haben in diesem Buch einen vergleichsweise breiten Bogen geschlagen. So ging es uns zuerst einmal darum, durch eine Längsschnittinhaltsanalyse der Zeitungsberichterstattung in Dänemark, Deutschland, Frankreich, Großbritannien, Österreich und Polen zu zeigen, dass wir eine mehrfachsegmentierte europäische Öffentlichkeit ausmachen können: Einerseits haben wir eine langjährig zunehmende, in den letzten Jahren stagnierende Transnationalisierung von nationalen Öffentlichkeiten in Europa in dem Sinne, dass vermehrt über EU-Politik berichtet wird. Wir können so das Entstehen einer europäischen Öffentlichkeit ausmachen. Andererseits bleibt diese europäische Öffentlichkeit mehrfach segmentiert: Erstens ist sie *national* segmentiert, indem sich die von uns herausgearbeitete Form der Transnationalisierung nach Ländern unterscheidet. Zweitens – und dies erscheint uns besonders bemerkenswert – ist die europäische Öffentlichkeit *transnational nach Medientypen* segmentiert. Je nachdem, in welchem Land Menschen welche Art von Zeitung (und auch anderen Medienorganen) rezipieren, sind sie auf unterschiedliche Art und Weise kommunikativ in eine europäische Öffentlichkeit eingebunden.

Es ist dieser von uns detailliert im vierten Kapitel beschriebene Befund, den wir mit unserer Studie erklären wollten. Unser Ausgangspunkt war, dass ein Ansetzen beim politischen Mediensystem zu kurz greifen würde. So sind die Zeitungen, auf deren Inhaltsanalyse wir unseren Befund der mehrfachsegmentierten Öffentlichkeit stützen, in all unseren Ländern kommerzielle Unternehmen, die auf vergleichbare Weise operieren. Eine rein ökonomische Erklärung würde außerdem zu kurz greifen, da verschiedene Zeitungen länderübergreifend zu identischen Unternehmen gehören und wir dennoch Muster der nationalen wie transnationalen Segmentierung ausmachen können. Auch ein Erklärungsansatz über Sprache überzeugt nicht, da doch zumindest zwei unserer Untersuchungsländer deutschsprachig sind und trotzdem nationale Differenzen aufweisen. Hinzu kommt, dass die transnationale Segmentierung über verschiedene Sprachen hinweg besteht.

Vor diesem Hintergrund haben wir argumentiert, dass sich mit der *Globalisierung* und der damit einhergehenden Kompetenzzunahme der EU, mit dem fortschreitenden *technologischen Wandel* und den damit bestehenden Möglichkeiten grenzüberschreitender Kommunikation, sowie mit einem *Wertewandel* und sich damit ändernden Wertehaltungen gegenüber Europa bzw. der EU in allen unseren Untersuchungsländern dieselben ‚Antriebskräfte' der Transnationalisierung von Öffentlichkeit ausmachen lassen. Diese Transnationalisierung wird aber durch die ‚Weichensteller' politischer Diskurskulturen gebrochen. Als politische Diskurskulturen haben wir das je spezifische Gesamt von Mustern politischer Kommunikation verstanden, auf die Menschen einer bestimmbaren Gruppe Bezug nehmen, um politischem Handeln Bedeutung zu geben. Politische Diskurskulturen sind wie andere Kulturen Verdichtungsphänomene. Sie können sich auf sehr unterschiedlichen Ebenen artikulieren, für einzelne Organisationen wie Zeitungsredaktionen, für einzelne Nationen, aber auch transnational bspw. in bestimmten Professionalisierungskontexten. Zur Erklärung der von uns ausgemachten Mehrfachsegmentierung einer europäischen Öffentlichkeit interessieren politische Diskurskulturen insbesondere in doppelter Hinsicht: erstens als nationale politische Diskurskulturen, zweitens als transnationale politische Diskurskulturen einzelner Adressierungstypen.

Während politische Diskurskulturen an sich Mehrebenenphänome sind, haben wir diese für unsere Untersuchungsländer auf deren Produktion bezogen – konkret: die Praktiken von Journalistinnen und Journalisten – analysiert. Dahinter stand das Argument, dass sich ein eventueller Wandel von politischer Diskurskultur insbesondere im Handeln von Journalistinnen und Journalisten manifestiert, die die zentralen Akteure der Hervorbringung von Öffentlichkeit sind. Indem wir in deren Handeln fortlaufende Prozesse der Re-Artikulation von politischer Diskurskultur ausmachen, lässt sich diese verstehend beschreiben und *hierüber* die Mehrfachsegmentierung europäischer Öffentlichkeit angemessen begründen. Es ging uns also darum, politische Diskurskultur nicht einfach als eine Erklärungsvariable der Mehrfachsegmentierung zu operationalisieren, sondern diese selbst als ein Phänomen verstehend zu erforschen, das man als ‚Unterbau' (Peters 2007: 363) von Öffentlichkeit begreifen kann.

Wie wir in diesem abschließenden Fazit herausarbeiten möchten, sind es drei Zusammenhänge, die uns – über die Vielzahl der Einzelergebnisse unserer Untersuchung hinaus – bezogen auf Fragen europäischer Öffentlichkeit beachtenswert erscheinen: Erstens ermöglicht unsere Studie eine differenzierte Aussage zur Stabilität nationaler politischer Diskurskulturen, die nicht einfach nur von quasi ‚natürlich' gegebenen ‚Trägheiten' von Kultur ausgeht, sondern ein Verständnis für den paradoxen Umstand eröffnet, warum nationale politische Diskurskulturen zugleich stabil sind und sich dennoch weiter transnationalisieren. Zweitens wollen wir einige Aussagen zur Dynamik der von uns herausgearbeiteten, transnationalen politischen Diskurskulturen der Adressierungstypen machen. Letztlich ist es diese Dynamik, die hilft, weitere Aspekte des aktuellen Wandlungszusammenhangs zu verstehen, in dem politische Kommunikation in Europa steht. Und schließlich wollen wir diskutieren, wo genau sich Ansätze einer europäischen politischen Diskurskultur ausmachen lassen. Ein besseres Verständnis derselben hilft uns nicht nur zu erfassen, ob eine europäische Öffentlichkeit den für sie nach Bernhard Peters notwendigen kulturellen ‚Unterbau' entwickeln kann. Zuletzt ermöglichen es unsere Analysen, einige allgemeinere Schlussfolgerungen für eine kommunikations- und medienwissenschaftliche Europaforschung zu formulieren.

8.1 Die Stabilität nationaler politischer Diskurskulturen

Wie wir bezogen auf nationale politische Diskurskulturen zeigen konnten, gründet sich deren Stabilität darin, dass sie fortlaufend im Handeln der von uns interviewten und beobachteten Journalistinnen und Journalisten artikuliert werden. Nationale politische Diskurskultur ist etwas, das nicht ‚hinter' ihrem Tun liegt, sondern das von diesen selbst tagtäglich hervorgebracht wird. Dies wird an den verschiedenen von uns herausgearbeiteten Praktiken der Nationalisierung deutlich: Durch *nationale Rückbezüge* werden Geschehnisse jenseits des eigenen Landes im Schreiben der Journalistinnen und Journalisten in der eigenen Nation verortet und so die Grenzziehung zwischen nationalem Kommunikationsraum und den ‚jenseits davon liegenden Kommunikationsräumen' geschaffen. Bei der *transnationalen Kontextualisierung* geht es darum, die eigene Nation im weiteren Gesamt der politischen Welt zu verorten, wobei dieses Gesamt wiederum insbesondere in Bezug auf Nationalität konstruiert wird. In der *Hierarchisierung* der eigenen Arbeitspraxis wird eine Priorität nationaler Themen geschaffen. Europa bzw. die EU sind im Alltag der eigenen Nation zwar selbstverständlich geworden, jedoch ist dies eine *nationale Veralltäglichung*, d. h. Europa interessiert vor allem im Alltag der Berichterstattung über die eigene Nation und Nationalität. Und auch die *Horizonte der Informationssuche* – die Rechercheblicke und Recherchenetzwerke – sind vor allem national ausgerichtet, was wiederum kontinuierlich die Nation als primären Bezugsraum stützt. Alle diese Praktiken werden – wie wir gezeigt haben – national auf unterschiedliche Weise realisiert, womit weitere Momente von nationaler Differenz geschaffen werden. So unterscheiden sich Einzelaspekte der Nationalisierung in Dänemark von der Nationalisierung in Deutschland, Frankreich, Großbritannien, Österreich und Polen. Bestätigt wurde dies auch durch unsere Analysen der „Artikelbiografien" in den durchgeführten Trigger-Studien, die einmal mehr das differenzschaffende Moment nationaler politischer Diskurskultur zeigen konnten.

Insofern haben wir ein fortlaufendes Doing Nation in der journalistischen Praxis, durch das nationale politische Diskurskulturen kontinuierlich bestätigt und damit auch stabilisiert werden: Politischer Diskurs wird zuerst einmal als nationaler politischer Diskurs geschaffen, nicht nur was die inhaltliche Referenz betrifft, sondern auch im Hinblick auf die Art und Weise seiner Realisierung. Dies erklärt – wie wir argumentiert haben – die nationale Segmentierung europäischer Öffentlichkeit wie auch eine aktuelle Stagnation der Transnationalisierung von Öffentlichkeit: Wenn Europa bzw. die EU fortlaufend kommunikativ im Rahmen nationaler journalistischer Praxis konstruiert werden, so wird selbst in der Berichterstattung über Brüssel bzw. über andere europäische Länder das Nationale und dessen politische Diskurskultur re-artikuliert.

In diesem Sinne ist Craig Calhoun sicherlich zuzustimmen, dass die Nation immer noch von Belang sei und wir nicht „abrupt in eine postnationale Ära eintreten" (Calhoun 2007: 25). Bemerkenswert ist allerdings, dass sich gleichzeitig die kulturellen Grundlagen der Konstruktion von Nationalität ändern. So fällt auf, dass die von uns ausgemachte Stabilität politischer Diskurskulturen bereits eine *europäische* Stabilität ist. Gemeint ist damit zweierlei: Erstens erfolgt über die verschiedenen nationalen politischen Diskurskulturen hinweg deren fortlaufende Re-Artikulation auf Basis identischer Praktiken. Nationale Rückbezüge, transnationale Kontextbezüge, nationale Veralltäglichung, die national zentrierte Hierarchisierung wie auch die national ausgerichteten Rechercheblicke und Recherchenetzwerke waren nicht etwas, das wir nur für die Arbeit der Journalistinnen und Journalisten in einem oder in wenigen der von uns untersuchten europäischen Länder ausmachen konnten. Diese Praktiken sind eine europaweite Konstante.

Zweitens ist über alle Ländern hinweg kennzeichnend, dass Europa weitestgehend *unproblematischer Teil* der fortlaufenden Konstruktion von Nation ist: Wir haben es zwar mit nationalen Rückbezügen zu tun, aber es sind immer wieder Europa, die EU und deren Wandel, die auf die eigene Nation rückbezogen werden. Ebenso heißt transnationale Kontextualisierung als Praxis der Journalistinnen und Journalisten vor allem eine Verortung im europäischen Kontext. Bei der Hierarchisierung steht zwar die Nation an erster Stelle, der Rang dahinter obliegt allerdings zumeist Europa bzw. europäischen Ländern. Nationale Veralltäglichung meint, dass Europa selbst zum Alltag (fast) aller Ressorts zählt. Und auch in der Informationssuche wird zumindest ereignisbezogen europäisch gesucht.

Wir können unsere Schlussfolgerung zu den Praktiken der Nationalisierung demnach auch in einer europäischen Perspektive formulieren. Selbst wenn die fortlaufende Konstruktion von Nation die verschiedenen nationalen politischen Diskurskulturen der von uns untersuchten europäischen Länder kennzeichnet, sind Europa und die EU selbstverständlicher Bestandteil dieser Konstruktionsprozesse. In diesem Sinne könnte man sagen, dass kennzeichnend für die nationalen politischen Diskurskulturen in Europa deren Europäisierung ist.

Auch wenn wir also mit einer Stabilität nationaler politischer Diskurskulturen in Europa konfrontiert sind, verweist deren Europäisierung auf folgendes Paradox: Nationale politische Diskurskultur in Europa bedeutet, die eigene Nation im Kontext anderer, insbesondere europäischer Nationen und damit stets zumindest auf einer impliziten Ebene die Relativität der je ‚eigenen' Nationalitätskonstruktion im europäischen Kontext zu konstruieren. Hat man dies im Blick, so kann man formulieren, dass bereits die Stabilität nationaler politischer Diskurskulturen einen Aspekt des ‚Unterbaus' einer transnationalen europäischen Öffentlichkeit bildet.

8.2 Die Dynamik transnationaler politischer Diskurskulturen

Erheblich dynamischer, was deren zukünftige Wandlungspotenziale betrifft, erschienen in unseren Analysen die transnationalen Momente von politischer Diskurskultur. Greifbar werden diese ausgehend von den von uns unterschiedenen Adressierungstypen des Analytikers, Aufbereiters, Bedieners und Berichterstatters. Im Hinblick auf unterschiedliche Publikumsbilder der Journalistinnen und Journalisten konnten wir Differenzen des journalistischen Selbstverständnisses, des Stellenwerts von und der Einstellung zur EU, zum EU-Ausland und der Welt sowie verschiedene Schwerpunkte bei den Realisierungen von Nationalisierungspraktiken ausmachen.

Pointiert zusammengefasst, haben unsere Analysen diesbezüglich gezeigt, dass die journalistische Praxis des *Analytikers* eine umfassende Analyse politischer Prozesse im Handlungsraum EU für das vorgestellte Publikum von Bildungsbürgern ist. Der Analytiker unterstellt seiner Leserschaft ein entsprechendes Bildungsniveau und will dem daraus resultierenden Anspruch in seiner Berichterstattung gerecht werden. Europa und die Welt sieht er als unproblematische Handlungsräume, die es zu beobachten gilt. Beim *Aufbereiter* ist die journalistische Praxis auf eine pädagogische, alltagsorientierte Weltaufklärung ausgerichtet. Aufbereiter verstehen es als ihre Aufgabe, möglichst offen für internationale, insbesondere europäische, Angelegenheiten zu sein und diese trotz als begrenzt wahrgenommener Ressourcen abzudecken. Der *Bediener* will vorgestellte Erwartungen der ‚kleinen Leute' erfüllen und greift EU- und auslandsbezogene Themen als Ressource auf, die Unterhaltung, Faszination und Anlass zu öffentlicher Aufregung bieten. Ein Verständnis von Berichterstattung als ein leserorientierter Service steht im Vordergrund. Journalistinnen und Journalisten des Typus *Berichterstatter* adressieren an ‚normale Menschen'. Diese wünschen sich aus Sicht des Berichterstatters national oder regional bezogene Informationen, einen guten Überblick über politische Entwicklungen bzw. hier und da auch ein wenig Unterhaltung.

Wie unsere Analysen zeigen konnten, sind die Adressierungspraktiken der unterschiedenen Typen nicht nur über unsere Untersuchungsländer hinweg stabil, sie verdichten sich darüber hinaus im Kontext der von uns untersuchten Zeitungen. Wir können also von Momenten politischer Diskurskultur sprechen, die transnational im Hinblick auf bestimmte Arten von Zeitungen Bestand haben. Entsprechend wird die transnationale Segmentierung europäischer Öffentlichkeit durch die politischen Diskurskulturen der Adressierungstypen erklärt: Es gibt nicht nur im Hinblick auf einzelne Nationen kulturelle Differenzen der politischen Berichterstattung, sondern auch auf bestimmte Typen von Medienorganen. Greifbar wird also keine (globale) Homogenisierung von journalistischer Praxis durch technologischen Wandel und eine Kommerzialisierung des Journalismus im fortschreitenden Globalisierungsprozess. Wir stellen vielmehr fest, dass diese „Antriebskräfte" zwar „Thema" in allen von uns untersuchten Redaktionen sind, die verschiedenen Adressierungstypen gleichwohl auf unterschiedliche kulturelle Muster des Umgangs hiermit verweisen.

Diese Dynamiken stehen für durchaus unterschiedliche Aspekte der Herstellung europäischer Öffentlichkeit. Während die europäische Öffentlichkeit von Analytikern und in Teilen von Aufbereitern in beträchtlichen Teilen normativen Vorstellungen von Öffentlichkeit im Sinne von Jürgen Habermas (1990) entspricht, d. h. einer Öffentlichkeit des deliberativen, in diesem Fall auf europäische Politik bzw. die Politik der EU bezogenen transnationalen Diskurses, entspricht die Öffentlichkeit des Bedieners und vermutlich auch des Berichterstatters aktuellen Szenarien zur „Krise der Öffentlichkeit" (Imhof 2011). In einem solchen Blickwinkel haben wir es beim Bediener und Berichterstatter mit politischen Diskurskulturen zu tun, die auf eine „Entdifferenzierung des Publikumsbegriffs" hinauslaufen: „Das Publikum wird vom Staats- und Bildungsbürger zum Medienkonsumenten, um dessen Aufmerksamkeit mit vereinheitlichten Nachrichtenwerten gekämpft wird" (Imhof 2011: 248).

Bemerkenswert bleibt an dieser Stelle allerdings, dass unsere Analysen auch für den Fall einer solchen normativen Einschätzung der politischen Diskurskulturen von Bediener und Berichterstatter zeigen, dass wir es *insgesamt* mit einer widersprüchlichen Dynamik zu tun haben. Gerade die Unterschiede der politischen Diskurskulturen unserer Adressierungstypen zeigen, dass wir in unseren

Untersuchungsländern nicht einfach eine Konvergenz von „Selektions-, Interpretations- und Inszenierungslogiken" ausmachen können – eine Konvergenz, die damit begründet wird, „dass sich die „Sozialfigur des Journalisten [...] primär an Seinesgleichen [orientiert und das] thematisiert [...], was alle thematisieren" (Imhof 2011: 248). Auch wenn wir ebenfalls zeigen konnten, dass sich Journalistinnen und Journalisten wechselseitig beobachten, wird mit diesen Beobachtungen je nach Adressierungstyp deutlich unterschiedlich umgegangen.

Wir können also sagen, dass wir bei den in Bezug auf Adressierungstypen bestehenden Momenten transnationaler politischer Diskurskultur nicht mit einem linearen Wandlungsprozess konfrontiert sind – ob nun normativ positiv gewertet als ein Prozess hin zu einer deliberativen europäischen Öffentlichkeit oder negativ gewertet als einen sich beschleunigenden Verfall von Öffentlichkeit überhaupt. Die transnationale Differenz politischer Diskurskulturen begründet, dass wir es mit einem in sich dynamischen Wandlungsprozess zu tun haben, dessen Widersprüchlichkeiten uns auch noch die kommenden Jahre beschäftigen werden. Entsprechend erscheint es nicht möglich, die Frage der fragilen Stabilisierung europäischer Öffentlichkeit, wie wir sie am Ende unseres vierten Kapitels aufgeworfen haben, abschließend zu beantworten. Gerade wegen der Dynamik der politischen Diskurskulturen transnationaler Adressierungstypen wird uns diese Unwägbarkeit in Prozessen der Herstellung europäischer Öffentlichkeit als Frage weiter begleiten.

8.3 Ansätze einer europäischen politischen Diskurskultur

Jenseits unserer Erklärung der mehrfach segmentierten europäischen Öffentlichkeit durch die Differenz nationaler und transnationaler politischer Diskurskulturen wirft unsere Studie abschließend eine weitere Frage auf: Lassen sich aus unseren Untersuchungen Schlussfolgerungen im Hinblick auf eine *europäische* politische Diskurskultur ziehen? Denn wäre nicht eine solche der eigentliche „Unterbau" einer europäischen Öffentlichkeit? Es ist diese Frage, auf die man in jüngeren Veröffentlichungen immer wieder stößt, die sich mit der kulturellen Verfasstheit von Öffentlichkeit in Europa auseinandersetzen. So formuliert beispielsweise Paschal Preston im vorletzten Kapitel des Buchs „Making the News. Journalism and News Cultures in Europe" Folgendes bezogen auf eine europäische „news culture":

> „For more than five decades now, the member states of what we now know as the European Union (EU) have been engaged in a process of deepening economic and political (and more recently, military) integration. But has this process of increasing

integration been accompanied by a converging or common news culture and journalism within the 27 member countries that now comprise the EU area?" (Preston 2009: 144)

Basierend auf Interviews, die er in einem Forschungsteam mit unterschiedlichen Journalistinnen und Journalisten in Europa geführt hat, kommt er zu einer vergleichsweise unscharfen Antwort: Auf der einen Seite weist er darauf hin, dass vor allem Journalistinnen und Journalisten der jüngsten EU-Mitgliedstaaten die stärkste Wahrnehmung einer Differenz zwischen dem Journalismus in Europa und beispielsweise dem der USA haben (Preston 2009: 152). Auf der anderen Seite verdeutlicht er, dass es den Interviewten schwer fällt, Gemeinsamkeiten einer europäischen „news culture" zu benennen. Journalismus bleibt für sie im Großen und Ganzen eine nationale Angelegenheit (Preston 2009: 154–159).

Können wir über unsere Studie zu einer differenzierteren Einschätzung kommen? Wir würden diese Frage grundlegend bejahen und dies vor allem damit begründen, dass sich unsere Analysen auf einer anderen Ebene bewegen als bisherige Untersuchungen in diesem Forschungsfeld. Während Paschal Preston – wie auch vergleichbare Studien (siehe hier nochmals Statham 2010 und Kunelius/Heikkilä 2007) – ausschließlich bezogen auf Selbstaussagen und Selbsteinschätzungen von Journalistinnen und Journalisten argumentieren, hat es die Anlage unserer Studie ermöglicht, dass wir uns der politischen Diskurskultur von journalistischer Berufspraxis ungleich umfassender annähern: So haben wir in unsere Analysen *auch* die Selbsteinschätzungen der von uns interviewten Journalistinnen und Journalisten einbezogen, dies gleichwohl *in Beziehung* gesetzt mit unseren Beobachtungen ihrer Redaktionsarbeit, den Beschreibungen ihres Recherchenetzwerks und der Rekonstruktion einzelner Biografien ihrer Artikel.

Was wir hiermit, bezogen auf eine sich in den Praktiken der Journalistinnen und Journalisten artikulierende, europäische politische Diskurskultur ausmachen können, ist ein vielschichtiges Verdichtungsphänomen. Ein erster Ansatz dabei ist, dass sich die nationalen politischen Diskurskulturen entlang identischer journalistischer Praktiken beschreiben lassen. Wie wir mehrfach betont haben, würden wir an dieser Stelle keinesfalls soweit gehen zu sagen, dass diese Praktiken Indizien einer globalen Journalismuskultur wären. Vielmehr erscheinen sie uns tatsächlich als eine – zumindest ansatzweise – Manifestation europäischer politischer Diskurskultur. Paradox formuliert sind also ein erster Aspekt europäischer politischer Diskurskultur die geteilten Formen von Nationalisierung.

Während man bezüglich dieses Punktes ggf. einwenden könnte, dass erst ein Außenvergleich mit anderen supranationalen Gebilden bzw. Großregionen zeigen kann, was hieran genau als *europäische* politische Diskurskultur charakterisiert werden kann, erscheint uns ein zweiter Punkt noch eindeutiger. So haben unsere Analysen gezeigt, dass die Veralltäglichung Europas ebenfalls für alle von uns untersuchten Länder kennzeichnend sind. Dies lässt sich insofern als ein weiterer Ansatz einer europäischen politischen Diskurskultur verstehen, als dies auf das grundlegende Muster des ‚unproblematischen Bezugs auf Europa bei allem' verweist. Es geht also darum, den Raum des Politischen in Bezug auf einen geteilten europäischen Horizont zu konstruieren – wie auch immer die damit verbundenen (politischen) Konflikte und Interessenlagen aussehen mögen.

Und drittens können wir ebenfalls die von uns herausgearbeiteten politischen Diskurskulturen der transnationalen Adressierungstypen als einen weiteren Ansatz der europäischen politischen Diskurskultur verstehen. Zumindest scheint es über die verschiedenen europäischen Länder hinweg, grundlegende Vorstellungen von Publika zu geben, die die Herausbildung von transnationalen Publikumsbildern ermöglichen. Auch dies wäre kaum denkbar, wenn nicht ein geteilter Moment von politischer Diskurskultur vorhanden wäre. In diesem Sinne stimmen wir Irene Neverla und Wiebke Schoon (2008: 28) zu, dass es „gemeinsame kulturelle und historische Wurzeln [rechtfertigen] […], von einem europäischen Modell in Abgrenzung zu einem anglo-amerikanischen Modell des Journalismus zu sprechen" (siehe auch Russ-Mohl 2003 und Mancini 2008). Bei der Frage eines europäischen Journalismus geht es also nicht einfach darum, dass über Europa berichtet wird – sondern viel grundlegender um die geteilte oder nicht geteilte politische Diskurskultur.

Gleichwohl haben wir es eben nur mit *Ansätzen* einer europäischen politischen Diskurskultur zu tun. Eine solche Formulierung hebt auf die unterschiedlichen Grade von kultureller Verdichtung und Machtbezogenheit ab, mit denen wir jeweils konfrontiert sind: Die Verdichtung nationaler politischer Diskurskulturen wird manifest in der Praxis der von uns interviewten und beobachteten Journalistinnen und Journalisten. Entlang von Publikumsbildern greifbar, aber dynamischer und damit auch flüchtiger sind die Verdichtungen der politischen Diskurskulturen einzelner Adressierungstypen. Gewissermaßen durch beide hindurch wird als eine weitere Verdichtung eine europäische politische Diskurskultur vorstellbar. Diese unterschiedlichen Verdichtungsgrade von politischen Diskurskulturen decken sich auch mit unseren inhaltsanalytischen Ergebnissen zur Mehrfachsegmentierung europäischer Öffentlichkeit. Bezogen auf Europa wird so ein komplexes „Überlagerungsphänomen" greifbar, das ein Aspekt der Transnationalisierung von Öffentlichkeit überhaupt ist.

Darüber hinaus haben unsere Analysen – so zumindest unsere Hoffnung – gezeigt, dass die nationalen politischen Diskurskulturen als vergleichsweise ‚stabiler Unterbau' nationaler Öffentlichkeiten nicht einfach ‚gegeben' sind. So gründet die Stabilität von nationalen politischen Diskurskulturen in ihrer fortlaufenden Re-Artikulation als Teil von journalistischer Alltagspraxis selbst. Und die Art und Weise, wie Europa in dieser Praxis ‚veralltäglicht' wird, führt vor Augen, dass auch nationale politische Diskurskulturen einem Wandlungsprozess unterzogen sind. Dies ist der Fall, obwohl sie in ihrer rund zweihundertjährigen Geschichte im 19. und 20. Jahrhundert von Machthabenden bewusst mit dem Aufbau nationaler Massenmedien durchgesetzt wurden.

Eine empirische Untersuchung des Phänomens der europäischen Öffentlichkeit, ihrer Mehrfachsegmentierung und politischen Diskurskulturen führt uns also den kommunikativen Konstruktionscharakter von Öffentlichkeit und Diskurskultur überhaupt vor Augen sowie die politischen Machtfragen, die damit zusammenhängen. Es sind solche Konstruktionsprozesse politischer Kommunikation, die es nicht nur, aber auch in der kommunikations- und medienwissenschaftlichen Europaforschung verstärkt zu behandeln gilt. Hierfür muss aber sicherlich eine Beschränkung unserer vorliegenden Studie wie auch der kommunikations- und medienwissenschaftlichen Europaforschung überhaupt überwunden werden, nämlich ihr Fokus auf den Produktionsprozess der Journalistinnen und Journalisten bzw. die medialen Repräsentationen und Inhalte von Öffentlichkeit gelegt werden. Erst wenn man sich darüber hinaus verstärkt den Aneignungen von Menschen im Alltag wie auch deren Identifikationen zuwendet, wird es möglich, politische Diskurskultur und das legitimative Potenzial von (europäischer) Öffentlichkeit zu fassen. Wir hoffen, dass unsere Untersuchung für ein solches Unterfangen einen angemessenen Ausgangspunkt bietet.

Anmerkungen

1 Die Kapitel 2.1 und 2.2 beruhen dabei auf dem von Andreas Hepp und Hartmut Wessler (2009) bereits unter dem Titel „Politische Diskurskulturen. Überlegungen zur empirischen Erklärung segmentierter europäischer Öffentlichkeit" publizierten Überlegungen, die allerdings an verschiedenen Stellen weitergedacht und fortformuliert werden.

2 Hier operieren wir mit einem engeren Begriff von Öffentlichkeit als andere kulturtheoretische Konzepte wie beispielsweise Faulstich (2000), der (europäische) Öffentlichkeit aus „kulturwissenschaftlicher Sicht" über die Kriterien eines geteilten Raums, geteilter Medien und geteilter Akteure fasst, oder Elisabeth Klaus, die darunter ganz allgemein einen „Selbstverständigungsprozess der Gesellschaft" (Klaus 2006: 96) versteht. Der Grund für unsere engere Begriffsbildung ist, dass in solchen weiten Konzepten jegliche öffentliche Medienkommunikation zur Öffentlichkeit wird und die spezifische demokratietheoretische Implikation des Konzepts von Öffentlichkeit verloren geht. Gerade auf diese kommt es aber bei Fragen öffentlicher, politischer Kommunikation an.

3 Vgl. aber Knoblauch 1995.

4 Im Fokus des Projekts stehen die Länder Deutschland, Österreich, Dänemark, Finnland, Spanien, Schweden, und Schweiz. Für nähere Informationen siehe http://www.communication-cultures.eu/.

5 Vgl. zu ähnlichen Positionen beispielsweise Reese 2001: 178; Zelizer 2005: 211.

6 Dies heißt in der Konsequenz nicht, dass ‚alles' medial vermittelt ist, aber dass technische Medien die zentralen Institutionen bei der Konstruktion des „Zentrums" dieser Kulturen sind (vgl. Couldry 2003).

7 Dies zeigt sich in der deutschsprachigen Kommunikations- und Medienwissenschaft in der Konzeptionalisierung der „cultural citizenship" durch Elisabeth Klaus und Margret Lünenborg (2004: 201), die diese im „Kreislauf kultureller Bedeutungsproduktion" beschreiben.

8 Dies schließt nicht aus, dass man – gerade im Bereich der Journalismusforschung, in der auch andere Fragen wie beispielsweise Professionalisierungsprozesse interessieren – weitergehende Aspekte in die Forschung einbezieht. Vielmehr begreifen wir die von uns aufgeführten Aspekte als Kernbereich, den eine Forschung zu politischen Diskurskulturen einbeziehen sollte.

9 Riffe et al. (1993) zufolge sind zwei künstliche Wochen pro Analysejahr sowohl als effizient als auch als repräsentativ anzusehen.

10 Die Erfassung der diskursiven Konvergenz in Boulevardzeitungen scheitert daran, dass diese nur sehr eingeschränkt über ein digitales Archiv bzw. einen Index verfügen, sodass der Aufwand für Themenstudien über einen mehrjährigen Zeitraum und sechs Länder schlicht nicht zu vertreten ist.

11 Obwohl wir uns vor allem für die diskursive Integration der EU-Mitgliedsstaaten interessieren, haben wir Europa hier aus pragmatischen Gründen als das geografische West-

Europa definiert. Anders als die wachsende Größe des EG-/EU-Europas erlaubt uns dies, mit einem über den gesamten Untersuchungszeitraum stabilen Europakonzept zu arbeiten. Unsere Definition hat keinen Einfluss auf den (fehlenden) Trend der horizontalen Europäisierung und nur einen geringen Effekt auf das Niveau – im Rahmen von ca. fünf Prozent für die Qualitätspresse.

12 Reliabilitätswerte für die erste Welle berechnet als Cohens kappa, für die folgenden Wellen als Krippendorffs alpha: genannte Institutionen (0.79/0.82/0.83), Hauptthema (0.75/0.75/0.70), geografische Bezüge (0.80/0.90/0.79), Herkunft der Sprecher (0.70/0.71/0.75), genannte Kollektive (0.71/0.71/0.69), Wir-Bezüge (0.67/0.68/0.75).

13 Im Einzelnen realisierten Katharina Kleinen-von Königslöw die Redaktionsstudien in Österreich, Swantje Lingenberg in Frankreich, Johanna Möller in Polen, Sune Blicher in Dänemark, Gabriel Moreno in Großbritannien und Michael Brüggemann (mit Unterstützung von Stefanie Trümper) in Deutschland.

14 Nicht in allen Fällen konnte dieser Beobachtungszeitraum voll umgesetzt werden. So wurde bei der deutschen *Bild* sowie der französischen Zeitung *Le Parisien* jeweils nur ein Beobachtungstag, bei der *FAZ* sogar nur ein halber Beobachtungstag durchgeführt. Die britischen Boulevardzeitungen verwehrten uns jeglichen Zugang zu ihren Redaktionsräumen, sodass sich die Daten in Großbritannien auf Redakteur-Interviews sowie auf die Beobachtungen bei *The Times* und bei der *Financial Times* begrenzen. Ebenso verwehrte uns die österreichische Boulevardzeitung den Zugang, sodass die zweite Redaktionsbeobachtung in Österreich bei der Regionalzeitung durchgeführt wurde.

15 Insgesamt etwa 36 Journalisten-Interviews pro Land.

16 Die Auswahlkriterien für die Zeitungen lauteten wie folgt: Die Qualitätszeitungen sollten die beiden führenden Blätter mit hohem Ansehen bei politischen, intellektuellen und ökonomischen Eliten, mit intensiver Auslands- und EU-Berichterstattung sowie mit möglichst unterschiedlichen politischen Orientierungen darstellen. Die Boulevardzeitung sollte jeweils eine der beiden auflagenstärksten Boulevardzeitungen des Landes darstellen. Und die Regionalzeitung sollte eine der drei auflagenstärksten Regionalzeitungen des Landes und zudem außerhalb der jeweiligen Hauptstadtregion angesiedelt sein.

17 Leitend für die Kodierung des Datenmaterials war ein eigens entwickeltes Kategoriensystem, das insgesamt 39 Kategorien umfasst (diese waren u. a. Stellenwert EU- und Auslandsberichterstattung, Stellenwert Weltberichterstattung, nationales Selbstbild, Ressort-Hierarchie, Aushandlungsprozesse, Recherchieren), die sodann weiter zu verschiedenen Nationalisierungspraktiken verdichtet wurden.

18 Der Reliabilitätstest mit 27 Artikeln (1/6 des Samples) ergab zunächst bei einigen Variablen noch einen Holsti-Wert unter 0,8. Nach einer weiteren Schulung ergab sich in einem Test mit weiteren 25 Artikeln auch für die vorher problematischen Variablen eine zufriedenstellende Interkoder-Reliabilität und über alle Variablen hinweg ein mittlerer Holsti-Wert von 0,90 (Mittelwerte für die im Folgenden ausgewerteten Variablenbündel sind für Anlässe: 0,90; Vermittlungswege: 0,87; Deutungsmuster 0,81; Redaktionskontexte 0,81).

19 Im Übrigen ist das Kollektiv ‚die Europäer' tatsächlich in der Regel nicht negativ besetzt, anders sähe es sicherlich aus, wenn wir die Bewertung der EU an sich oder der Brüsseler Politik erhoben hätten.

20 Anlass war eine Kritik der US-amerikanischen Lateinamerika-Politik in einer politischen Kolumne, das europäische *Wir* wurde somit klar in Abgrenzung nach außen erzeugt.

21 Zum methodischen Vorgehen und den ausgewählten Redaktionen siehe Kapitel 3.2.

Anmerkungen

22 Siehe dazu auf inhaltsanalytischer Ebene Riegert 1998, mit Bezug auf „nationale Nachrichtenkulturen" Deuze 2002 oder auch Heikkilä/Kunelius 2006, als aktuellen Überblick Hahn et al. 2008.
23 Der volle Projekttitel lautet „The Transformation of Political Mobilisation and Communication in European Public Spheres".
24 Dies waren die *Financial Times Europe*, *International Herold Tribune Europe*, *Wall Street Journal Europe* und *European Voice*.
25 Dies führt nicht selten auch zu Spannungen zwischen Korrespondentinnen und Korrespondenten einerseits und den ‚Heimatredaktionen' andererseits, wie unsere Daten zeigen.
26 Einen generellen regionalen Rückbezug haben wir in der journalistischen Praxis aller von uns untersuchten Regionalzeitungen quer durch Europa. Die Besonderheit Österreichs ist darin zu sehen, dass dieser Rückbezug auch in der Tätigkeit von Journalistinnen und Journalisten überregionaler Zeitungen einen hohen Stellenwert hat.
27 Siehe hierzu nochmals Statham 2007, Statham 2008 und Offerhaus 2010. Letztere verweist in diesem Zusammenhang auf Wahrnehmungsunterschiede zwischen Korrespondenten und Redaktionen/Redakteuren, die darauf zurückzuführen seien, dass Korrespondenten generell mehr Verständnis im Sinne eines spezialisierten Wissens, aber auch eine größere Loyalität zu ihrem Berichterstattungsobjekt entwickelten.
28 Für eine engere Konzeptionalisierung siehe Pries 2008: 160–165, der Transnationalisierung als ein gleichgewichtiges, Ländergrenzen umspannendes, sozialräumliches Beziehungsgeflecht begreift und damit als eine sehr spezifische, nationenübergreifende Sozialform. Siehe für eine solche Diskussion auch Mau 2007.
29 In Ergänzung dazu bestehen auch ‚globale Kontextbezüge', bei denen die Globalisierung als zunehmende, weltweite, multidimensionale Konnektivität zum Gegenstand gemacht wird. Da diese für die Behandlung unserer Fragestellung aber nur eine untergeordnete Bedeutung haben, wollen wir im Weiteren den Status von globalen Kontextbezügen in Abgrenzung zu transnationalen nicht weiter diskutieren.
30 Dort, wo es im Analysekontext hilfreich erscheint, differenzieren wir durchaus zwischen EU und EU-Ausland. Im Großen jedoch geht es den von uns interviewten Journalistinnen und Journalisten weniger um eine explizite Differenzierung von EU (vertikalen Bezügen) und europäischem Ausland (horizontalen Bezügen) in ihren Nationalisierungspraktiken. Deshalb erscheint uns der Oberbegriff „Europa" angemessen für die Bezeichnung von EU- und EU-Auslandsthemen.
31 Solche klassischen Nachrichtenfaktoren sind etwa die von Galtung/Ruge 1970 beschriebenen Nachrichtenwerte *Bedeutsamkeit, Überraschung, Negativität* oder *Bezug zu Elite-Nationen*, die bis heute in der Forschungsliteratur diskutiert werden. Beispiele sind die Arbeiten von Eilders 1997, überblicksartig bei Maier 2003 sowie die Überlegungen von Reinemann/Schulz 2006 oder Shoemaker/Cohen 2006.
32 Ähnlich verhält es sich im Kontext der *Financial Times* aus Großbritannien sowie der französischen Regionalzeitung *Ouest France*, als Ausnahmen der jeweils untersuchten Länder.
33 Da es sich hierbei um situative Relevanzverschiebungen handelt, klammern wir solche Medienevents in unserer weiteren Analyse jedoch aus.
34 Hierzu muss erläuternd erwähnt werden, dass die SZ als Reaktion auf eine breit angelegte Leserumfrage das Angebot an internationaler Berichterstattung deutlich ausgeweitet hat und daher schon aus strukturellen Gründen die EU-Themen tendenziell zurücktreten.

35 Wie Carsten Reinemann (2003: 120ff.) anhand einer Befragung deutscher Journalistinnen und Journalisten zeigt, spielt die Orientierung an anderen Medien und deren Berichterstattung im Rahmen ihrer Themenfindungstätigkeiten eine herausragende Rolle.

36 Zur Relevanz des Internets für auf Europa bezogene journalistische Praktiken siehe auch Sarrica et al., deren standardisierte Befragung eine umfassende „integration of the internet in the communicative practices of European newsrooms" (Sarrica et al. 2010: 417) nachweist.

37 Überdies nutzt die *Kleine Zeitung* Korrespondenten auch über spezielle Agenturen. Dabei besteht kein direkter Kontakt zu den entsprechenden Korrespondenten selbst, sondern stattdessen werden die Artikelanfragen über die Agentur weitergegeben.

38 Vgl. dazu auch Offerhaus (2010), die in ihrer Untersuchung zur Professionalisierung deutscher Korrespondenten in Brüssel zeigt, dass im Sinne einer Professionalisierungsstrategie mit wachsender Zahl der dortigen Korrespondenten deren nationale Vernetzung wie auch die Betonung nationaler Bezüge in der Berichterstattung zunimmt.

39 Siehe überblickend beispielsweise Kimball 1965; Hoyer/Lorentzen 1977; Kepplinger/Kocher 1990; die Beiträge in Weaver 1996, 1998; McNair 2000; Tumber/Prentoulis 2005; Deuze/Marjoribanks 2009; Schudson/Anderson 2009.

40 Solche Überlegungen sind immer wieder verbunden mit Annahmen der „Amerikanisierung" des Journalismus im Speziellen bzw. der politischen Kommunikation im Allgemeinen. Siehe kritisch hierzu bereits Negrine/Papathanassopoulos 1996.

41 Siehe durchaus kritisch bspw. bereits die Beiträge in Featherstone 1990 sowie unsere Darlegungen in Kapitel 3.

42 Eine solche Einschätzung deckt sich generell mit den diskursanalytischen Untersuchungen von Ien Ang (1991) zur Relevanz des Publikumsbilds für die Medienproduktion sowie der Argumentation von Julie Firmstone (2008: 436f.).

43 Ein methodischer Grund hierfür mag die Form der Daten sein, die jeweils zur Verfügung standen. So handelte es sich – im Gegensatz zu unserem Datenbestand – ausschließlich um Interviews mit Journalistinnen und Journalisten, die sehr verallgemeinernd und zum Teil mit SPSS standardisiert (Statham 2010: 130) ausgewertet wurden. Mittels einer solchen Art von Daten und ihrer Auswertung ist es nur schwer möglich, die erfassten Zusammenhänge im Hinblick auf eine journalistische Praxis in den unterschiedlichen Zeitungsredaktionen weitergehend einzuordnen.

44 Ein genereller ‚Trend in Richtung Analyse' als Abgrenzungsmerkmal gegenüber anderen Nachrichtenmedien, die aktueller erscheinen und von den Menschen rezipiert werden, zeichnet sich auch in den Adressierungspraktiken des Aufbereiters ab (vgl. Kapitel 6.2).

45 Einzelne Zeitungen ließen sich nicht klar einem Adressierungstyp zuordnen (siehe hierzu unser vorheriges Kapitel). Sofern ein Mischtyp vorliegt, sind die betreffenden Zeitungen jeweils nur mit halbem Gewicht in die Auswertung eingeflossen. Die Gewichtung ist der Grund für die unterschiedliche Anzahl der Kodierungen, die in den Tabellen 7 und 8 angegeben werden. Dies gilt für alle folgenden Tabellen zu den Adressierungstypen. Die folgenden Mischtypen sind aufgetreten: Analytiker/Aufbereiter (*Die Presse, Kleine Zeitung, SZ*, Analytiker/Bediener (*Times*); Berichterstatter/Bediener (*Rzeczpospolita*).

46 Dies sind in Nennungen: Andere Journalistinnen und Journalisten außerhalb der eigenen Redaktion: 5; Vertreter kommerzieller Interessen/Lobbyisten: 2; zivilgesellschaftliche Akteure/Privatpersonen: 6.

47 Als Kontrollgröße wurde auch die Verteilung von Merkmalen entlang des klassischen Musters ausgerechnet, das zwischen Qualitäts-, Boulevard- und Regionalpresse unterscheidet (0,06). Auch hier erweisen sich die Länder als das stärkere Unterscheidungsmerkmal.

Literatur

ABC – Audit Bureau of Circulations (2008): Newspaper data, http://www.abc.org.uk [28.02.2012].
Adam, Silke (2007): Symbolische Netzwerke in Europa. Der Einfluss der nationalen Ebene auf europäische Öffentlichkeit. Deutschland und Frankreich im Vergleich. Köln: Halem.
AIM Research Consortium (Hrsg.) (2007): Reporting and Managing European News. Final Report of the Project „Adequate Information Management in Europe" 2004–2007. Dortmund: Projekt.
Almond, Gabriel A./Verba, Sidney (1963): The Civic Culture. Princeton: Princeton University.
Almond, Gabriel A./Verba, Sidney (Hrsg.) (1980): The Civic Culture Revisited. An Analytic Study. Boston: Hyman.
Altmeppen, Klaus-Dieter (1999): Redaktionen als Koordinationszentren. Beobachtungen journalistischen Handelns. Opladen: Westdeutscher.
Altmeppen, Klaus-Dieter (2004): Entscheidung und Koordinationen. Theorien zur Analyse von Basiskategorien journalistischen Handelns. In: Löffelholz, Martin (Hrsg.): Theorien des Journalismus. Ein diskursives Handbuch, 2. Aufl. Wiesbaden: Westdeutscher, 419–433.
Anderson, Benedict (1983): Imagined Communities. New York: Verso.
Ang, Ien (1991): Disperately Seeking the Audience. London/New York: Routledge.
Ang, Ien (2003): Im Reich der Ungewissheit. Das globale Dorf und die kapitalistische Postmoderne. In: Hepp, Andreas/Winter, Carsten (Hrsg.): Die Cultural Studies Kontroverse. Lüneburg: Klampen, 84–110.
Arendt, Florian (2009): Explizite und implizite kultivierende Wirkung der Kronen Zeitung. Eine empirische Untersuchung von Kultivierungseffekten auf explizite und implizite Einstellungen. In: Medien & Kommunikationswissenschaft 57 (2), Baden-Baden: Nomos, 217–237.
Ayaß, Ruth/Bergmann, Jörg (Hrsg.) (2006): Qualitative Methoden der Medienforschung. Reinbeck bei Hamburg: Rowohlt.
Bach, Maurizio (Hrsg.) (2000): Die Europäisierung nationaler Gesellschaften. Sonderheft 40 der Kölner Zeitschrift für Soziologie und Sozialpsychologie. Wiesbaden: Westdeutscher.
Bachmann, Götz/Wittel, Andreas (2006): Medienethnografie. In: Ayaß, Ruth/Bergmann, Jörg (Hrsg.): Qualitative Methoden der Medienforschung. Reinbeck bei Hamburg: Rowohlt, 183–219.
Baisnée, Olivier (2002): Can political journalism exist at the EU level? In: Kuhn, Raymond/Neveu, Erik (Hrsg.): Political Journalism. New challenges, new practices. London: Routledge. 108–128.
Baisnée, Olivier (2007): The European Public Sphere Does Not Exist (At Least It's Worth Wondering). In: European Journal of Communication 22, 493–503.
Balcytiene, Aukse et al. (2007): Understanding the Complexity of EU Communication: The Spokesperson's Perspective. In: AIM Research Consortium (Hrsg.): Understanding the Logic of EU Reporting from Brussels. Analysis of interviews with EU correspondents and

spokespersons. Adequate Information Management in Europe (AIM) – Working Papers, 3/2007. Bochum/Freiburg: Projekt Verlag.

Beck, Ulrich (1997): Die Eröffnung des Welthorizontes. In: Soziale Welt 47, 3–16.

Beck, Ulrich (Hrsg.) (1998): Perspektiven der Weltgesellschaft. Frankfurt am Main: Suhrkamp.

Beck, Ulrich (2011): Nein, wir schaffen das nicht allein. Keine Nation kann ihre Probleme alleine lösen – Deutschlands Zukunft ist kosmopolitisch. In: DIE ZEIT 27, 15.

Beck, Ulrich/Beck-Gernsheim, Elisabeth (2001): Individualization: Institutionalized Individualism and its Social and Political Consequences. London/Thousand Oaks/New Delhi: Sage.

Beck, Ulrich/Grande, Edgar (2004): Das kosmopolitische Europa. Frankfurt am Main: Suhrkamp.

Bee, Cristiano/Bozzini, Emanuela (Hrsg.) (2010): Mapping the European Public Sphere. Institutions, Media and Civil Society. Farnham, Burlington: Ashgate.

Bentele, Günter/Brosius, Hans-Bernd/Jarren, Otfried (Hrsg.) (2003): Öffentliche Kommunikation. Opladen: Westdeutscher.

Berger, Peter L./Luckmann, Thomas (1980 [1966]): Die gesellschaftliche Konstruktion der Wirklichkeit. Frankfurt am Main: Fischer.

Berkel, Barbara (2006): Political Parallelism in News and Commentaries on the Haider Conflict. A Comparative Analysis of Austrian, British, German and French Quality Newspapers. In: Communications 31, 85–104.

Billig, Michael (1995): Banal Nationalism. London/Thousand Oaklands/New Delhi: Sage.

Blumler, Jay G./Gurevitch, Michael (1995): Crisis of Public Communication. London/New York: Routledge.

Boetzkes, Claus-Erich (2008): Organisation als Nachrichtenfaktor. Wie das Organisatorische den Content von Fernsehnachrichten beeinflusst. Wiesbaden: VS.

Bromley, Roger/Göttlich, Udo/Winter, Carsten (Hrsg.) (1999): Cultural Studies. Grundlagentexte zur Einführung. Lüneburg: Klampen.

Brüggemann, Michael et al. (2007): Segmentierte Europäisierung. In: Peters, Bernhard (2007): Der Sinn von Öffentlichkeit. Frankfurt am Main: Suhrkamp, 298–321.

Brüggemann, Michael (2008): Europäische Öffentlichkeit durch Öffentlichkeitsarbeit? Die Informationspolitik der Europäischen Kommission. Wiesbaden: VS.

Brüggemann, Michael (2011): Journalistik als Kulturanalyse: Redaktionskulturen als Schlüssel zur Erforschung journalistischer Praxis. In: Jandura, Olaf/Quandt, Thorsten/Vogelgesang, Jens (Hrsg.): Methoden der Journalismusforschung. Wiesbaden: VS, 47–66.

Brüggemann, Michael et al. (2009): Transnationale Öffentlichkeit in Europa: Forschungsstand und Perspektiven. In: Publizistik 54, 391–414.

Brüggemann, Michael/Kleinen-von Königslöw, Katharina (2009) „Let's Talk About Europe". Why Europeanization Shows a Different Face in Different Newspapers. In: European Journal of Communication 24 (1), 27–48.

Brüggemann, Michael/Schulz-Forberg, Hagen (2009): Becoming Pan-European? Transnational Media and the European Public Sphere. In: International Communication Gazette 71 (8), 693–712.

Büttner, Sebastian M. (2011): Sammelbesprechung: Europasoziologie. In: Soziologische Revue, 34, 183–193.

Campbell, Vincent (2004): Information Age Journalism. London: Arnold.

Carpentier, Nico et al. (Hrsg.) (2009): Communicative Approaches to Politics and Ethics in Europe. Brussels: ECREA.

Cederman, Lars-Erik (2001): Nationalism and Bounded Integration: What it Would Take to Construct a European Demos. In: European Journal of International Relations 7 (2), 139–174.
Chalaby, Jean K. (2002): Transnational Television in Europe. The Role of Pan-European Channels. In: European Journal of Communication 17(2), 183–203.
Cohen, Robin/Kennedy, Paul (2000): Global Sociology. Basingstoke: Palgrave.
Conboy, Martin (2006): Tabloid Britain. Constructing a Community Through Language. London/New York: Routledge.
Corcoran, Farrel/Fahy, Declan (2009): Exploring the European Elite Sphere. In: Journalism Studies 10 (1), 100–113.
Cottle, Simon (Hrsg.) (2000): Ethnic Minorities and the Media. Changing cultural boundaries. Buckingham: Open University.
Couldry, Nick (2003): Media Rituals. A Critical Approach. London/New York: Routledge.
Couldry, Nick (2006): Culture and Citizenship: The Missing Link? In: European Journal of Cultural Studies 9, 321–339.
Couldry, Nick/Hepp, Andreas/Krotz, Friedrich (Hrsg.) (2009): Media Events in a Global Age. London/New York: Routledge.
Couldry, Nick/Livingstone, Sonia M./Markham, Tim (2007): Media Consumption and Public Engagement. Beyond the Presumption of Attention. Basingstoke: Palgrave.
Couldry, Nick/McCarthy, Anna (2004): Orientations: Mapping MediaSpace. In: Couldry, Nick/McCarthy, Anna (Hrsg.): Place, Scale and Culture in a Media Age. London/New York: Routledge, 1–18.
Couldry, Nick/McCarthy, Anna (Hrsg.) (2004): Media Space: Place, Scale and Culture in a Media Age. London/New York: Routledge.
Curran, James/Gurevitch, Michael (Hrsg.) (2005): Mass Media and Society. London: Arnold.
Dahlgren, Peter/Sparks, Colin (Hrsg.) (1997): Communication and Citizenship. Journalism and the Public Sphere. London/New York: Routledge.
Dahlgren, Peter (2006): Doing Citizenship: The Cultural Origins of Civic Agency in the Public Sphere. In: European Journal of Cultural Studies 9, 267–286.
Dahrendorf, Ralf (1969): Aktive und passive Öffentlichkeit. In: Löffler, Martin (Hrsg.): Das Publikum. München: Beck, 1–12.
Dayan, Daniel (1999): Media and Diasporas. In: Gripsrud, Jostein (Hrsg.): Television and Common Knowledge. London/New York: Routledge, 18–33.
Dayan, Daniel/Katz, Elihu (1992): Media Events. Cambridge/London: Harvard University.
DeBardeleben, Joan/Hurrelmann, Achim (Hrsg.) (2007): Democratic Dilemmas of Multilevel Governance. Basingstoke: Palgrave.
de Burgh, Hugo (Hrsg.) (2005): Making journalists: Diverse Models, Global Issues. London/New York: Routledge.
de Vreese, Claes H. (2001): „Europe" in the News. A Cross-National Comparative Study of the News Coverage of Key EU Events. In: European Union Politics 2 (3), 283–307.
de Vreese, Claes H./Boomgaarden, Hajo G. (2006): Media Effects on Public Opinion about the Enlargement of the European Union. In: Journal of Common Market Studies 44 (2), 419–436.
de Vreese, Claes H. (2007): The EU as a public sphere, Living Reviews. In: European Governance 2(3), 4–20.
Deutsch, Karl W. (1953): Nationalism and Social Communication. Cambridge: MIT.
Deuze, Mark (2002): National News Cultures: A Comparison of Dutch, German, British, Australian and US Journalists. In: Journalism & Mass Communication Quarterly 79 (1), 134–149.

Deuze, Mark/Marjoribanks, Timothy (2009): Newswork. In: Journalism 5 (10), 555–561.
Díez Medrano, Juan (2003a): Framing Europe: Attitudes to European Integration in Germany, Spain and the United Kingdom. Princeton, New Jersey: Princeton University.
Díez Medrano, Juan (2003b): Qualitätspresse und europäische Integration. In: Klein, Ansgar et al. (Hrsg.): Bürgerschaft, Öffentlichkeit und Demokratie in Europa. Opladen: Leske + Budrich,191–212.
DO – Dansk Oplagskontrol (2008): Oplagstal og Markedstal, http://www.do.dk [28.02.2012].
Donsbach, Wolfgang (2008): Journalismusforschung im internationalen Vergleich: Werden die professionellen Kulturen eingeebnet? In: Melischek, Gabriele/Seethaler, Josef/Wilke, Jürgen (Hrsg.): Medien- und Kommunikationsforschung im Vergleich. Grundlagen, Gegenstandsbereich, Verfahrensweisen. Wiesbaden: VS, 271–290.
Dörner, Andreas (1999): Politische Kultur und Medienunterhaltung. Konstanz: UVK.
Dörner, Andreas (2006): Political Culture and Media Culture. In: Uricchio, William/Kinnebrock, Susanne (Hrsg.): Media Cultures. Heidelberg: Winter, 41–48.
Dreßler, Angela (2009): Nachrichtenwelten. Hinter den Kulissen der Auslandsberichterstattung. Eine Ethnographie. Bielefeld: Transcript.
du Gay, Paul (Hrsg.) (1997): Production of Culture. Cultures of Production. London/Thousand Oaks/New Delhi: Sage.
du Gay, Paul et al. (1997): Doing Cultural Studies. The Story of the Sony Walkman. London/ Thousand Oaks/New Delhi: Sage.
Eigmüller, Monika/Mau, Steffen (Hrsg.) (2010): Gesellschaftstheorie und Europapolitik. Sozialwissenschaftliche Ansätze zur Europaforschung Wiesbaden: VS.
Eilders, Christiane (1997): Nachrichtenfaktoren und Rezeption. Eine empirische Analyse zur Auswahl und Verarbeitung politischer Information. Opladen: Westdeutscher.
Eilders, Christiane/Voltmer, Katrin (2003): Zwischen Deutschland und Europa. Eine empirische Untersuchung zum Grad von Europäisierung und Europa-Unterstützung der meinungsführenden deutschen Tageszeitungen. In: Medien und Kommunikationswissenschaft 51 (2), 250–270.
Elkins, David J./Simeon, Richard E. B. (1979): A Cause in Search of its Effect, or What Does Political Culture Explain. In: Comparative Politics 11, 127–145.
Erbe, Jessica (2005): „What do the papers say?" How Press Reviews Link National Media Arenas in Europe. In: Javnost – The Public 12 (2), 75–92.
Eriksen, Erik Oddvar (2005): An Emerging European Public Sphere. In: European Journal of Social Theory 8 (3), 341–363.
Esser, Frank (1998): Editorial Structures and Work Principles in British and German Newsrooms. In: European Journal of Communication 13 (3), 375–406.
Esser, Frank (2002): Transnationale Journalismusforschung. In: Hepp, Andreas/Löffelholz, Martin (Hrsg.): Grundlagentexte zur transkulturellen Kommunikation. Konstanz: UVK (UTB), 319–344.
Esser, Frank/Pfetsch, Barbara (Hrsg.) (2004): Comparing Political Communication. Theories, Cases, and Challenges. New York: Cambridge University.
Faulstich, Werner (Hrsg.) (1993): Konzepte von Öffentlichkeit. 3. Lüneburger Symposium zur Medienwissenschaft. Bardowick: Wissenschaftler.
Favell, Adrian (2008): Eurostars and Eurocities: Free Movement and Mobility in an Integrating Europe. Malden: Blackwell.
Featherstone, Mike (1990): Global Culture. An Introduction. In: Theory, Culture and Society 7, 1–14.

Featherstone, Mike (Hrsg.) (1990): Global Culture. Nationalism, Globalization and Modernity. A Theory, Culture and Society Special Issue. London/Thousand Oaklands/New Delhi: Sage.
Ferree, Myra Marx et al. (2002a): Shaping Abortion Discourse. Cambridge: Cambridge University.
Ferree, Myra Marx (2002b): Four Models of the Public Sphere in Modern Democracies. In: Theory and Society 31 (3), 289–324.
Flick, Uwe (2004): Triangulation. Eine Einführung. Wiesbaden: VS.
Fraser, Nancy (1993): Rethinking the Public Sphere. A Contribution to the Critique of Actually Existing Democracy. In: Robbins, Bruce (Hrsg.): The Phantom Public Sphere. London/Minneapolis: University of Minnesota, 1–32.
Fraser, Nancy (2007): Special Section: Transnational Public Sphere. Transnationalizing the Public Sphere. On the Legitimacy and Efficacy of Public Opinion in a Post-Westphalian World. In: Theory, Culture and Society 24 (4), 7–30.
Gabriel, Oscar W. (1994): Politische Kultur aus der Sicht der empirischen Sozialforschung. In: Niedermayer, Oskar/Beyme, Klaus von (Hrsg.): Politische Kultur in Ost- und Westdeutschland. Berlin: Akademie, 22–42.
Galtung, Johan/Ruge, Marie H. (1970): The Structure of Foreign News. The Presentation of the Congo, Cuba and Cyprus Crises in Four Foreign Newspapers. In: Tunstall, Jeremy (Hrsg.): Media Sociology. A Reader. London: Constable, 259–298.
Gans, Herbert J. (2009): Can Popularization Help the News Media? In: Zelizer, Barbie (Hrsg.): Journalism. Tabloidization, Technology and Truthiness. New York: Routledge,17–28.
García Canclini, Néstor (1995): Hybrid Cultures. Minneapolis: University of Minnesota.
García Canclini, Néstor (2001): Consumers and Citizens. Globalization and Multicultural Conflicts. London/Minneapolis: University of Minnesota.
Garfinkel, Harold (1967): Studies in Ethnomethodology. Englewood Cliffs/New Jersey: Prentice-Hall.
Georgiou, Myria (2006): Diaspora, Identity and the Media. Diasporic Transnationalism and Mediated Spatialities. Cresskill: Hampton.
Gerhards, Jürgen (2000): Europäisierung von Ökonomie und Politik und die Trägheit der Entstehung einer europäischen Öffentlichkeit. In: Bach, Maurizio (Hrsg.): Die Europäisierung nationaler Gesellschaften. Sonderheft 40 der Kölner Zeitschrift für Soziologie und Sozialpsychologie. Wiesbaden: Westdeutscher, 277–305.
Gerhards, Jürgen/Neidhardt, Friedhelm (1991): Strukturen und Funktionen moderner Öffentlichkeit. Fragestellungen und Ansätze. In: Mueller-Doohm, Stefan/Neumann-Braun, Klaus (Hrsg.): Öffentlichkeit, Kultur, Massenkommunikation. Beiträge zur Medien- und Kommunikationssoziologie. Oldenburg: Universität Oldenburg, 31–89.
Gerhards, Jürgen (2001): Missing a European Public Sphere. In: Kohli, Martin/Novak, Mojca (Hrsg.): Will Europe Work? Integration, Employment and the Social Order. London/New York: Routledge, 145–158.
Giddens, Anthony (1984): The Constitution of Society. Berkeley: University of California.
Giddens, Anthony (1995): Die Konstitution der Gesellschaft. Grundzüge einer Theorie der Strukturierung. Frankfurt am Main/New York: Campus.
Giddens, Anthony (1996): Konsequenzen der Moderne. Frankfurt am Main: Suhrkamp. In: Glaser, Barney G./Strauss, Anselm L. (Hrsg.): The Discovery of Grounded Theory. Strategies for Qualitative Research. Chicago: Aldine.
Glaser, Barney G./Strauss, Anselm L. (1998): Grounded Theory. Strategien qualitativer Forschung. Bern: Huber.

Gleissner, Martin/de Vreese, Claes H. (2005): News about the EU Constitution: Journalistic portrayal of the European Union Constitution challenges and media. In: Journalism 6 (2), 221–242.
Gripsrud, Jostein (Hrsg.) (2010): The Idea of the Public Sphere: A Reader. Lanham: Lexington Books.
Groothues, Fritz (2004): Television News and the European Public Sphere: A Preliminary Investigation, EurPolCom – Centre for European Political Communication. Working Paper Series 06/04.
Grossberg, Lawrence/Wartella, Ellen/Withney, David C. (1998): MediaMaking. Mass Media in a Popular Culture. London/Thousand Oaks/New Delhi: Sage.
Gurevitch, Michael/Blumler, Jay G. (2004): State of the Art of Comparative Political Communication Research. In: Esser, Frank/Pfetsch, Barbara (Hrsg.) (2004): Comparing Political Communication. New York: Cambridge University, 325–343.
Gurevitch, Michael/Levy, Mark R./Roeh, Itzhak (1997): The global newsroom: Convergences and diversities in the globalization of television news. In: Dahlgren, Peter/Sparks, Robert (Hrsg.): Communication and Citizenship: Journalism Practice and the Public Sphere. London/New York: Routledge, 195–216.
Habermas, Jürgen (1990 [1962]): Strukturwandel der Öffentlichkeit. Frankfurt am Main: Suhrkamp.
Habermas, Jürgen (1996): Die Einbeziehung des Anderen. Studien zur politischen Theorie. Frankfurt am Main: Suhrkamp.
Habermas, Jürgen (2008): Ach Europa. Kleine politische Schriften XI. Frankfurt am Main: Suhrkamp.
Habermas, Jürgen (2009): Europe. The Faltering Project. Oxford: Polity.
Hafez, Kai (Hrsg.) (2002): Die Zukunft der internationalen Kommunikationswissenschaft in Deutschland. Hamburg: DÜI.
Hahn, Oliver/Schröder, Roland/Dietrich, Stefan (2008): Journalistische Kulturen. Forschungstypologie und Aufriss. In: Hahn, Oliver/Schröder, Roland (Hrsg.): Journalistische Kulturen. Internationale und interdisziplinäre Theoriebausteine, 7–30.
Hahn, Oliver/Schröder, Roland (Hrsg.) (2008): Journalistische Kulturen. Internationale und interdisziplinäre Theoriebausteine. Köln: Halem.
Hall, Stuart (1980): Encoding/Decoding. In: Hall, Stuart et al. (Hrsg.): Culture, Media, Language. Working Papers in Cultural Studies 1972¬¬–1979. London/New York: Routledge, 128–138.
Hall, Stuart (2002): Die Zentralität von Kultur: Anmerkungen zu den kulturellen Revolutionen unserer Zeit. In: Hepp, Andreas/Löffelholz, Martin (Hrsg.): Grundlagentexte zur transkulturellen Kommunikation. Konstanz: UVK (UTB), 95–117.
Haller, Max (2009): Die Europäische Integration als Elitenprozess: Das Ende eines Traums? Wiesbaden: VS.
Hallin, Daniel C./Mancini, Paolo (2004): Comparing Media Systems: Three Models of Media and Politics. Cambridge: Cambridge University.
Hanitzsch, Thomas (2007): Journalismuskultur. In: Medien und Kommunikationswissenschaft, 372–389.
Hanitzsch, Thomas (2009): Zur Wahrnehmung von Einflüssen im Journalismus. Komparative Befunde aus 17 Ländern. In: Medien und Kommunikationswissenschaft 2 (57), 153–173.
Hannerz, Ulf (2004): Foreign News: Exploring the World of Foreign Correspondents. Chicago: Chicago University.
Hardy, Jonathan (2008): Western Media Systems. London/New York: Routledge.

Harindranath, Ramaswami (2000): Ethnicity, National Culture(s) and the Interpretation of Television. In: Cottle, Simon (Hrsg.): Ehtnic Minorities and the Media. Buckingham: Open University, 149–163.
Hartley, John (1996): Popular Reality. London: Arnold.
Hartmann, Maren/Hepp, Andreas (Hrsg.) (2010): Die Mediatisierung der Alltagswelt. Festschrift zu Ehren von Friedrich Krotz. Wiesbaden: VS.
Hasebrink, Uwe/Domeyer, Hanna (2010): Zum Wandel von Informationsrepertoires in konvergierenden Medienumgebungen. In: Hartmann, Maren/Hepp, Andreas (Hrsg.): Die Mediatisierung der Alltagswelt. Festschrift zu Ehren von Friedrich Krotz. Wiesbaden: VS,49–64.
Hasebrink, Uwe/Herzog, Anja (2004): Mediennutzung im internationalen Vergleich. In: Hans-Bredow-Institut (Hrsg.): Internationales Handbuch Medien 2004/2005. Baden-Baden: Nomos,136–158.
Heikkilä, Heikki/Kunelius, Risto (2008): Ambivalent ambassadors and realistic reporters: The calling of cosmopolitanism and the seduction of the secular in EU journalism. In: Journalism 9 (4), 377–397.
Heikkilä, Heikki/Kunelius, Risto (2007): Mainstream Journalism. Problems and Potential of a European Public Sphere (EPS). In: AIM Research Consortium (Hrsg.): Reporting and managing European News. Final report of the project „Adequate information management in Europe" 2004–2007. Bochum, 45–77.
Heikkilä, Heikki/Kunelius, Risto (2006): Journalists Imagining the European Public Sphere: Professional Discourses about the EU News in Ten Countries. In: Javnost – The Public 12 (4), 63–80.
Hempel, Carl Gustav/Oppenheim, Paul (1948): Studies in the Logic of Explanation. In: Philosophy of Science 15, 135–175.
Henningham, John (1998): British Journalists. In: Weaver, David H. (Hrsg.): The Global Journalist. News People Around the World. Hampton: Cresskill,143–160.
Hepp, Andreas (2004): Netzwerke der Medien. Medienkulturen und Globalisierung. Wiesbaden: VS.
Hepp, Andreas (2006): Transkulturelle Kommunikation. Konstanz: UVK (UTB).
Hepp, Andreas (2009): Transkulturalität als Perspektive: Überlegungen zu einer vergleichenden empirischen Erforschung von Medienkulturen. In: Forum Qualitative Sozialforschung 10 (1), 17.
Hepp, Andreas (2011): Medienkultur. Die Kultur mediatisierter Welten. Wiesbaden: VS.
Hepp, Andreas/Bozdag, Cigdem/Suna, Laura (2011): Mediale Migranten: Mediatisierung und die kommunikative Vernetzung der Diaspora. Wiesbaden: VS.
Hepp, Andreas/Couldry, Nick (2009): What Should Comparative Media Research be Comparing? Towards a Transcultural Approach to „Media Cultures". In: Thussu, Daya Kishan (Hrsg.): Globalising Media Studies. London/Thousand Oaks/New York: Routledge, 32–47.
Hepp, Andreas et al. (Hrsg.) (2006): Konnektivität, Netzwerk und Fluss. Konzepte gegenwärtiger Medien-, Kommunikations- und Kulturtheorie. Wiesbaden: VS.
Hepp, Andreas/Krotz, Friedrich/Thomas, Tanja (Hrsg.) (2009): Schlüsselwerke der Cultural Studies. Wiesbaden: VS.
Hepp, Andreas/Löffelholz, Martin (Hrsg.) (2002): Grundlagentexte zur transkulturellen Kommunikation. Konstanz: UVK (UTB).
Hepp, Andreas (2009): Political Discourse Cultures in Europe: Explaining the Multi-Segmentation of the European Public Sphere through a Transnational and Transcultural Perspective. In: Carpentier, Nico et al. (Hrsg.): Communicative Approaches to Politics and Ethics in

Europe. The Intellectual Work of the 2009 ECREA European Media and Communication Doctoral Summer School. Tartu: Tartu University, 45–57.

Hepp, Andreas/Wessler, Hartmut (2009): Politische Diskurskulturen: Überlegungen zur empirischen Erklärung segmentierter europäischer Öffentlichkeit. In: Medien und Kommunikationswissenschaft 57 (2), 174–197.

Hepp, Andreas/Winter, Carsten (Hrsg.) (2003): Die Cultural Studies Kontroverse. Lüneburg: Klampen.

Hipfl, Brigitte (2004): Mediale Identitätsräume. Skizzen zu einem „spatial turn" in der Medien- und Kommunikationswissenschaft. In: Hipfl, Brigitte/Klaus, Elisabeth/Scheer, Uta (Hrsg.): Identitätsräume. Bielefeld: Transcript, 16–50.

Hipfl, Brigitte/Klaus, Elisabeth/Scheer, Uta (Hrsg.) (2004): Identitätsräume. Bielefeld: Transcript.

Hoggart, Richard (1976): Foreword. In: Group, Glasgow Media (Hrsg.): Bad News. London: Routledge & Kegan Paul, ix–xiii.

Hollifield, Ann C./Kosicki, Gerald M./Becker, Lee B. (2001): Organisational vs. Professional Culture in the Newsroom. In: Journal of Broadcasting and Electronic Media 45, 92–117.

Hölscher, Lucian (1998): Öffentlichkeit und Geheimnis. Stuttgart: Klett-Cotta.

Hurrelmann, Achim/Leibfried, Stephan/Martens, Kerstin/Mayer, Peter (2008): Die Transformation des Nationalstaates: Ergebnisse und Perspektiven. In: Hurrelmann, Achim et al. (Hrsg.): Zerfasert der Nationalstaat? Die Internationalisierung politischer Verantwortung. Frankfurt am Main: Campus, 303–322.

Imhof, Kurt (2011): Die Krise der Öffentlichkeit. Kommunikation und Medien als Faktoren des sozialen Wandels. Frankfurt am Main: Campus.

Imhof, Kurt et al. (Hrsg.) (2006): Demokratie in der Mediengesellschaft. Wiesbaden: VS.

Immerfall, Stefan (2010): Europasoziologie als kritische Wirklichkeitswissenschaft. Ein Rezensionsessay zu Max Hallers Europäische Integration als Elitenprozess. Max Haller (2009): Europäische Integration als Elitenprozess. Das Ende eines Traums? Wiesbaden: VS. In: ÖZS 35 (4), 86–88.

Inglehart, Ronald (1988): The Renaissance of Political Culture. In: American Political Science Review 82, 1203–1230.

Inglehart, Ronald (1997): Modernization and Postmodernization. Cultural, Economic and Political Change in 43 Societies. Princeton: Princeton University.

Jachtenfuchs, Markus/Kohler-Koch, Beate (Hrsg.) (1996): Europäische Integration. Opladen: Leske + Budrich.

Jakubowicz, Karol (2004): Ideas in our Heads: Introduction of PSB as Part of Media System Change in Central and Eastern Europe. In: European Journal of Communication 19 (1), 53–74.

Jarren, Otfried (1986): Kommunikationsraumanalyse – Ein Beitrag zur empirischen Kommunikationsforschung? In: Rundfunk und Fernsehen 34, 310–330.

Jarren, Otfried/Donges, Patrick (2002): Politische Kommunikation in der Mediengesellschaft. Eine Einführung. Band 1: Verständnis, Rahmen und Strukturen. Opladen: Westdeutscher.

Johnson, Richard (1999): Was sind eigentlich Cultural Studies? In: Bromley, Roger/Göttlich, Udo/Winter, Carsten (Hrsg.): Cultural Studies. Lüneburg: Klampen, 139–188.

Johnson, Richard/Chambers, Deborah/Raghuram, Parvarti/Ticknell, Estella (2004): The Practice of Cultural Studies: A Guide to the Practice and Politics of Cultural Studies. London/Thousand Oaks/New Delhi: Sage.

Kaase, Max (1983): Sinn oder Unsinn des Konzeptes „Politische Kultur" für die vergleichende Politikforschung. In: Kaase, Max/Klingemann, Hans-Dieter (Hrsg.): Wahlen und politi-

sches System. Analysen aus Anlass der Bundestagswahl 1980. Opladen: Westdeutscher, 144–171.
Kaase, Max/Klingemann, Hans-Dieter (Hrsg.) (1983): Wahlen und politisches System. Analysen aus Anlass der Bundestagswahl 1980. Opladen: Westdeutscher.
Kaase, Max/Schulz, Winfried (Hrsg.) (1989): Massenkommunikation. Theorien, Methoden, Befunde. Kölner Zeitschrift für Soziologie und Sozialpsychologie. Sonderheft 30/1989. Opladen: Westdeutscher.
Kantner, Cathleen (2006): Collective Identity as Shared Ethical Self-Understanding: The Case of the Emerging European Identity. In: European Journal of Social Theory 9, 501–523.
Katz, Elihu/Liebes, Tamara (2007): „No More Peace!": How Disaster, Terror and War Have Upstaged Media Events. In: International Journal of Communication 1, 157–166.
Keller, Reiner (2004): Diskursforschung. Wiesbaden: VS.
Keller, Reiner (2007): Wissenssoziologische Diskursanalyse: Grundlegung eines Forschungsprogramms. Wiesbaden: VS.
Kepplinger, Hans Matthias/Kocher, Renate (1990): Professionalism in the Media World? In: European Journal of Communication 5 (2), 285–311.
Keutel, Anja (2011): Die Soziologie der europäischen Integration. In: Berliner Journal für Soziologie 21, 147–165.
Kevin, Deirdre (2003): Europe in the Media. A Comparison of Reporting, Representation, and Rhetoric in National Media Systems in Europe. Mahwah/London: Lawrence Erlbaum.
Kielmansegg, Peter Graf (1996): Integration und Demokratie. In: Jachtenfuchs, Markus/Kohler-Koch, Beate (Hrsg.): Europäische Integration. Opladen: Leske + Budrich, 49–71.
Kimball, Penn (1965): Journalism: Art, Craft or Profession? In: Lynn, Kenneth (Hrsg.): The Professions in America. Boston: Beacon House, 242–260.
Klaus, Elisabeth (2006): Von der Beschränktheit unserer Öffentlichkeitstheorien im europäischen Kontext. In: Langenbucher, Wolfgang R./Latzer, Michael (Hrsg.): Medialer Wandel und Europäische Öffentlichkeit: Eine transdisziplinäre Perspektive. Wiesbaden: VS, 93–106.
Klaus, Elisabeth/Hipfl, Brigitte/Scheer, Uta (2004): Mediale Identitätsräume. In: Hipfl, Brigitte/Klaus, Elisabeth/Scheer, Uta (Hrsg.): Identitätsräume. Bielefeld: Transcript, 9–15.
Klaus, Elisabeth/Lünenborg, Margreth (2004): Cultural Citizenship. Ein kommunikationswissenschaftliches Konzept zur Bestimmung kultureller Teilhabe in der Mediengesellschaft. In: Medien und Kommunikationswissenschaft 52, 193–213.
Klein, Ansgar et al. (Hrsg.): Bürgerschaft, Demokratie und Öffentlichkeit in Europa. Opladen: Leske + Budrich.
Kleinen-von Königslöw, Katharina (2012): Zur Messung von Ähnlichkeit in komparativen Inhaltsanalysen. In: Stark, Birgit et al. (Hrsg.): Methodische Herausforderungen komparativer Forschungsansätze. Köln: Halem, 290–319.
Kleinen-von Königslöw, Katharina (2011): Media and the European public sphere: Common Misconceptions and Shared Conclusions on the Representations of the EU and Europe. In: Lodge, Juliet/Sarikakis, Katherine (Hrsg.): Mediation and Culture in the Making of Europe. Bologna: Il Mulino, 41–62.
Kleinen-von Königslöw, Katharina (2010): Europe for the People? The Europeanization of Public Spheres in the Tabloid Press. In: Tréfás, David/Lucht, Jens (Hrsg.): Europe on Trial. Shortcomings of the EU with regard to Democracy, Public Sphere and Identity. Innsbruck: Studienverlag/Transaction, 44–60.

Kleinen-von Königslöw, Katharina/Möller, Johanna (2009): Nationalisierte Europäisierung. Die Entwicklung der politischen Medienöffentlichkeit in Polen nach 1989. In: Nordost-Archiv. Zeitschrift für Regionalgeschichte 18, 219–234.
Kleinsteuber, Hans J. (1995): Faktoren der Konstitution von Kommunikationsräumen. Konzeptionelle Gedanken am Beispiel Europa. In: Erbring, Lutz (Hrsg.): Kommunikationsraum Europa. Konstanz: Ölschläger, 41–50.
Kleinsteuber, Hans J. (2002): Mediensysteme im internationalen Vergleich. In: Hafez, Kai (Hrsg.): Die Zukunft der internationalen Kommunikationswissenschaft in Deutschland. Hamburg: DÜI, 39–58.
Knoblauch, Hubert (1995): Kommunikationskultur. Berlin/New York: de Gruyter.
Kohli, Martin/Novak, Mojca (Hrsg.) (2001): Will Europe Work? Integration, Employment and the Social Order. London/Thousand Oaks/New York: Routledge.
Koopmans, Ruud (2004): Cross-National, Cross-Issue, Cross-Time. Working paper of the project „The Transformation of Political Mobilisation and Communication in European Public Spheres". Berlin.
Koopmans, Ruud/Erbe, Jessica (2004): Towards a European Public Sphere? Vertical and Horizontal Dimensions of Europeanised Political Communication. In: Innovation: The European Journal of Social Science Research 17, 2, 97–118.
Koopmans, Ruud/Erbe, Jessica (2003): Toward a European Public Sphere? Vertical and Horizontal Dimensions of Europeanised Political Communication. In: Politische Öffentlichkeit und Mobilisierung, Arbeitsgruppe WZB Berlin.
Koopmans, Ruud/Statham, Paul (2010): Theoretical Framework, Research Design, and Methods. In: Koopmans, Ruud/Statham, Paul (Hrsg.): The Making of a European Public Sphere: Media Discourse and Political Contention Cambridge: Cambridge University, 34–59.
Koopmans, Ruud/Statham, Paul (Hrsg.) (2010): The Making of a European Public Sphere: Media Discourse and Political Contention Cambridge: Cambridge University.
Kopper, Gerd G. (2003): Journalistische Kultur in Deutschland. In: Kopper, Gerd G./Mancini, Paolo (Hrsg.): Kulturen des Journalismus und politische Systeme. Berlin: Vistas, 109–130.
Kopper, Gerd G./Leppik, Tanja (Hrsg.) (2006): Theory Building „European Identity Building/European Public Sphere" Bochum: AIM.
Kopper, Gerd G./Mancini, Paolo (Hrsg.) (2003): Kulturen des Journalismus und politische Systeme. Berlin: Vistas.
Krönert, Veronika (2009): Michel de Certeau: Alltagsleben, Aneignung und Widerstand. In: Hepp, Andreas/Krotz, Friedrich/Thomas, Tanja (Hrsg.): Schlüsselwerke der Cultural Studies. Wiesbaden: VS, 47–57.
Krotz, Friedrich (2005): Neue Theorien entwickeln. Eine Einführung in die Grounded Theory, die Heuristische Sozialforschung und die Ethnographie anhand von Beispielen aus der Kommunikationsforschung. Köln: Halem.
Krzyzanowski, Michal/Triandafyllidou, Anna/Wodak, Ruth (2009): Introduction. In: Triandafyllidou, Anna/Wodak, Ruth/Krzyzanowski, Micha (Hrsg.): The European Public Sphere and the Media: Europe in Crisis. New York: Palgrave, 1–12.
Krzyzanowski, Michal (2009): Europe in Crisis? In: Journalism Studies 10 (1), 18–35.
Langenbucher, Wolfgang R./Latzer, Michael (Hrsg.) (2006): Europäische Öffentlichkeit und medialer Wandel: Eine transdisziplinäre Perspektive. Wiesbaden: VS.
Latour, Bruno (2007): Eine neue Soziologie für eine neue Gesellschaft. Frankfurt am Main: Suhrkamp.
Latzer, Michael/Florian Saurwein (2006): Europäisierung durch Medien: Ansätze und Erkenntnisse der Öffentlichkeitsforschung. In: Langenbucher, Wolfgang R./Latzer, Michael

(Hrsg.): Medialer Wandel und Europäische Öffentlichkeit: Eine transdisziplinäre Perspektive. Wiesbaden: VS, 10-44.
Liebes, Tamara/Katz, Elihu (1993): The Export of Meaning. Cambridge: Polity.
Lijphart, Arendt (1980): The Structure of Inference. In: Almond, Gabriel A./Verba, Sidney (Hrsg.): The Civic Culture Revisited. An Analytic Study. Boston: Hyman.
Lingenberg, Swantje (2010a): Europäische Publikumsöffentlichkeiten. Ein pragmatischer Ansatz. Wiesbaden: VS.
Lingenberg, Swantje (2010b): The citizen audience and European transcultural public spheres: Exploring civic engagement in European political communication. In: Communications 35 (1), 45-72.
Lingenberg, Swantje/Möller, Johanna/Hepp, Andreas (2010): „Doing Nation": Journalistische Praktiken der Nationalisierung Europas. In: TranState Working Paper. Bremen.
Lippmann, Walter (1997 [1922]): Public Opinion. New York: Macmillan.
Lodge, Juliet/Sarikakis, Katherine (2011): Mediation and Culture in the Making of Europe. Bologna: Il Mulino.
Löffelholz, Martin (Hrsg.) (2004): Theorien des Journalismus. Ein diskursives Handbuch. Opladen: Westdeutscher. 2. Aufl.
Löffelholz, Martin/Weaver, David H. (Hrsg.) (2008): Global Journalism Research. Malden u. a: Blackwell.
Löffler, Martin (Hrsg.) (1969): Das Publikum. München: Beck.
Lünenborg, Margreth (2000): Theorien und Befunde europäischer Journalismusforschung. In: Löffelholz, Martin (Hrsg.): Theorien des Journalismus. Opladen: Westdeutscher, 391-416.
Lynn, Kenneth (Hrsg.) (1965): The Professions in America. Boston: Beacon House.
Machart, Oliver (2008): Cultural Studies. Konstanz: UTB (UVK).
Machill, Marcel (Hrsg.) (1997): Journalistische Kultur. Opladen: Westdeutscher.
Machill, Marcel/Beiler, Markus/Fischer, Corinna (2006): Europa-Themen in Europas Medien – die Debatte um die europäische Öffentlichkeit. Eine Metaanalyse medieninhaltsanalytischer Studien. In: Langenbucher, Wolfgang R./Latzer, Michael (Hrsg.): Medialer Wandel und Europäische Öffentlichkeit: Eine transdisziplinäre Perspektive. Wiesbaden: VS,132-155.
Maier, Michaela (2003): Nachrichtenfaktoren – Stand der Forschung. In: Ruhrmann, Georg et al. (Hrsg.): Der Wert von Nachrichten im deutschen Fernsehen. Ein Modell zur Validierung von Nachrichtenfaktoren. Opladen: Westdeutscher, 27-50.
Mancini, Paolo (2005): Is there a European model of Journalism? In: de Burgh, Hugo (Hrsg.): Making journalists: Diverse Models, Global Issues. London/New York: Routledge, 77-93.
Mancini, Paolo (2008): Journalism Culture. A Multi-Level Proposal. In: Hahn, Oliver/Schröder, Roland (Hrsg.): Journalistische Kulturen Internationale und interdisziplinäre Theoriebausteine. Köln: Halem, 149-167.
Mau, Steffen (2007): Transnationale Vergesellschaftung. Die Entgrenzung sozialer Lebenswelten. Frankfurt am Main: Campus.
McMane, Aralynn Abare (1998): The French Journalists. In: Weaver, David H. (Hrsg.): The Global Journalist. News People Around the World Cresskill: Hampton, 191-212.
McNair, Brian (2000) Journalism and Democracy: An Evaluation of the Political Public Sphere. London/Thousand Oaks/New York: Routledge.
Mediadaten (2008): https://www.mediadaten-online.com [28.02.2012].
Medrano, Juan Díez (2003): Qualitätspresse und europäische Integration. In: Klein, Ansgar (Hrsg.): Bürgerschaft, Demokratie und Öffentlichkeit in Europa. Opladen: Leske + Budrich, 191-212.

Melischek, Gabriele/Seethaler, Josef/Wilke, Jürgen (Hrsg.) (2008): Medien und Kommunikationsforschung im Vergleich. Grundlagen, Gegenstandsbereich, Verfahrensweisen. Wiesbaden: VS.

Möller, Johanna/Lingenberg, Swantje/Brüggemann, Michael/Hepp, Andreas/Kleinen-von Königslöw, Katharina (2010): Journalistische Produktionsmuster politischer Diskurskulturen: Transnationale Typen der Adressierung von Publika. In: TransState Working Paper (im Erscheinen). Bremen.

Morley, David (2000): Home Territories. Media, Mobility and Identity. London/Thousand Oaks/ New York: Routledge.

Morley, David (2001): Belongings: Place, Space and Identity as Mediated World. In: European Journal of Cultural Studies 4, 425–448.

Morley, David/Robins, Kevin (2002): Globalisierung als Identitätskrise: Die neue globale Medienlandschaft. In: Hepp, Andreas/Löffelholz, Martin (Hrsg.): Grundlagentexte zur transkulturellen Kommunikation. Konstanz, UVK (UTB), 533–560.

Mueller-Doohm, Stefan/Neumann-Braun, Klaus (Hrsg.) (1991): Öffentlichkeit, Kultur, Massenkommunikation. Beiträge zur Medien- und Kommunikationssoziologie. Oldenburg: Universität Oldenburg.

Münch, Richard (2008): Die Konstruktion der europäischen Gesellschaft: Zur Dialektik von transnationaler Integration und nationaler Desintegration. Frankfurt am Main: Campus.

Negrine, Ralph/Papathanassopoulos, Stylianos (1996): The „Americanization" of Political Communication: A Critique. In: The Harvard International Journal of Press/Politics 1 (2), 45–62.

Negus, Keith (1997): The Production of Culture. In: du Gay, Paul (Hrsg.): Production of Culture. Cultures of Production. London/Thousand Oaks/New Delhi: Sage, 67–118.

Neidhardt, Friedhelm (2006): Europäische Öffentlichkeit als Prozess. Anmerkungen zum Forschungsstand. In: Langenbucher, Wolfgang R./Latzer, Michael (Hrsg.): Europäische Öffentlichkeit und medialer Wandel: Eine transdisziplinäre Perspektive, 46–61.

Neverla, Irene/Schoon, Wiebke (2008): Europäischer Journalismus. Annäherung an eine vernachlässigte Dimension europäischer Öffentlichkeit. In: medien und zeit 3, 18–30.

Niedermayer, Oskar/Beyme, Klaus von (Hrsg.) (1994): Politische Kultur in Ost- und Westdeutschland. Berlin: Akademie.

Nieminen, Hannu (2009): The European public sphere as a network? Four plus one approaches. In: Salovaara-Moring, Inka (Hrsg.): Manufacturing Europe: Spaces of democracy, diversity and communication. Göteborg: Nordicom, 19–34.

Nullmeier, Frank et al. (2010): Prekäre Legitimitäten: Rechtfertigung von Herrschaft in der postnationalen Konstellation. Frankfurt am Main: Campus.

Offerhaus, Anke (2010): Die Professionalisierung des deutschen EU-Journalismus. Institutionalisierung, Expertisierung und Inszenierung der europäischen Dimension im deutschen Journalismus. Wiesbaden: VS.

Oledzki, Jerzy (1998): Polish Journalists. Professionals or Not? In: Weaver, David H. (Hrsg.): The Global Journalist. News People Around the World. Cresskill, Hampton, 277–298.

OJD (2008): Association pour le contrôle de la diffusion des médias, http://www.ojd.com [28.02.2012].

ÖAK – Österreichische Auflagenkontrolle (2008): ÖAK Auflagenliste, http://www.oeak.at [28.02.2012].

Örnebring, Henrik (2009): Comparative European Journalism: The State of Current Research. In: Working Papers. London: Reuters.

Örnebring, Henrik (2011): The Two Professionalisms of Journalism: Journalism and the Changing Context of Work. In: Working Papers. London: Reuters.

Östgaard, Einar (1965): Factors Influencing the Flows of News. In: Journal of Peace Research 2, 39–63.

Patzelt, Werner J. (1989): Alltagssoziologische Antworten auf offene Fragen der Erforschung politischer Kulturen. In: Archives europeénnes de sociologie 30, 324–348.

Peters, Bernhard (2005): Public Discourse, Identity and the Problem of Democratic Legitimacy. In: Eriksen, Erik Oddvar (Hrsg.): Making the European Polity. Reflexive Integration in the EU. London/New York: Routledge, 84–123.

Peters, Bernhard (2007): Der Sinn von Öffentlichkeit. Herausgegeben von Hartmut Wessler, mit einem Vorwort von Jürgen Habermas. Frankfurt am Main: Suhrkamp.

Peters, Bernhard (2008): Public Deliberation and Public Culture. Theoretical and Empirical Writings 1993–2006. Herausgegeben von Hartmut Wessler, mit einem Vorwort von Jürgen Habermas. Barsonstoke: Palgrave.

Peters, Bernhard/Wessler, Hartmut (2006): Transnationale Öffentlichkeiten – analytische Dimensionen, normative Standards, sozialkulturelle Produktionsstrukturen. In: Imhof, Kurt et al. (Hrsg.): Demokratie in der Mediengesellschaft. Wiesbaden: VS, 125–143.

Pfetsch, Barbara (2001): Political Communication Culture in the United States and Germany. In: The Harvard International Journal of Press/Politics 6 (1), 46–67.

Pfetsch, Barbara (2003): Politische Kommunikationskultur. Wiesbaden: Westdeutscher.

Pfetsch, Barbara (2004): The Voice of the Media in the European Public Sphere: Comparative Analysis of Newspaper Editorials. Projekt „The Transformation of Political Mobilization and Communication in European Public Spheres".

Pfetsch, Barbara et al. (2004): The Voice of the Media. In: European Public Sphere: Comparative Analysis of Newspaper Editorials. Integrated Report WP3, 1–64.

Pfetsch, Barbara/Maurer, Peter (2008): Mediensysteme und politische Kommunikationsmilieus im internationalen Vergleich. In: Melischek, Gabriele/Seethaler, Josef/Wilke, Jürgen (Hrsg.): Medien und Kommunikationsforschung im Vergleich. Grundlagen, Gegenstandsbereich, Verfahrensweisen. Wiesbaden: VS, 99–119.

Pfetsch, Barbara/Mayerhöffer, Eva (2006): Politische Kommunikation in der modernen Demokratie. Eine Bestandsaufnahme. Öffentlichkeit und politische Kommunikation. Hohenheim. [04.05.2008]

Pickel, Susanne/Pickel, Gert (2006): Politische Kultur- und Demokratieforschung. Wiesbaden: VS.

Preston, Paschal/Metykova, Monika (2009): Media, Political Communication and the European Public Sphere. In: Triandafyllidou, Anna/Wodak, Ruth/Krzyanowski, Micha (Hrsg.). The European Public Sphere and the Media: Europe in Crisis. Barsingstoke: Palgrave Macmillan, 34–49.

Pries, Ludger (2008): Die Transnationalisierung der sozialen Welt. Sozialräume jenseits von Nationalgesellschaften. Frankfurt am Main: Suhrkamp.

Pye, Lucian W./Verba, Sidney (Hrsg.) (1965): Political Culture and Political Development. Princeton: Princeton University.

Quandt, Thorsten/Jandura, Olaf/Vogelgesang, Jens (Hrsg.) (2010): Methoden der Journalismusforschung. Wiesbaden: VS.

Raabe, Johannes (2008): Kommunikation und soziale Praxis: Chancen einer praxistheoretischen Perspektive für Kommunikationstheorie und -forschung. In: Winter, Carsten/Hepp, Andreas/Krotz, Friedrich (Hrsg.): Theorien der Kommunikations- und Medienwissenschaft.

Grundlegende Diskussionen, Forschungsfelder und Theorieentwicklungen. Wiesbaden: VS, 363–381.
Reckwitz, Andreas (2005): Kulturelle Differenzen aus praxeologischer Perspektive. Kulturelle Globalisierung jenseits von Modernisierungstheorie und Kulturessentialismus. In: Srubar, Ilja/Renn, Joachim/Wenzel, Ulrich (Hrsg.): Kulturen vergleichen. Sozial- und kulturwissenschaftliche Grundlagen und Kontroverse. Wiesbaden: VS, 92–111.
Reese, Stephen D. (2001): Understanding the Global Journalist: A Hierarchy-of-influences Approach. In: Journalism Studies 2 (2), 173–187.
Reese, Stephen D. (2008): Theorizing a Globalized Journalism. In: Löffelholz, Martin/Weaver, David H. (Hrsg.): Global Journalism Research. Malden u. a.: Blackwell, 240–252.
Reich, Zvi (2006): The Process Model of News Initiative. Sources Lead First, Reporters Thereafter. In: Journalism Studies 7 (4), 497–514.
Reinemann, Carsten (2003): Medienmacher als Mediennutzer: Kommunikations- und Einflussstrukturen im politischen Journalismus der Gegenwart. Köln: Böhlau.
Reinemann, Carsten/Schulz, Winfried (2006): Introduction to the Special Issue. News Decision and News Values. In: Communications 31, 1–4.
Renger, Rudi (2000): Populärer Journalismus. Innsbruck: Studienverlag.
Riegert, Kristina (1998): Nationalising Foreign Conflict. Stockholm: University of Stockholm.
Riffe, Daniel/Aust, Chales F./Lacy, Stephen R. (1993): The Effectiveness of Random, Consecutive Day and Constructed Week Sampling in Newspaper Content Analysis. In: Journalism Quarterly 70 (1), 133–139.
Risse, Thomas (2002): Zur Debatte um die (Nicht)Existenz einer europäischen Öffentlichkeit. Was wir wissen, und wie es zu interpretieren ist. In: Berliner Debatte Initial 13 (5/6), 15–23.
Risse, Thomas (2010): A community of Europeans? Transnational identities and public spheres. New York: Cornell University.
Robertson, Roland (1992): Globalization: Social Theory and Global Culture. London/Thousand Oaks/New Delhi: Sage.
Robertson, Roland (1998): Glokalisierung: Homogenität und Heterogenität in Raum und Zeit. In: Beck, Ulrich (Hrsg.): Perspektiven der Weltgesellschaft. Frankfurt am Main: Suhrkamp, 192–220.
Robbins, Bruce (Hrsg.) (1993): The Phantom Public Sphere. London, Minneapolis: University of Minnesota.
Robins, Kevin (2006): The challenge of transcultural diversities: Final report of the transversal study on the theme of cultural policy and cultural diversity. In:
Robins, Kevin (Hrsg.) (2006): The challenge of transcultural diversities. Straßburg: Council of Europe, 7–48.
Rohe, Karl (1994): Politische Kultur: Zum Verständnis eines theoretischen Konzepts. In: Niedermayer, Oskar/Beyme, Klaus von (Hrsg.): Politische Kultur in Ost- und Westdeutschland. Berlin: Akademie,1–21.
Rokkan, Stein (Hrsg.) (1968): Comparative Research Across Cultures and Nations. Paris/den Haag: Mouton.
Rühl, Manfred (1969): Die Zeitungsredaktion als organisiertes soziales System. Bielefeld: Bertelsmann Universitätsverlag.
Rühl, Manfred (1980): Journalismus und Gesellschaft. Bestandsaufnahme und Theorieentwurf. Mainz: Hase & Koehler.
Ruhrmann, Georg et al. (Hrsg.) (2003): Der Wert von Nachrichten im deutschen Fernsehen. Ein Modell zur Validierung von Nachrichtenfaktoren. Opladen: Westdeutscher.

Russ-Mohl, Stephan (2003): Towards a European Journalism? Limits, Opportunities, Challenges. In: Studies in Communication Sciences 3 (2), 203-216.
Salovaara-Moring, Inka (Hrsg.) (2009): Manufacturing Europe: Spaces of democracy, diversity and communication. Göteborg: Nordicom.
Sarcinelli, Ulrich (1989): Symbolische Politik und politische Kultur. Das Kommunikationsritual als politische Wirklichkeit. In: Politische Vierteljahresschrift 30, 292-309.
Sarrica, Mauro et al. (2010): The Early Stages of the Integration of the Internet in EU Newsrooms. In: European Journal of Communication 25 (4), 413-422.
Sassen, Saskia (2008): Das Paradox des Nationalen. Frankfurt am Main: Suhrkamp.
Scharpf, Fritz W. (2009): Legitimität im europäischen Mehrebenensystem. In: Leviathan 37, 244-280.
Scheuch, Erwin K. (1968): The Cross-Cultural Use of Sample Surveys. In: Rokkan, Stein (Hrsg.): Comparative Research Across Cultures and Nations. Paris/den Haag: Mouton,176-209.
Schimank, Uwe (2002): Handeln und Strukturen. Einführung in die akteurtheoretische Soziologie. Weinheim: Juventa.
Schlesinger, Philip (1991): Media, State and Nation: Political Violence and Collective Identities. London/Thousand Oaks/New Delhi: Sage.
Schlesinger, Philip (1999): Changing Spaces of Political Communication: The Case of the European Union. In: Political Communication 16 (3), 263-280.
Scholl, Armin/Weischenberg, Siegfried (1998): Journalismus in der Gesellschaft. Opladen: Westdeutscher.
Schubert, Klaus/Hegelich, Simon/Bazant, Ursula (Hrsg.) (2009): The Handbook of European Welfare Systems London/New York: Routledge.
Schudson, Michael/Anderson, Chris (2009): Objectivity, Professionalism, and Truth Seeking in Journalism. In: Wahl-Jorgensen, Karin/Hanitzsch, Thomas (Hrsg.): The Handbook of Journalism Studies. London/New York: Routledge, 88-101.
Schulz, Winfried (1976): Die Konstruktion von Realität in den Nachrichtenmedien. Analyse der aktuellen Berichterstattung. Freiburg: Alber.
Schulz, Winfried (1989): Massenmedien und Realität. Die „ptolemäische" und die „kopernikanische" Auffassung. In: Kaase, Max/Schulz, Winfried (Hrsg.): Massenkommunikation. Theorien, Methoden, Befunde. Kölner Zeitschrift für Soziologie und Sozialpsychologie. Sonderheft 30/1989. Opladen: Westdeutscher, 135-149.
Schütz, Alfred/Luckmann, Thomas (1979): Strukturen der Lebenswelt. Band 1. Frankfurt am Main: Suhrkamp.
Shoemaker, Pamela J./Eichholz, Martin/Eunyi, Kim/Wrigley, Brenda (2001). Individual and Routine Forces in Gatekeeping. In: Journalism und Mass Communication Quarterly 78 (2), 233-246.
Shoemaker, Pamela J./Reese, Stephen D. (1996): Mediating the Message: Theories of Influence on Mass Media Content. White Plains/New York: Longman.
Shoemaker, Pamela J./Cohen, Akiba A. (Hrsg.) (2006): News around the world: content, practitioners, and the public. London/New York: Routledge.
Siebert, Fred S./Peterson, Theodore/Schramm, Wilbur (1956): Four Theories of the Press. New York: Illinois University.
Sifft, Stefanie et al. (2007): Segmented Europeanization: Exploring the Legitimacy of the European Union from a Public Discourse Perspective. In: Journal of Common Market Studies 45 (1), 127-155.
Silverstone, Roger (2008): Mediapolis. Die Moral der Massenmedien. Frankfurt am Main: Suhrkamp.

Sinclair, John/Jacka, Elizabeth/Cunningham, Stuart (1996): Peripheral Vision. In: Sinclair, John/ Jacka, Elizabeth/Cunningham, Stuart (Hrsg.): News Patterns in Global Television. Oxford: Oxford University, 1-32.
Sinclair, John/Jacka, Elizabeth/Cunningham, Stuart (Hrsg.) (1996): News Patterns in Global Television. Oxford: Oxford University.
Srubar, Ilja/Renn, Joachim/Wenzel, Ulrich (Hrsg.) (2005): Kulturen vergleichen. Sozial- und kulturwissenschaftliche Grundlagen und Kontroverse. Wiesbaden: VS.
Stark, Birgit et al. (Hrsg.) (2012): Methodische Herausforderungen komparativer Forschungsansätze, Köln: Halem.
Statham, Paul (2007): Journalists as Commentators on European Politics. Educators, Partisans or Ideologues? In: European Journal of Communication 22 (4), 461-477.
Statham, Paul (2008): Making Europe news: How journalists view their role and media performance. In: Journalism 9, 298-422.
Statham, Paul (2010): Making Europe News: Journalism and Media Performance. In: Koopmans, Ruud/Statham, Paul (Hrsg.): The Making of a European Public Sphere: Media Discourse and Political Contention. Cambridge: Cambridge University, 125-150.
Stevenson, Nick (1997): Globalization, National Cultures and Cultural Citizenship. In: Sociological Quarterly 38, 41-66.
Strauss, Anselm L./Corbin, Juliet (1998): Basics of Qualitative Research: Techniques and Procedures for Developing Grounded Theory. London/Thousand Oaks/New Delhi: Sage.
Sundermeyer, Olaf (2006). Zwischen Markt und Macht. Deutsche Medienkonzentration in Polen. In: osteuropa 56 (11/12), 261-270.
Terzis, Georgios (Hrsg.) (2008): European Media Governance. Chicago: Intellect.
Thomaß, Barbara (Hrsg.) (2007): Mediensysteme im internationalen Vergleich. Konstanz: UVK (UTB).
Thussu, Daya Kishan (2006): International Communication: Continuity and Change. London: Arnold, 2. Aufl.
Thussu, Daya Kishan (Hrsg.) (2009): Globalising Media Studies. London: Routledge.
Tobler, Stefan (2006): Konfliktinduzierte Transnationalisierung nationaler und supranationaler Öffentlichkeitsarenen. Indikatoren einer europäischen Öffentlichkeit. In: Langenbucher, Wolfgang R./Latzer, Michael (Hrsg.): Europäische Öffentlichkeit und medialer Wandel: Eine transdisziplinäre Perspektive. Wiesbaden: VS, 107-130.
Tomlinson, John (1999): Globalization and Culture. Cambridge: Polity.
Tréfás, David/Lucht, Jens (Hrsg.) (2010): Europe on Trial. Shortcomings of the EU with regard to Democracy, Public Sphere and Identity. Innsbruck: Studienverlag/Transaction.
Trenz, Hans-Jörg (2004): Media Coverage on European Governance: Exploring the European Public Sphere in National Quality Newspapers. In: European Journal of Communication 19, 291-319.
Trenz, Hans-Jörg (2009): Uniting and dividing. The European public sphere as an unfinished project. In: Salovaara-Moring, Inka (Hrsg.): Manufacturing Europe: Spaces of democracy, diversity and communication. Göteborg: Nordicom, 35-52.
Triandafyllidou, Anna/Wodak, Ruth/Krzyanowski, Micha (Hrsg.) (2009): The European Public Sphere and the Media: Europe in Crisis. Barsingstoke: Palgrave Macmillan.
Tuchman, Gaye (1973): Making News by Doing Work: Routinizing the Unexpected. In: The American Journal of Sociology 1 (79), 110-131.
Tumber, Howard/Prentoulis, Marina (2005): Journalism and the Making of a Profession. In: de Burgh, Hugo (Hrsg.): Making journalists: Diverse Models, Global Issues. London/New York: Routledge,58-74.

Tunstall, Jeremy (Hrsg.) (1970): Media Sociology. A Reader. London: Constable.
Turner, Victor W. (1995): The Ritual Process: Structure and Anti-Structure. London/Thousand Oaks/New York: Routledge.
Uricchio, William/Kinnebrock, Susanne (Hrsg.) (2006): Media Cultures. Heidelberg: Winter.
van de Steeg, Marianne (2006): Does a Public Sphere Exist in the European Union? An Analysis of the Content of the Debate on the Haider Case. In: European Journal of Political Research 45 (4), 609–634.
van de Steeg, Marianne (2010): Theoretical Reflections on the Public Sphere in the European Union: A Network of Communication or a Political Community? In: Bee, Cristiano/Bozzini, Emanuela (Hrsg.): Mapping the European Public Sphere. Institutions, Media and Civil Society. Farnham, Burlington: Ashgate, 31–45.
Verba, Sidney (1965): Conclusion: Comparative Political Culture. In: Pye, Lucian W./Verba, Sidney (Hrsg.): Political Culture and Political Development. Princeton: Princeton University, 512–561.
Vetters, Regina/Jentges, Erik/Trenz, Hans-Jörg (2006): Exploring the EU's Social Constituency: Patterns of Public Claims-Making in Constitutional Debates in France and Germany. In: ARENA Working Paper 18. Oslo.
Vissol, Thierry (2006). Is there a case for an EU information television station? Brüssel: Directorate-General Communication European Commission.
Vobruba, Georg (2008): Die Entwicklung der Europasoziologie aus der Differenz national/europäisch. In: Berliner Journal für Soziologie 18 (1), 32–51.
Vobruba, Georg (2010): Gesellschaftstheoretische Grundlagen der Europasoziologie. Die soziologische Beobachtung der Gesellschaft in der Europäischen Integration. In: Eigmüller, Monika/Mau, Steffen (Hrsg.): Gesellschaftstheorie und Europapolitik. Sozialwissenschaftliche Ansätze zur Europaforschung. Wiesbaden: VS, 431–470.
Volkmer, Ingrid (2002): Sphären transkultureller Öffentlichkeit. In: Hepp, Andreas/Löffelholz, Martin (Hrsg.): Grundlagentexte zur transkulturellen Kommunikation. Konstanz: UVK (UTB), 819–834.
Volkmer, Ingrid (2006): Globalization, Generational Entelechies, and the Global Public Space. In: Volkmer, Ingrid (Hrsg.): News in Public Memory. New York: Peter Lang, 251–268.
Volkmer, Ingrid (Hrsg.) (2006): News in Public Memory. New York: Peter Lang.
Vowe, Gerhard (2003): Medienpolitik – Regulierung der medialen öffentlichen Kommunikation. In: Bentele, Günter/Brosius, Hans-Bernd/Jarren, Otfried (Hrsg.): Öffentliche Kommunikation. Opladen: Westdeutscher, 210–227.
Wahl-Jorgensen, Karin/Hanitzsch, Thomas (Hrsg.) (2009): The Handbook of Journalism Studies. London/New York: Routledge.
Waisbord, Silvio (2000): Watchdog Journalism in South America. New York: Columbia University Press.
Weaver, David H. (1996): Journalists in Comparative Perspective: Backgrounds and Professionalism. In: The Public 3 (4), 83–91.
Weaver, David H. (Hrsg.) (1998): The Global Journalist. News People Around the World Cresskill: Hampton.
Weaver, David H./Löffelholz, Martin (2008): Questioning National, Cultural, and Disciplinary Boundaries. In: Löffelholz, Martin/Weaver, David H. (Hrsg.): Global Journalism Research. Malden u. a: Blackwell, 3–12.
Weber, Max (1972): Wirtschaft und Gesellschaft. Grundriss der verstehenden Soziologie. Tübingen: Mohr.

Weischenberg, Siegfried (1995): Journalistik. Theorie und Praxis. Band 2: Medientechnik, Medienfunktionen, Medienakteure. Opladen: Westdeutscher.
Weischenberg, Siegfried/Löffelholz, Martin/Scholl, Armin (1998): Journalism in Germany. In: Weaver, David H. (Hrsg.): The Global Journalist. News People Around the World Cresskill: Hampton, 229–256.
Wessler, Hartmut (2008): Investigating Deliberativeness Comparatively. In: Political Communication 25, 1–22.
Wessler, Hartmut et al. (2008): Transnationalization of Public Spheres. Basingstoke: Palgrave Macmillan.
Wessler, Hartmut et al. (2007): The Quest for a European Public Sphere. In: DeBardeleben, Joan/Hurrelmann, Achim (Hrsg.): Democratic Dilemmas of Multilevel Governance. Basingstoke: Palgrave, 94–116.
Wessler, Hartmut et al. (2008): Transnationalization of Public Spheres. Basingstoke: Palgrave Macmillan.
White, David Manning (1950): The „Gate Keeper": A Case Study in the Selection of News. In: Journalism Quarterly 3 (27), 383–390.
Wilson, Richard W. (2000): The Many Voices of Political Culture: Assessing Different Approaches. In: World Politics 52, 246–273.
Winter, Carsten (1993): Kulturelle Öffentlichkeiten? Kritik des Modells bürgerlich-liberaler Öffentlichkeit. In: Faulstich, Werner (Hrsg.): Konzepte von Öffentlichkeit. 3. Lüneburger Symposium zur Medienwissenschaft. Bardowick: Wissenschaftler, 29–46.
Winter, Carsten/Hepp, Andreas/Krotz, Friedrich (Hrsg.) (2008): Theorien der Kommunikations- und Medienwissenschaft. Grundlegende Diskussionen, Forschungsfelder und Theorieentwicklungen. Wiesbaden: VS.
Wittel, Andreas (2006): Auf dem Weg zu einer Netzwerk-Sozialität. In: Hepp, Andreas et al. (Hrsg.): Konnektivität, Netzwerk und Fluss. Konzepte gegenwärtiger Medien-, Kommunikations- und Kulturtheorie. Wiesbaden: VS, 163–188.
Zelizer, Barbie (2005): The Culture of Journalism. In: Curran, James/Gurevitch, Michael (Hrsg.): Mass Media and Society. London: Arnold, 198–214.
Zelizer, Barbie (Hrsg.) (2009): Journalism. Tabloidization, Technology and Truthiness. London/New York: Routledge.
ZKPD – Związek Kontroli Wydawców Prasy (2008): http://www.zkdp.pl/ [28.02.2012]
Zürn, Michael (2000): Democratic Governance beyond the Nation-State. In: European Journal of International Relations 6 (2), 183–221.

Index

Adressierung, Praktiken der 151, 156, 163, 168, 173, 176, 210
Adressierung, Typen der 57, 59, 145, 150, 156, 163, 168, 172, 173, 176, 211
Alltag 40, 45, 89, 99, 105, 112, 117, 146, 149, 163, 207, 208, 214
Analytiker 59, 150, 151, 172, 173, 176, 191, 194, 200, 209
Aneignung 35, 36, 40, 41, 214
Anlass 62, 95, 185, 187, 188, 190, 201
Artikelbiografie 16, 179
Artikulation 33, 36, 42, 46
Aufbereiter 59, 150, 156, 162, 173, 176, 182, 191, 194, 200, 202, 209
Auslandsberichterstattung 56, 85, 109, 172, 190

Bediener 59, 150, 163, 167, 173, 176, 182, 191, 194, 200, 202, 209
Beobachten 58, 118, 139, 141, 211
Berichterstatter 59, 150, 168, 171, 173, 176, 182, 191, 194, 200, 202, 210
Boulevardzeitung 53, 54, 56, 60, 64, 79, 81, 175

Cultural Studies 34

Deterritorialisierung 31
Deutungsmuster, journalistische 186, 195
Diskurs 32, 33, 34, 54, 55, 85, 146
Diskursanalyse 33, 39
Diskurskultur, nationale politische 46, 53, 141, 142, 202, 206, 207
Diskurskultur, politische 21, 32, 34, 36, 47, 54, 85, 88, 143, 177, 211
Diskurskultur, transnationale politische 46, 53, 145, 177, 201, 209, 212, 213
Doing Nation 85, 142, 208

Erklären 21, 32, 35, 42, 45, 46, 47, 53, 56, 205
EU-Institution *siehe* Institution, europäische
Europaberichterstattung 10, 15, 45, 56, 59, 61, 86, 193, 201
Europaforschung, kommunikations- und medienwissenschaftliche 12, 26, 30, 207
Europäische Union 78, 94, 139, 160
Europäisierung 9, 10, 11, 12, 15, 24, 25, 26, 42, 43, 49, 55, 60, 62, 63, 64, 65, 66, 67, 69, 70, 72, 74, 75, 77, 78, 79, 80, 81, 82, 83, 88, 209, 216
Europäisierung, horizontale 26, 62, 70, 72, 79, 80, 81, 82, 216

Europäisierung, vertikale 26, 62, 64, 67, 79, 81, 82
Europasoziologie 12, 13, 14

Gatekeeping 179, 180
Gesellschaft, europäische 13
Gesellschaftstheorie 12
Globalisierung 10, 24, 25, 30, 31, 32, 45, 49, 102, 152, 154, 206, 210, 217
Globalisierung der Medienkommunikation 24, 30, 45
Grounded Theory 57

Hierarchisierung 58, 89, 105, 106, 107, 110, 111, 139, 141, 142, 162, 167, 173, 174, 207, 208
Horizonte der Informationssuche 58, 118, 207

Identifikation 10, 23, 36, 41
Identifikation, europäische 26, 42, 55, 74, 77, 78, 81, 82
Identifikation, kollektive 55, 82
Inhaltsanalyse, standardisierte 53, 63
Institutionen, europäische 38, 64, 75, 137
Integration, diskursive 26, 55, 74, 81, 215
Integration, europäische 12, 41, 81

Journalismuskultur 28, 29, 38, 145, 212

Kommunikation, politische 21, 32, 33, 37, 38, 40, 41, 206
Kommunikationskultur 28, 29, 37, 38
Kommunikationsraum 14, 23, 25, 31, 207

Kommunikations- und Medientheorie 13, 14
Kommunikations- und Medienwissenschaft 12, 26, 27, 52, 214
Konnektivität, kommunikative 24, 25, 53
Konvergenz, diskursive 26, 55, 215
Kreislauf der Kultur 35
Kultur 21, 22, 27, 33, 35, 51, 206, 210, 215
Kultur, politische 27, 30, 32

Länderspezifik 57, 110, 140, 142, 176, 202
Legitimation 13, 23, 25, 83
Legitimation, kommunikative 14, 214
Lesen 58, 118, 124, 140, 142
Leserinteresse 188, 196

Medienevent 25, 39, 217
Medienkultur 30, 32, 34, 35, 52, 53
Mediensystem 11, 30, 37, 52, 53, 54, 205
Medien- und Kommunikationsforschung 27, 28, 30, 31, 32, 52
Mehrfachsegmentierung 11, 12, 15, 16, 21, 22, 42, 43, 44, 46, 47, 53, 56, 63, 64, 79, 81, 82, 83, 85, 145, 206, 213, 214
Methodologischer Nationalismus 15, 49, 50, 51, 52
Muster, kulturelle 21, 37, 38, 40, 41, 42, 44, 46, 150, 210

Nachrichtenagentur 119, 122, 192, 194
Nachrichtenfaktor 60, 180, 181, 182, 186, 187, 195, 197, 202, 203, 217

Index

Nachrichtenwert 105, 179, 180, 181, 182, 186, 187, 188, 195, 196, 197, 198, 210, 217
Nationale Rückbezüge 58, 89, 90, 91, 92, 93, 94, 96, 97, 98, 99, 101, 104, 117, 138, 141, 142, 161, 162, 167, 173, 174, 207, 208
Nationale Veralltäglichung 58, 89, 112, 113, 115, 116, 117, 139, 141, 155, 172, 207, 208
Nationalisierung 16, 57, 58, 59, 85, 86, 88, 99, 107, 112, 136, 139, 207, 208, 212
Nationalisierungspraktiken *siehe Praktiken der Nationalisierung*
Nationalität 87, 92, 148, 207, 208, 209
Nationalstaat 10, 11, 13, 14, 15, 24, 32, 49, 50, 51, 52, 143, 146
Netzwerk 25, 124, 125, 126, 127, 131, 132, 133, 135, 136, 137, 192
Netzwerkkarte 57, 125, 131, 132, 134, 135, 136

Öffentlichkeit 21–28, 30
Öffentlichkeit, europäische 11, 13, 15, 17, 21, 22, 25, 26, 39, 44, 82, 83, 85, 91, 185, 205, 210
Öffentlichkeit, nationale 11, 21, 25, 26, 27, 32, 42, 51, 54, 55, 58, 63, 64, 82, 213
Öffentlichkeit, transnationale 15, 25, 46

Paradox des Nationalen 10, 43, 88
Politik, europäische 82, 190, 210
Politikwissenschaft 12, 13, 22, 23, 27, 37

Praktiken der Nationalisierung 15, 57, 58, 59, 138, 139, 142, 150, 155, 162, 167, 177, 207, 208, 209
Praktiken, redaktionelle 111
Produktion 35, 36, 38, 44, 56, 96, 146, 149, 179, 182, 188, 189
Professionalisierung 38, 46, 87, 145, 146, 148, 206, 215, 218
Publikumsbild 11, 16, 145, 148, 149, 150, 151, 157, 158, 163, 164, 168, 169, 170, 172, 173, 175, 177, 209, 213, 218
Publikumsorientierung 148
Publikumsvorstellung 59, 148, 149, 175

Qualitätszeitung 55, 60, 63, 69, 75, 78, 79, 80, 81, 82, 109, 114, 145, 175

Re-Artikulation 58, 86, 87, 142, 143, 179, 206, 208, 214
Rechercheblick 58, 118, 119, 120, 121, 122, 123, 124, 125, 127, 139, 141, 142, 207, 208
Recherchenetzwerk 58, 118, 124, 125, 126, 127, 128, 129, 130, 131, 133, 134, 136, 137, 138, 139, 141, 207, 208, 212
Recherchieren 58, 60, 118, 119, 120, 121, 122, 123, 124, 126, 128, 137, 139, 141, 142, 167, 169, 170, 174, 184, 185, 193, 194, 216
Redaktionskontext 62, 187, 198, 202, 216
Redaktionskultur 145, 181
Redaktionslinie 187
Redaktionsstudie 11, 15, 16, 18, 56, 60, 119, 150, 182, 216

Regionalzeitung 56, 60, 145, 171, 175, 216, 217
Regulation 11, 35, 36, 37, 39, 92
Re-Nationalisierung 9, 10, 67, 71, 73, 74, 77, 142
Repräsentation 35, 36, 39, 40, 81, 85, 214
Ressort 108, 109, 112, 113, 114, 117, 119, 122, 139, 148, 208, 216
Ressourcen 91, 150, 151, 154, 156, 157, 162, 169, 171, 173, 174, 198, 200, 202, 209
Re-Territorialisierung 31, 104
Rezeption 30, 35

Segmentierung 11, 16, 43, 44, 46, 56, 59, 63, 81, 91, 138, 143, 145, 150, 172, 175, 179, 205, 208, 210
Segmentierung, nationale 16, 44, 56, 59, 81, 91, 143, 208
Segmentierung, transnationale 59, 145, 150, 172, 175, 179, 205, 210
Segmentierung, zeitungstypenspezifische 81
Selbstverständnis, journalistisches 59, 149, 163, 164, 169, 209
Service-Orientierung 165
Sozialkonstruktivismus 32, 180
Stabilität 16, 28, 46, 64, 70, 74, 79, 81, 82, 111, 138, 206, 207, 208, 209, 210, 211, 213, 214, 216

Territorium 24, 31, 32, 51, 52, 53, 58, 87, 97
Trägheit 46, 127, 206
Transkulturalismus, methodologischer 50, 51, 57

Transkulturalität 13, 14, 15, 27, 28, 29, 30, 31, 32, 45, 46, 51, 52, 53, 56, 59, 138, 148
Transnationale Kontextbezüge 58, 89, 98, 99, 100, 101, 102, 103, 104, 138, 141, 142, 155, 156, 172, 208
Transnationalisierung 10, 15, 16, 22, 26, 41, 42, 45, 49, 50, 51, 54, 63, 64, 98, 99, 111, 113, 129, 138, 205, 206, 207, 208, 213, 217
Triangulation 57
Trigger-Konstellation 59, 202
Trigger-Studie 11, 15, 59, 60, 61, 179, 202, 203

Verdichtung, kommunikative 25
Verdichtung, kulturelle 32, 53
Vergleich, transkultureller 15, 28, 56, 148
Vermittlungsweg 62, 186, 187, 189, 192, 194, 202, 216

Wandel 12, 24, 26, 28, 30, 43, 44, 45, 46, 53, 206, 208, 210
Weltberichterstattung 141, 166, 170, 216
Wir-Bezüge 55, 77, 78, 79, 216

Zeitungsöffentlichkeit 54
Zeitungstyp 56, 63, 64, 65, 66, 72, 74, 76, 80, 82, 185, 189, 191, 192, 197, 202